DÁVIO ANTONIO PRADO ZARZANA

VÁ EM BUSCA DE SEUS DIREITOS!

UM GUIA PARA FORMAR CIDADÃOS ATIVOS E CONSCIENTES

ALTA BOOKS
EDITORA
Rio de Janeiro, 2017

Vá em Busca de Seus Direitos! — Um Guia para Formar Cidadãos Ativos e Conscientes
Copyright © 2017 da Starlin Alta Editora e Consultoria Eireli. ISBN: 978-85-508-0176-6

Todos os direitos estão reservados e protegidos por Lei. Nenhuma parte deste livro, sem autorização prévia por escrito da editora, poderá ser reproduzida ou transmitida. A violação dos Direitos Autorais é crime estabelecido na Lei nº 9.610/98 e com punição de acordo com o artigo 184 do Código Penal.

A editora não se responsabiliza pelo conteúdo da obra, formulada exclusivamente pelo(s) autor(es).

Marcas Registradas: Todos os termos mencionados e reconhecidos como Marca Registrada e/ou Comercial são de responsabilidade de seus proprietários. A editora informa não estar associada a nenhum produto e/ou fornecedor apresentado no livro.

Impresso no Brasil — 2017 - Edição revisada conforme o Acordo Ortográfico da Língua Portuguesa de 2009.

Publique seu livro com a Alta Books. Para mais informações envie um e-mail para autoria@altabooks.com.br

Obra disponível para venda corporativa e/ou personalizada. Para mais informações, fale com projetos@altabooks.com.br

Produção Editorial Editora Alta Books	**Gerência Editorial** Anderson Vieira	**Produtor Editorial (Design)** Aurélio Corrêa	**Marketing Editorial** Silas Amaro marketing@altabooks.com.br	**Vendas Atacado e Varejo** Daniele Fonseca Viviane Paiva comercial@altabooks.com.br
Produtor Editorial Thiê Alves Claudia Braga	**Supervisão de Qualidade Editorial** Sergio de Souza	**Editor de Aquisição** José Rugeri j.rugeri@altabooks.com.br	**Vendas Corporativas** Sandro Souza sandro@altabooks.com.br	**Ouvidoria** ouvidoria@altabooks.com.br
Assistente Editorial Renan Castro				
Equipe Editorial	Bianca Teodoro Christian Danniel	Ian Verçosa Illysabelle Trajano	Juliana de Oliveira	
Revisão Gramatical Paola Goussain Alessandro Thomé Thamiris Leiroza	**Layout e Diagramação** Daniel Vargas	**Capa** Bianca Teodoro		

Erratas e arquivos de apoio: No site da editora relatamos, com a devida correção, qualquer erro encontrado em nossos livros, bem como disponibilizamos arquivos de apoio se aplicáveis à obra em questão.

Acesse o site www.altabooks.com.br e procure pelo título do livro desejado para ter acesso às erratas, aos arquivos de apoio e/ou a outros conteúdos aplicáveis à obra.

Suporte Técnico: A obra é comercializada na forma em que está, sem direito a suporte técnico ou orientação pessoal/exclusiva ao leitor.

Dados Internacionais de Catalogação na Publicação (CIP)
Vagner Rodolfo CRB-8/9410

Z36v   Zarzana, Dávio Antonio Prado
         Vá em busca de seus direitos! Um guia para formar cidadãos ativos e conscientes / Dávio Antonio Prado Zarzana. - Rio de Janeiro : Alta Books, 2017.
         192 p. : il. ; 17cm x 24cm.

         Inclui índice.
         ISBN: 978-85-508-0176-6

         1. Direitos do cidadão. I. Batista, Samantha. II. Título.
                                                CDD 341.48
                                                CDU 342.7

Rua Viúva Cláudio, 291 — Bairro Industrial do Jacaré
CEP: 20970-031 – Rio de Janeiro - RJ
Tels.: (21) 3278-8069 / 3278-8419
www.altabooks.com.br — altabooks@altabooks.com.br
www.facebook.com/altabooks

ALTA BOOKS
E D I T O R A

Dedicatória e Agradecimentos

Dedico este livro, como sempre, à esposa e mãe Neusa Maria, assessora de tudo o que faço e "minha eterna auxiliadora na busca também de meus direitos"; ao filho Dávio Júnior, grande profissional do Direito Previdenciário e autor de livros; à sua esposa, Erika, nora querida; aos meus fofíssimos netos João Victor e Rafael; ao filho Fábio Zarzana, diretor de uma imobiliária, **expert** em vendas, de caráter e sentimentos lindos; à sua linda esposa, Solange Monteiro Amador, doutora pela PUC-SP, mãe da minha querida nova netinha Laura; à minha linda filha Gisele, *english teacher* nos EUA, musicista e detentora de tantos talentos; ao seu marido, Christopher Joseph Barger, pai dos netos preciosos John Francis e James Joseph; à turma de Nebraska (EUA); e finalmente e mais importante, a Deus, Nosso Senhor Jesus Cristo, começo e fim de todos os direitos, ainda mais porque nos ama incondicionalmente.

Agradecimento especial aos meus mestres em Direito de toda a vida, a quem homenageio na pessoa do meu querido amigo Ives Gandra da Silva Martins, em minha modesta opinião o maior constitucionalista pátrio desses duros tempos que vivemos no Brasil.

Agradecimento merecido a todos os verdadeiros radialistas e muito bons profissionais dos meios de comunicação, o que faço invocando a pessoa de Joseval Peixoto e Denise Campos de Toledo, da Rádio Jovem Pan, de São Paulo.

Sumário

DEDICATÓRIA E AGRADECIMENTOS III

INTRODUÇÃO 1
Outros locais importantes para a busca de seus direitos 5

CAPÍTULO 1 — O DIREITO À VIDA 7
1.1 — Considerações iniciais — Inviolabilidade do direito à vida 7
1.2 — Na prática, como fazer respeitar o direito à vida, caso haja ameaça à sua vida 8
1.3 — Vida e aborto, maternidade, renúncia à vida e suicídio 9
1.4 — História ilustrativa do capítulo 13

CAPÍTULO 2 — IGUALDADE ENTRE HOMENS E MULHERES E IGUALDADE DE TODOS PERANTE A LEI 15
2.1 — Jurisprudência ilustrativa sobre o primeiro inciso 15
2.2 — Direitos conjugais 17
2.3 — Adoção 19
2.4 — Sobre as mulheres e sua proteção 22
2.5 — Quanto à sexualidade dos cidadãos e cidadãs 23
2.6 — Segundo inciso do Artigo 5º: "obrigado a fazer ou deixar de fazer alguma coisa somente em virtude de lei" 24
2.7 — História ilustrativa do capítulo 26

CAPÍTULO 3 — DIREITO À LIBERDADE, IGUALDADE, PROPRIEDADE E HERANÇA 29
3.1 — Considerações gerais iniciais 29
3.2 — Como buscar seus direitos constitucionais pertinentes 30
3.3 — Quanto a buscar seu direito de ser livre 31
3.4 — Pressupostos para o que fazer quanto à propriedade 32
3.5 — O direito à herança 37
3.6 — História ilustrativa do capítulo 41

CAPÍTULO 4 — LIBERDADE DE PENSAMENTO, DIREITO DE RESPOSTA E LIBERDADE DE CONSCIÊNCIA E CRENÇA 43
4.1 — Comentários iniciais 43
4.2 — Liberdade de expressão e de pensamento 44
4.3 — Jurisprudência sobre a matéria 45

4.4 — Direito de resposta 47
4.5 — Liberdade de consciência e de crença 48
4.6 — História ilustrativa do capítulo 51

CAPÍTULO 5 — DIREITOS RELACIONADOS À SAÚDE E AO ATENDIMENTO HOSPITALAR 53
5.1 — Comentários iniciais... 53
5.2 — Direito à saúde... 53
5.3 — Direitos importantes em internações hospitalares.................... 54
5.4 — Assistência religiosa... 57
5.5 — História ilustrativa do capítulo 57

CAPÍTULO 6 — INTIMIDADE, PRIVACIDADE, HONRA, IMAGEM........... 59
6.1 — Comentários iniciais: intimidade 59
6.2 — Como preservar esses direitos: intimidade e honra.................. 60
6.3 — Indenização por dano material 63
6.4 — Dano moral 64
6.5 — Jurisprudência pertinente ao dano moral 65
6.6 — História ilustrativa do capítulo 69

CAPÍTULO 7 — CASA COMO ASILO INVIOLÁVEL DO CIDADÃO E LIBERDADE DE LOCOMOÇÃO... 71
7.1 — Comentários pertinentes... 71
7.2 — O direito à moradia 72
7.3 — O direito de ter sua casa e de ir e vir... 72
7.4 — Estrangeiros no Brasil..73
7.5 — História ilustrativa do capítulo 74

CAPÍTULO 8 — DIREITO DE REUNIÃO 75
8.1 — Comentários iniciais... 75
8.2 — O direito de reunião em várias ocasiões e sua utilidade.......... 75
8.3 — O que não fazer em manifestações ou fora delas..................... 78
8.4 — Decisões de tribunais a respeito 81
8.5 — História ilustrativa do capítulo 82

CAPÍTULO 9 — SITUAÇÕES DO DIA A DIA: DIREITOS DO CONSUMIDOR, LEIS DE TRÂNSITO E EMPRÉSTIMOS........................ 83
9.1 — Proteções fundamentais que a Lei do Consumidor contém
        para a busca de seus direitos 83
9.2 — Os Serviços de Atendimento ao Consumidor (SACs) 85
9.3 — Trânsito e locomoção 89

9.4 — Empréstimos financeiros 95
9.5 — História ilustrativa do capítulo 97

CAPÍTULO 10 — DIREITOS AUTORAIS 99
10.1 — Comentários iniciais 99
10.2 — Buscando seus direitos de autoria — princípios 99
10.3 — Registro de obra ou criação 104
10.4 — O ECAD 106
10.5 — E o plágio? 107
10.6 — Limitações aos direitos autorais 108
10.7 — Marcas e patentes 110
10.8 — Sumário para ajudar a busca de seus direitos 110
10.9 — História ilustrativa do capítulo 111

CAPÍTULO 11 — DIREITO DE RECORRER À JUSTIÇA 115
11.1 — Comentários iniciais 115
11.2 — A celeridade da tramitação 116
11.3 — Outra modalidade de justiça: mediação, conciliação e arbitragem 117
11.4 — A estrutura do Poder Judiciário tradicional 121
11.5 — O que fazer na prática 123
11.6 — Jurisprudência 124
11.7 — História ilustrativa do capítulo 125

CAPÍTULO 12 — DIREITO ADQUIRIDO, ATO JURÍDICO PERFEITO E COISA JULGADA 127
12.1 — Comentários iniciais 127
12.2 — Ato jurídico perfeito 129
12.3 — A coisa julgada 130
12.4 — História ilustrativa do capítulo 132

CAPÍTULO 13 — TORTURA, TRÁFICO ILÍCITO, TERRORISMO E CRIMES HEDIONDOS 135
13.1 — Busque seus direitos básicos em meio a crimes hediondos 135
13.2 — Os crimes hediondos e a eles equiparados 138
13.3 — Torturas: comentários para meditação 140
13.4 — História ilustrativa do capítulo 141

CAPÍTULO 14 — DIREITOS SOCIAIS 143
14.1 — Comentários iniciais e busca de direitos sociais 143
14.2 — Direito à educação 144
14.3 — Direito à alimentação 145

14.4 — Direito ao trabalho 145
14.5 — Direito ao lazer 146
14.6 — Direito à Previdência Social 146
14.7 — Direito dos desamparados, na forma da Constituição 149
14.8 — História ilustrativa do capítulo 149

CAPÍTULO 15 — DIREITOS TRABALHISTAS 153
15.1 — A importância da Carteira Profissional 153
15.2 — Inciso I: a proteção 154
15.3 — Inciso II: seguro-desemprego 154
15.4 — Fundo de garantia por tempo de serviço (FGTS) 157
15.5 — Salário mínimo 158
15.6 — Recursos necessários para pagar e respeitar tais direitos 160
15.7 — História ilustrativa do capítulo 161

CAPÍTULO 16 — CONSTITUIÇÃO ATUAL E INDICAÇÃO DE MUDANÇAS AOS ARTIGOS 1º A 7º 163
16.1 — Comentários iniciais 163
16.2 — Preâmbulo e artigos 1º a 7º — redação atual e redação proposta (em itálico) 166
16.3 — Encerramento 180

ÍNDICE 181

Introdução

Você já ouviu alguém lhe dizer ou ordenar a outra pessoa "**Vá buscar seus direitos!**", ou algo semelhante? Quando ouço isso, prefiro pensar se devo ou não agir e como agir.

Mas, caro leitor, uma coisa é verdade: você deve mesmo buscar seus direitos e deve ser respeitado por fazer isso. Seja cidadão e ensine outros a fazer o mesmo, para que nem você nem ninguém precise ser lembrado do que deve fazer, ou para que, mesmo que o digam, você já saiba como lidar com isso e não fique irritado ou assustado.

No entanto, é importante que se usem os meios eficazes para isso.

Assim, em primeiro lugar, buscar direitos é saber que tipo de direito, se existe um direito a ser buscado, onde buscá-lo, como buscá-lo, a quem recorrer e, finalmente, se vale a pena buscar tal direito.

É preciso ter certeza de que o ocorrido não se trata de algum extravasamento raivoso ou psicótico de alguém e de que há, portanto, fundamento ou razoabilidade. Enfim, certificar-se de haver possibilidade de se opor a um abuso contra você, por exemplo, ou verificar se na verdade não se trata de um direito natural seu, alcançável no mundo real e, portanto, sem obrigatoriedade de recorrer a medidas de cunho jurídico ou judicial.

A busca por seus direitos pode levá-lo a procurar advogados, fóruns, juizados de pequenas causas, o Procon, promotores de justiça, o Ministério Público, órgãos do comércio e indústria, delegacias especializadas, a imprensa, agências nacionais federais e até mesmo informações obtidas via internet.

Meu desejo é de que este livro possa ajudá-lo e direcioná-lo para fazer a melhor e mais eficiente busca. Ou seja, tudo que o ajude, leitor ou leitora, a compreender melhor o que significa "ir em busca de seus direitos" e como relacionar tais direitos com as diversas situações reais que vivemos.

Muitos direitos importantes estão relacionados com a condução errada do Poder Executivo Federal, porque ele é o controlador maior das situações fáticas governamentais, e é dele que emanam normas jurídicas em todos os campos que se possa imaginar, restringido, é verdade, pela competência privativa do Poder Legislativo (que deve ser o Poder que faz as leis e examina aquelas provenientes do Poder Executivo, requerendo sua aprovação).

Esses dois poderes têm de obedecer a decisões do Poder Judiciário, particularmente quanto à constitucionalidade das leis que forem questionadas na peculiaridade de eventual ofensa ou não à Carta Magna. Dizendo bem, o Executivo e o Legislativo têm autonomia em sua área de atuação, mas não podem ferir a Constituição, pois o Supremo Tribunal Federal pode anular ou julgar os atos em desacordo com a Carta Magna que lhe forem submetidos.

O Supremo, claro, também julga definitivamente os processos que lhe são confiados pelos tribunais inferiores ou como instância única, quando assim prescreve a Constituição.

Buscar os direitos é mais fácil quando se sabe o que ocorreu precisamente e comparando-se tal ocorrência com os direitos amparados e embasados em lei, particularmente quando existentes indubitavelmente na Constituição Federal.

Neste livro tratarei primordialmente dos direitos constitucionais presentes nos incisos do Artigo 5º da Constituição brasileira, porque eles são a razão de ser, a causa e a própria explicação da maioria das nossas leis, da própria essência de nossa pátria no que diz respeito ao que constitui a base de vida e atuação do ser humano brasileiro.

Entretanto, não só. Também tratarei brevemente do caput do Artigo 6º e de alguns incisos do Artigo 7º (Direitos Sociais), importantes e norteadores do cidadão brasileiro em suas atividades laborais e sociais em geral para que possa usufruir uma vida ativa e legalmente amparada e que deve ser respaldada na Constituição. Assim, ao final do livro encontra-se a íntegra dos artigos 6º e 7º da Constituição.

Finalmente, ousarei apresentar uma nova redação à Constituição, desde o Artigo 1º até o Artigo 7º, definindo outra forma de país e de democracia representativa. A razão é a de que, em verdade, precisamos de outra Constituição, toda nova! Até ouso dizer que o parlamentarismo seria o sistema ideal de governo para o Brasil, bem como afirmo que a forma de eleição de deputados, senadores e vereadores está totalmente ultrapassada.

Não há vergonha maior para um brasileiro do que verificar que geralmente nosso país não é levado a sério no exterior quando se tratam de decisões globais importantes.

A esfera abordada neste livro é primordialmente a federal, que é o mais alto nível do poder nacional. Toda a legislação, de qualquer espécie, tem de obedecer aos comandos constitucionais e não pode estar em desacordo com estes, nem com a legislação federal pertinente que seja a competente para legislar. Por exemplo, nenhum estado pode legislar sobre temas trabalhistas e restringir direitos trabalhistas que estejam previstos na Consolidação das Leis do Trabalho.

Introdução

Primeiras considerações e orientações para que se busquem seus direitos:

A primeira observação é: **conheça bem seus direitos**. Procurarmos conscientizar os cidadãos para que os observem e trabalharmos para que sejam totalmente respeitados.

É importante não votar em quem não respeite tais direitos na vida pública, e se por algum motivo discordarmos de algum direito fundamental, devemos buscar as razões para nossa discordância, para descobrirmos se estamos certos ou errados. E se julgarmos estarmos certos, devemos lutar para mudar tais direitos democraticamente e por meios legítimos, não por métodos violentos ou de barbárie, e nem por guerra ou por opressão, porque os que oprimem e usam a violência acabarão, quando menos esperarem, de alguma forma sofrendo violência e a mesma opressão.

A traição gera traição, e o medo que gera a violência é exterminado pela mesma reação igual e contrária. Já a busca da verdade e das mudanças bem executadas gera a paz e a prosperidade.

Em minha opinião, a Constituição não deve deixar espaço demasiado para ser regulamentada por normas inferiores (possibilidade de conflito), e nem ser tão detalhista a ponto de nos impedir de dirimir pendências baseadas em condições fundamentais dela própria. Reconheço ser isto muito difícil, mas deve ser tentado à exaustão.

Recorrendo ao brilhante constitucionalista José Afonso da Silva em seu livro *Curso de Direito Constitucional Positivo*: "Não há critérios únicos e seguros para distinguir as normas constitucionais de eficácia plena de outras, no entanto é possível estabelecer regras gerais sobre o assunto."

Mas procure verificar se a Constituição contém o suficiente para amparar seu direito e depois recorra aos outros tipos de legislação, pesquise, e enfim recorra a advogados, a pessoas e entidades como as que indico a seguir e que podem ajudá-lo já de início.

Para tudo que se relacione à segurança, saúde, emergências, inundações ou ameaças:

Polícia Militar em todo o país: telefone 190, funcionando também como emergência o 112 e o 911.

Polícia Federal: telefone 194 ou site www.dpf.gov.br.

Corpo de Bombeiros: telefone 193

Emergências médicas e remoção de pacientes para hospitais: em São Paulo, telefone 192; o telefone 192 costuma ser o mesmo em todo o país para o Serviço de Atendimento Móvel de Urgência (SAMU).

Para ajuda geral em saúde e também para denúncias: Sistema Único de Saúde (SUS), telefones de discagem gratuita: Disque Saúde: 0800 61 1997; Disque Medicamentos: 0800 644 0803; Disque Denúncia Nacional de Abuso e Exploração Sexual contra Crianças e Adolescentes: 100; SAC do SUS: 0800 644 9000; Disque Saúde da Mulher: 0800 644 0803; Disque Pare de Fumar: 0800 703 7033.

Informações sobre saúde: site do Ministério da Saúde: www.saude.gov.br no Menu de Acesso Rápido, clique no assunto Biblioteca Virtual em Saúde. Consulte também os seguintes sites: Secretaria de Assistência a Saúde: www.saude.gov.br/sas em Portarias; Secretaria de Políticas de Saúde: www.saude.gov.br/sps em Legislações; Biblioteca Virtual em Saúde: www.bireme.org.

Informações sobre manuais, livros e textos sobre saúde: entre na página do Ministério da Saúde: www.saude.gov.br, clique no Menu de Acesso Rápido e escolha o assunto Biblioteca Virtual em Saúde, ou escreva para biblioteca@saude.gov.br. Consulte também o site da Biblioteca Virtual em Saúde: http://www.bireme.org.

Assuntos sobre sua casa, ausência temporária de seu domicílio, defesa de seu patrimônio. Nesses casos, talvez seus vizinhos possam ser seus melhores amigos e defensores primeiros ideais. Um bom vizinho confiável é melhor que todos os seus parentes mais distantes.

Bancos

Banco Central do Brasil
Telefone nacional institucional: 145
Endereço: Av. Paulista, 1804, Bela Vista, São Paulo-SP. CEP: 01310-922

Para informações e orientações sobre quaisquer bancos, vá à agência do Banco do Brasil mais próxima. Se o problema for referente ao próprio Banco do Brasil, busque ajuda por meio do telefone 145 e consulte contadores ou advogados de confiança ou o Ministério Público.

Processos judiciais, OAB, ajuda sobre processos nos fóruns

Cada cidade sede de comarca tem o seu fórum. Lá haverá cartorários para atendê-lo e direcioná-lo, e também promotores de justiça e juízes, que poderão ajudá-lo, encaminhá-lo ou até resolver seu problema.

Direitos trabalhistas

Procure os fóruns trabalhistas mais próximos e sindicatos, mas confira orientações com um advogado de confiança. Evite tentar resolver pendências legais ou começar litígios sem falar com um advogado. Procure soluções pacíficas.

Introdução 5

Assuntos militares, terrorismo, comunidades inteiras e ocupação

Podemos contar com as informações e providências do Exército por meio dos seguintes meios de comunicação:

Seções de Comunicação Social Militar por estados

- Comando Militar da Amazônia (Acre, Amazonas, Rondônia e Roraima), sede Manaus:
  E-mail: comsoccma@gmail.com
- Comando Militar do Leste (Espírito Santo, Minas Gerais e Rio de Janeiro), sede Rio de Janeiro:
  E-mail: rp@cml.eb.mil.br
- Comando Militar do Nordeste (Alagoas, Bahia, Ceará, Maranhão, Paraíba, Pernambuco, Piauí, Rio Grande do Norte e Sergipe), sede Recife:
  E-mail: cmne@ccomsex.eb.mil.br
- Comando Militar do Oeste (Mato Grosso e Mato Grosso do Sul), sede Campo Grande:
  E-mail: comsoc@cmo.eb.mil.br
- Comando Militar do Planalto (Distrito Federal, Goiás e Tocantins), sede Brasília:
  E-mail: ch5seccmp@cmp.eb.mil.br
- Comando Militar do Sul (Paraná, Rio Grande do Sul e Santa Catarina), sede Porto Alegre:
  E-mail: comsocial@cms.eb.mil.br
- Comando Militar do Sudeste, sede São Paulo:
  E-mail: comunicacao@cmse.eb.mil.br

Caso precise, através de uma busca rápida na Internet, é fácil encontrar os respectivos telefones de cada unidade.

Outros locais importantes para a busca de seus direitos

Cartórios de Registros de Imóveis, que são locais para registros pertinentes a imóveis. Sua cidade pode ter um cartório ou vários, assim como cartórios para registros civis, quanto a casamentos, nascimentos, bem como informações sobre estado civil das pessoas.

Procons e órgãos de defesa do consumidor geralmente estão presentes nos fóruns, para atender a todas as reclamações de consumidores. Em São Paulo, disque 151.

Ordem dos Advogados do Brasil: cada cidade pertence a uma seção da Ordem, mas você pode encontrar o número de telefone mais atualizado no site www.oab.org.br. Caso prefira, consulte o advogado ou escritório de sua confiança, a OAB local, e avalie se o advogado ou escritório que você conhece tem bom conceito perante o órgão do estado em que você está antes de contratá-lo.

Escritórios de contabilidade ou contadores podem ajudá-lo em questões relativas a impostos, escrituração de livros de negócios, registro de empresas etc.

Capítulo 1
O direito à vida

Declara a Constituição em seu Artigo 5º:

"Art. 5º — Todos são iguais perante a lei, sem distinção de qualquer natureza, garantindo-se aos brasileiros e aos estrangeiros residentes no País a inviolabilidade do direito à vida, à liberdade, à igualdade, à segurança e à propriedade, nos termos seguintes."

1.1 — Considerações iniciais — Inviolabilidade do direito à vida

O direito à vida se aplica, é lógico, ao direito "total à vida", desde quando se formam as primeiras células do novo ser, no ventre materno, que denotam a gravidez da mãe, logo perceptível pelos diversos exames disponíveis.

Portanto, é o maior dos direitos, sem o qual nenhum outro direito teria sentido, uma vez que os mortos não podem exercitar direitos. O bem jurídico é um valor *in totum* (em toda a sua plenitude), ou seja, a vida humana é protegida integralmente pelo Direito.

Conforme disse o professor Cabo Del Rosal-Vives António, na Universidade de Valência, na Espanha, o bem jurídico deve permanecer intacto, entendendo-se, portanto, que a vida, enquanto supremo bem jurídico, deve permanecer intacta, intocável.

Neste sentido, dizem Canotilho e José Afonso da Silva, mestres da Faculdade de Direito da USP, que quando tratamos de vida, tratamos do valor máximo conhecido, que se sobrepõe a todo o conteúdo do Direito, porque entendem eles que ela é a condição primeira de todo o Direito.

Dando mais um passo, estão correlacionadas a dignidade do ser humano e a vida que está sendo exercida por qualquer indivíduo. Termos essa vida implica em buscar tê-la em abundância suficiente, para sermos pessoas dignas detentoras desse direito, merecedoras de respeito por parte das outras pessoas, daí resultando a desejável harmonia social.

Tratarei mais adiante da questão de aborto, maternidade, renúncia à vida e do suicídio.

Entretanto, antes falemos sobre a proteção do direito à vida.

1.2 – NA PRÁTICA, COMO FAZER RESPEITAR O DIREITO À VIDA, CASO HAJA AMEAÇA À SUA VIDA*

Em primeiro lugar, vá imediatamente ou tão logo possível à delegacia de polícia mais próxima e peça para ver o delegado. Solicite ajuda aos atendentes (investigadores ou escrivães) para que seja conduzido até ele. Peça para que se faça um boletim de ocorrência pormenorizado e faça duas cópias autenticadas, para dar a alguém de sua confiança ou a seu defensor.

Caso se trate de ameaça pessoal direta, requisite proteção policial perto de você, em casa ou no trabalho, ou em seu itinerário normal diário. Insista, exija proteção. Se não a obtiver, vá, assim que possível, a um cartório de notas (tabelião) e faça uma declaração por instrumento público informando claramente o que está ocorrendo. Peça dois traslados (cópias), um para deixar fechado, a salvo, em local conhecido por alguém de confiança, e outro que ficará com você, com seus documentos.

Assim que possível, envolva outras pessoas confiáveis para que informem o que se passa. Tenha o maior número de testemunhas, para defendê-lo e estar com você pelo maior tempo que possam.

Em agressões, tentativas contra sua vida ou perigo de ser agredido, lembre-se de uma coisa importante: o agressor normalmente leva uma vantagem inicial sobre a vítima, por ter o fator surpresa a seu favor e por, muitas vezes, estar com outra(s) pessoa(s) que você nem vê. É provável que ele já tenha pensado em como e quando agir, e você geralmente não sabe quando isso acontecerá.

LEMBRETES MUITO IMPORTANTES

Mesmo que o agressor esteja alcoolizado ou que não tenha premeditado algo, insisto no fato de que ele é mais perigoso do que você pensa. Ele está sem controle ou está sendo controlado por outros. E se num primeiro momento você pensa em agir com violência para resolver logo a questão, isso pode até parecer uma demonstração de bravura, mas, em casos extremos, pode transformá-lo em um assassino doloso, e não em uma vítima. Os peritos ou a própria polícia podem achar que foi você quem deu o primeiro tiro, sem motivo real, ou que usou de defesa desproporcional à agressão, e as autoridades poderão se voltar contra você.

Só utilize de violência em último caso, na medida certa, na hora certa e principalmente em legítima defesa, proporcional ao ato de agressão. Ou seja, se alguém atirar um copo plástico para atingi-lo, você não pode responder dando um tiro.

---

* Lógico que sem considerar ações mais complexas, derivadas de fatos internacionais ou fora da cogitação normal de uma pessoa, pois demandariam outro livro.

Portar armas não resolve, esqueça essa tentação. Você pode apressar o combate, e o agressor, sabendo ou vendo que você está armado, agirá com muito mais violência, e não haverá diálogo ou meio de evitar coisas piores. Além do fato de que, como já foi dito, podem haver comparsas.

Procure esconder objetos pessoais de valor, como celulares, relógios e computadores, e tenha no carro apenas um valor básico, de uns R$10 ou R$20, para eventualmente melhorar sua negociação imediata.

E é sempre bom anotar tudo o que julgar importante e estiver ocorrendo. Além de pequenos lembretes, você pode gravar ou pedir que alguém grave as conversas de quem o ameaça, ou diga você mesmo, em gravação, o que se passa.

1.3 — Vida e aborto, maternidade, renúncia à vida e suicídio

Preliminares ligadas à vida — propriedade e liberdade

Foquemos primeiro o aborto.

A questão do aborto é alvo de grande discussão no Brasil, e também em muitos lugares pelo mundo. Por aqui, mudanças na lei têm sido discutidas recentemente, e muitos grupos, a favor e contra, se manifestam e pressionam para tentar fazer prevalecer o seu ponto de vista, quer através de uma norma de alcance constitucional, ou até infraconstitucional, quer através de decisões do Supremo Tribunal Federal, irrecorríveis.

Por quê?

O direito à vida é defendido por muitos como impeditivo de qualquer brecha que possa significar tirar a vida de outro ser humano. Assim, considera-se que o feto, mesmo que no início da fecundação do óvulo da mulher, já é um ser humano vivo com características próprias e particularidades.

Por outro lado, existem grupos e entidades que lutam pelo direito de escolha por parte da mulher de livremente interromper a gravidez e pela descriminalização do aborto. Trata-se de uma tentativa de ignorar o aspecto da vida ou não do feto e, mesmo em condições satisfatórias, poder escolher prosseguir ou não com a gravidez, tendo, portanto, o direito de abortar sem incorrer em crime.

O que há hoje de importante em matéria de aborto:

(Decreto no 2.848, de 7 de dezembro de 1940, e alterações.)

Aborto provocado pela gestante ou com seu consentimento

Art. 124 — Provocar aborto em si mesma ou consentir que outrem lho provoque:

Pena — detenção, de um a três anos.

Aborto provocado por terceiro

Art. 125 — Provocar aborto, sem o consentimento da gestante:

Pena — reclusão, de três a dez anos.

Art. 126 — Provocar aborto com o consentimento da gestante:

Pena — reclusão, de um a quatro anos.

Parágrafo único. Aplica-se a pena do artigo anterior, se a gestante não é maior de quatorze anos, ou é alienada ou débil mental, ou se o consentimento é obtido mediante fraude, grave ameaça ou violência.

Forma qualificada

Art. 127 — As penas cominadas nos dois artigos anteriores são aumentadas de um terço, se, em consequência do aborto ou dos meios empregados para provocá-lo, a gestante sofre lesão corporal de natureza grave; e são duplicadas, se, por qualquer dessas causas, lhe sobrevém a morte.

Art. 128 — Não se pune o aborto praticado por médico:

I — se não há outro meio de salvar a vida da gestante;

II — se a gravidez resulta de estupro e o aborto é precedido de consentimento da gestante ou, quando incapaz, de seu representante legal.

Ainda oportuno realçar que existe o crime de infanticídio, que é mais uma tentativa do legislador em preservar ao máximo a vida.

Infanticídio

Art. 123 — Matar, sob a influência do estado puerperal, o próprio filho, durante o parto ou logo após:

Pena — detenção, de dois a seis anos.

Ressalte-se, porém, que o Supremo Tribunal, por maioria de votos, já decidiu que o aborto de feto anencefálico (sem cérebro) pode ser realizado. Há divergências sobre essa decisão por parte de órgãos que intentam preservar a vida a qualquer preço, enquanto existente. Isto é o que se poderia dizer neste livro de mais importante sobre o aspecto legal do aborto, mas em matéria constitucional, enfatizando, nunca constou nenhum artigo liberando o aborto.

Agora, mesmo sendo permitido, especificamente no caso de estupro, é um direito, não um dever. E é também para proteger a vida, e a vida com dignidade suficiente, e não provocador de situações constrangedoras antivida. Obviamente, em caso de risco à vida, é o médico quem direciona a decisão e o procedimento cirúrgico eventualmente consequente.

A título de ilustração, vejam o que ocorre no caso de bebês que são concebidos com síndrome de Down. Na maioria dos casos, eles acabam sendo aceitos, mesmo com a mãe sabendo que existe a malformação, sem que por isso diminua o amor.

O escritor russo Leon Tolstoi disse: "A coisa mais difícil — mas particularmente mais essencial — é amar a vida, amá-la mesmo enquanto alguém sofre, porque a vida é tudo. Vida é Deus e amar a vida significa amar a Deus."

Direito de proteção à maternidade e à infância

É justificadíssimo querer adotar medidas de proteção para as grávidas esperando que sua gestação chegue a bom termo e gere crianças saudáveis.

Busque seu direito de ser bem tratada e acompanhada em sua gravidez, mesmo porque a falta de saúde e o uso de medicamentos ou alimentos indevidos pode atrapalhar e muito a gestação e mesmo o nascituro. E há também a proteção psicológica, para que a gestante se sinta amparada, o que faz grande diferença.

A proteção à maternidade é o objeto de atenção de muitas instituições públicas e privadas, entendendo o quão importante isso é para o futuro do país e, lógico, das mamães e de seus filhos. Busca-se sempre o combate à depressão pós-parto, que por vezes se agrava, quando a mãe se sente com muito medo ou insegura até para cuidar de seu bebê.

Quanto à proteção à infância, existem hoje instituições que tomam conta dos recém-nascidos ou crianças até a idade escolar. Tais instituições precisam ser vigiadas pelo poder público, para que estejam regulares em suas atividades, instalações, segurança e para que tenham um corpo de atendentes capacitado.

A infância bem protegida e bem tratada significa diminuição drástica da criminalidade e mais saúde em idade adulta, bem como preparo para a boa educação e para os bons caminhos.

A cartilha intitulada *Caminho Suave* foi a primeira cartilha com que muitos tiveram contato. É esse caminho que se deve buscar, porque todos sabemos a luta e a dificuldade para se viver em nossos dias. Se a criança aprender ao menos como suavizar o caminho áspero, como não recorrer ao banditismo ou a coisas perversas e como ser um bom cidadão, com os valores certos que a sociedade almeja, teremos obtido êxito.

O direito ao suicídio

É óbvio que ninguém vai negar o instinto de sobrevivência existente em todo ser humano. Existem, entretanto, condições desfavoráveis, individuais ou sociais, que encurralam esse ser humano em circunstâncias muito desvantajosas. Para não facilitar a ocorrência de morte com auxílio de terceiros, há também o seguinte artigo do Código Penal:

Induzimento, instigação ou auxílio a suicídio

Art. 122 — *Induzir ou instigar alguém a suicidar-se ou prestar-lhe auxílio para que o faça:*

Pena — reclusão, de dois a seis anos, se o suicídio se consuma; ou reclusão, de um a três anos, se da tentativa de suicídio resulta lesão corporal de natureza grave.

Parágrafo único — A pena é duplicada:

Aumento de pena

I — se o crime é praticado por motivo egoístico;

II — se a vítima é menor ou tem diminuída, por qualquer causa, a capacidade de resistência.

Há uma proteção para evitar interferência danosa de terceiros provocando o suicídio.

Para ilustrar o tema suicídio, conto muitas vezes, quando ministro aulas sobre temas ligados à vida e à família, a história de dois náufragos agarrados em duas madeiras diferentes rumando para uma praia que os possa salvar. A certa altura, fica clara a enorme dificuldade de chegarem ao objetivo. Um deles, um homem sem família definida, em dificuldades financeiras, em geral de tendência pessimista, com preocupações acerca de estar ou não doente, entra em pânico e se suicida, deixando-se afundar. O outro, ao seu lado, com família constituída, até tendo certa religiosidade, fisicamente sem problemas, acostumado a ter esperança e vontade firme de lutar, continua, mesmo sem certeza de chegar, e luta, até que acaba conseguindo alcançar águas mais rasas e, finalmente, a praia, sobrevivendo.

Por quê?

As condições individuais e sociais diferentes dos náufragos parecem ter sido as responsáveis pelo que ocorreu a cada um deles, pois mesmo o homem apresentando o instinto básico para a vida, e não para a morte, um dos náufragos sucumbe, premido por pressões terríveis ou por descontrole de sua mente, sem ter forças internas para sustentá-lo.

Realço que não existe um direito ao suicídio, ou a desligar os aparelhos que mantêm um doente na UTI. Este tema é delicadíssimo, e não há regras jurídicas que possam se aplicar a casos extremos com precisão e força decisória para todas as situações que hoje se apresentam.

Matar alguém é crime, e também existe uma tipificação culposa ou dolosa dos casos de omissão conduzindo à morte ou assassinato, lembrando a tipificação legal que já referimos sobre induzimento ao suicídio.

1.4 — História ilustrativa do capítulo

Vem do livro mais lido e reproduzido do mundo: a Bíblia. Mais precisamente da parte dela denominada Livro de Reis I (capítulo 3: 16–28), que nunca fica ultrapassado, tal qual jurisprudência dominante, que acaba se incorporando ao mundo das leis, também por se perceber que deflui do próprio direito natural, ou do contrato social.

Na versão da Bíblia da editora Ave-Maria, assim consta:

"16. Vieram duas prostitutas apresentar-se ao rei. 17. Uma delas disse: Ouve, meu senhor: Esta mulher e eu habitamos na mesma casa, e eu dei à luz junto dela no mesmo aposento. 18. Três dias depois, deu também ela à luz. Ora, nós vivemos juntas, e não havia nenhum estranho conosco nessa casa, pois somente nós duas estávamos ali. 19. Durante a noite morreu o filho dessa mulher, porque o abafou enquanto dormia. 20. Levantou-se ela então, no meio da noite, e enquanto a tua serva dormia, tomou o meu filho que estava junto de mim e o deitou em seu seio, deixando no meu o seu filho morto. 21. Quando me levantei pela manhã para amamentar o meu filho, encontrei-o morto; mas, examinando-o atentamente à luz, verifiquei que não era o filho que eu dera à luz. 22. É mentira!, replicou a outra mulher, o que está vivo é meu filho; e o teu é que morreu. A primeira contestou: Não é assim; o teu filho é o que morreu, o que está vivo é o meu. E assim disputavam diante do rei. 23. O rei disse então: Tu dizes: é o meu filho que está vivo, e o teu é o que morreu; e a outra diz: não é assim; é teu filho que morreu, e o meu é o que está vivo. 24. Vejamos, continuou o rei; trazei-me uma espada. Trouxeram ao rei uma espada. 25. Cortai pelo meio o menino vivo, disse ele, e dai metade a uma e metade à outra. 26. Mas a mulher, mãe do filho vivo, sentiu suas entranhas enternecerem-se e disse ao rei: Rogo-te, meu senhor, que dês a ela o menino vivo; não o mateis; a outra, porém, dizia: Ele não será nem teu, nem meu; seja dividido! 27. Então o rei pronunciou o seu julgamento: Dai, disse ele, o menino vivo a essa mulher; não o mateis, pois é ela a sua mãe. 28. Todo o Israel, ouvindo o julgamento pronunciado pelo rei, encheu-se de respeito por ele, pois via-se que o inspirava a sabedoria divina para fazer justiça."

Capítulo 2

Igualdade entre homens e mulheres e igualdade de todos perante a lei

Diz a Constituição Federal do Brasil em seu Artigo 5º, especificamente nos incisos I e II:

I — Homens e mulheres são iguais em direitos e obrigações, nos termos desta Constituição.

II — Ninguém será obrigado a fazer ou deixar de fazer alguma coisa senão em virtude de lei.

2.1 — Jurisprudência ilustrativa sobre o primeiro inciso

Sobre direitos de homens e mulheres, indico duas decisões do Supremo Tribunal Federal, para constatarmos a presença do Judiciário sobre temas pertinentes.

Sobre a igualdade na lei

"O princípio da isonomia, que se reveste de autoaplicabilidade, não é — enquanto postulado fundamental de nossa ordem político-jurídica — suscetível de regulamentação ou de complementação normativa. Esse princípio — cuja observância vincula, incondicionalmente, todas as manifestações do Poder Público — deve ser considerado, em sua precípua função de obstar discriminações e de extinguir privilégios (RDA 55/114), sob duplo aspecto: (a) o da igualdade na lei e (b) o da igualdade perante a lei. A igualdade na lei — que opera numa fase de generalidade puramente abstrata — constitui exigência destinada ao legislador que, no processo de sua formação, nela não poderá incluir fatores de discriminação, responsáveis pela ruptura da ordem isonômica. A igualdade perante a lei, contudo, pressupondo lei já elaborada, traduz imposição destinada aos demais poderes estatais, que, na aplicação da norma legal, não poderão subordiná-la a critérios que ensejem tratamento seletivo ou discriminatório. A eventual inobservância desse postulado pelo legislador imporá ao ato estatal por ele elaborado e produzido a eiva de inconstitucionalidade." (MI 58, Rel. Min. Celso de Mello, DJ 19/04/91)

Esta decisão específica sobre o tratamento perante a lei

"Promoção de militares dos sexos masculino e feminino: critérios diferenciados: carreiras regidas por legislação específica: ausência de violação ao princípio da isonomia: precedente." (RE 225.721, Ilmar Galvão, DJ 24/04/2000) (AI 511.131-AgR, Rel. Min. Sepúlveda Pertence, DJ 15/04/05)

"Concurso público — critério de admissão — sexo.

A regra direciona no sentido da inconstitucionalidade da diferença de critério de admissão considerando o sexo — artigo 5º, inciso I, e par. 2º do artigo 39 da Carta Federal. A exceção corre à conta das hipóteses aceitáveis, tendo em vista a ordem sócio constitucional." (RE 120.305, Rel. Min. Marco Aurélio, DJ 09/06/95)

Buscando direitos quanto a essa igualdade

Há o realce absoluto da Constituição sobre o fato de que homens e mulheres merecem tratamento igual quanto a direitos e obrigações. Porém sabemos que, na realidade, há considerável discriminação e desvalorização do *trabalho da mulher*. Evidentemente ocorria uma tendência "machista" e uma ideia de que o lugar da mulher era em casa, e não no trabalho.

A mulher seria, para os que assim pensavam e alguns que ainda pensam, mais fraca e, portanto, não só incapaz para o ambiente de trabalho, como possível fonte de dificuldades e litígios trabalhistas, mormente com a organização dos Sindicatos.

Houve e ainda há uma tendência real de pagar menor salário às mulheres do que aos homens, no exercício de mesmas funções e com mesma jornada de trabalho, porque os homens acharam que mulheres no trabalho os dificultariam no trato dos negócios e seriam menos eficientes.

Isto ocorreu, e em menor escala continua ocorrendo, devido, entre outras coisas, ao pensamento de que a mulher encontraria mais dificuldade no relacionamento interno nas empresas, ou seria menos confiável, ou até apresentando dificuldades no trato com clientes. Daí a defasagem entre as oportunidades de trabalho para mulheres em relação aos homens, havendo salários menores e receio de instabilidade profissional.

O que fazer na busca de seus direitos por salários iguais para funções iguais

Se você, mulher, ganha menos do que o piso de mercado e está insatisfeita com isso, busque o direito de poder ganhar no mesmo nível, inicialmente verificando sua posição, suas responsabilidades na empresa ou no negócio e certificando-se de que realmente ganha menos. Isso pode levá-la a consultar fontes externas, os sindicatos de categorias profissionais, ou dentro da própria empresa, com cautela, tentar saber se a defasagem está realmente acontecendo. Isso se aplica a direitos diversos, como bônus, vale-alimentação, meios de transporte oferecidos e benefícios em geral.

Excelente fonte de informações evidentemente é o RH (Recursos Humanos) de sua empresa, ou de outras empresas, com discrição e a atitude normal de quem simplesmente pede informações corriqueiras (embora sejam relevantes para você).

E o item anterior também se refere a indivíduos homoafetivos, em relação a homens ou mulheres nas mesmas funções, pois também pode ocorrer de serem prejudicados pela sua condição.

Em outro caso, mulheres e homens têm o direito de ter as mesmas comodidades em locais públicos ou privados quanto a banheiros, vestiários etc.

2.2 – Direitos conjugais

Tratemos de direitos de homens e mulheres atuando não separadamente, quer dizer, direitos de homem e mulher quando se unem socialmente, por meio do casamento civil e/ou religioso, ou estão em união estável, ou atuando profissionalmente em empresas familiares ou negócios familiares.

Que direitos devem ser atingidos ou apoiados ou mais bem quantificados, e quando? Bem, há direitos pertinentes entre eles, cada qual na condição e no limite em que exerce suas funções na empresa ou negócio. Tudo pode ir bem, até que, por exemplo, no caso de ruptura da união conjugal ou de companheirismo, ou por separação judicial ou de fato, ou até pela morte de um dos cônjuges, aparecem os problemas relativos aos direitos que cada um terá ou tem, ou do sobrevivente, em caso de morte do outro.

Buscar direitos pode representar a preservação dos direitos que cada um possui, não se cogitando especificamente a igualdade entre homem e mulher, mas a desigualdade de direitos a serem preservados quando se determinam que direitos são realmente legítimos e devem prevalecer e em que proporção juridicamente correta ou aceitável. E aparecem os importantíssimos direitos dos filhos ou menores, que estejam ou devam estar sob a guarda de um ou outro, ou em guarda compartilhada. Em qualquer caso, as obrigações pecuniárias devem ser observadas, a observação do que for determinado em Juízo.

Igualmente, as consequências da ruptura de empresas em conjunto, de negócios em conjunto, de bens tidos em comum têm de ser respeitadas, porque não se trata aqui de igualdade entre homem e mulher, mas de direitos e obrigações que não se referem ao texto de igualdade constitucional.

Para não adentrarmos em Direito Comercial e de Família e Sucessões, que não é objeto precípuo deste livro, apenas acenamos com essas situações por tangenciarem a questão de busca de direitos de homem e mulher citados na Constituição.

Hoje existem variados tipos de famílias, devido ao desenvolvimento e à diversificação de situações sociais e em decorrência de estruturas modificadoras mais abundantes. São pais com avós e filhos, tios que vivem com sobrinhos na ausência dos pais, avós e netos somente, também homoafetivos, homoafetivos com filhos adotados, solteiros por opção mas sustentando pessoas que são seus dependentes legalmente por decisão judicial etc. Portanto, há "grupos" familiares muito diversificados.

A união familiar, independente do modo como se apresente, merece amparo estatal, porque constitui uma fonte básica de futuros cidadãos. Necessitam as famílias do auxílio e incentivo que for possível, com assistência à mulher gestante, aos componentes da família, sejam quais forem, a bebês sendo gerados ou vindo à luz da forma como acontecer, até com a possível proteção financeira e social possibilitadora de equilíbrio em bases desejáveis. Também casais homoafetivos estáveis merecem a mesma atenção quando têm filho(s) adotado(s) ou da forma como ocorrer.

Ressalto que não se aceita, em nosso modelo constitucional, uma família resultante de poligamia, as uniões por coação, para criar organizações criminosas, visando a destruição dos bons costumes ou que sejam atentatórias à organização do país.

Portanto, os bebês e as crianças se tornarão sadios se puderem ser bem cuidados, ter formação adequada e boa vida escolar, daí constituindo o maior tesouro de uma nação. Assim tratados, tenderão a tornar-se com maior probabilidade cidadãos e cidadãs úteis e bem-intencionados, fortificando e desenvolvendo a nação.

Isto se aplica também aos que forem adotados em qualquer idade, porque melhorarão muito sua situação, a situação do país, e provavelmente teremos diminuído o número de novos criminosos ou pessoas com problemas mentais e/ou improdutivas.

Não é o ouro, a prata, os minérios e nem as *commodities*. O tesouro de uma nação é formado de crianças bem assistidas, se possível, desde sua gestação, passando pela infância bem amparada pelo Estado, com escolas de boa qualidade, incluindo as públicas, daí se formando o futuro próspero e desejável de qualquer país. Acredite nisso: não vamos a lugar nenhum se o país não tiver família e educação sólidas, moralmente bem constituídas e com opções de desenvolvimento sustentável. Já conscientizamos as crianças nas escolas a respeito de assuntos sobre o meio ambiente, falta agora enfatizar a matéria sobre a corrupção — não pode roubar ou tirar o que é do outro ou que prejudica o nosso país. Deve-se insistir que um grande país é feito por nós mesmos, se formos bons e moralmente corretos.

Lógico que todas as uniões estáveis, mesmo que sem registro de casamento formal, ou às vezes só com registro religioso, devem ser incentivadas no mister de se poder gerar bons cidadãos. O Direito, como instituição, e o país, em decorrência, reconhecem e dão força a tais uniões e à família decorrente delas.

Fundamental: o respeito à igualdade entre homem e mulher também na lei e perante a lei (como contido na Constituição) só é vivido e praticado se o homem e a mulher forem educados na forma já mencionada.

CASAIS SEM REGISTRO LEGAL DE SEU ESTADO CIVIL

Busquem seu direito de legitimar sua união, se possível e se quiserem, porque isso facilita, e muito, a obtenção de documentos necessários ao pleno exercício da cidadania, bem como legitima sua união e evita possíveis problemas quanto aos filhos gerados ou mesmo quanto aos adotados.

Quanto às uniões homoafetivas, o Estado brasileiro e o Supremo Tribunal Federal (Poder Judiciário) já reconheceram que têm os mesmos direitos de qualquer casal hétero em união estável.

2.3 — ADOÇÃO

É muito bom que cidadãos queiram adotar crianças que necessitem sê-lo, devendo a Justiça e o Estado zelar para que haja um processo bem-feito, respeitando-se o *Estatuto da Criança e do Adolescente* e as instituições públicas, para nortearem o procedimento de todos os casais.

QUEM E COMO SE PODE ADOTAR VALIDAMENTE?

Primeiro é preciso conhecer as regras para adotar. Deve-se obedecer o Código Civil e a legislação pertinente — regulam a matéria os artigos 1618 a 1629 do Código Civil e a lei que o atualizou, Lei 2.010, de 3 de agosto de 2009, de onde colhemos as importantes regras a seguir:

- Só a pessoa maior de dezoito anos pode adotar. Homoafetivos em união estável também podem adotar.
- A adoção por cônjuges ou companheiros poderá ser formalizada, desde que pelo menos um tenha completado dezoito anos de idade. Deve-se comprovar a estabilidade da família, e o adotante tem de ser ao menos dezesseis anos mais velho que o adotado.
- Se você for tutor ou o curador da pessoa a ser adotada, precisa estar completamente em ordem na parte financeira (insolvente ou devedor de grandes quantias sem patrimônio para garanti-las não pode adotar).
- Se você vai adotar e os pais biológicos estão por perto, é necessário o consentimento deles ou de seus representantes legais, se existirem. Se o adotando tiver mais de doze anos, ele deve se manifestar concordando. No entanto, não é necessário ne-

nhum consentimento caso os pais sejam desconhecidos ou tenham sido destituídos do poder familiar.
- Ninguém pode ser adotado por duas pessoas, salvo se forem marido e mulher ou se viverem em união estável.
- A adoção obedece a processo judicial, sendo que a adoção de maiores de dezoito anos depende da assistência efetiva do Poder Público e de sentença constitutiva. Somente será admitida a adoção que constituir efetivo benefício para o adotando.
- A adoção atribui a situação de filho ao adotado, desligando-o de qualquer vínculo com os pais e parentes consanguíneos, salvo quanto aos impedimentos para o casamento.
- O adotado pode (e até diria que deve) assumir o sobrenome do adotante, podendo se determinar a modificação de seu prenome.
- Os efeitos da adoção começam da data exata da sentença judicial, exceto se o adotante vier a falecer no curso do procedimento, caso em que terá força retroativa à data do óbito. As relações de parentesco se estabelecem não só entre o adotante e o adotado, como também entre aquele e os descendentes deste e entre o adotado e todos os parentes do adotante.

A QUEM OU A QUE LUGAR SE DIRIGIR PARA ADOTAR E O QUE FAZER

Quando se quer procurar logo pessoas para adoção, muito se pensa em abrigos, asilos, orfanatos e creches com menores abandonados. Mas a grande maioria das crianças nesses locais pode não configurar uma disponibilidade para adoção. Muitas vezes seus pais existem, até visitam de tempos em tempos as crianças, e, portanto, elas podem frustrá-lo. No entanto, deve-se tentar, pois pode ser que seja um caminho que dê frutos.

Na verdade, o primeiro local e principal fonte de busca para adoções de menores ou maiores é o Fórum de sua cidade. Dirija-se à vara especializada em infância e depois àquela especializada em família, ou procure o juiz encarregado desses temas para obter mais informações e sentir-se mais seguro para continuar sua busca.

Para menores especificamente, vá também ao Juizado de Menores de sua cidade ou jurisdição. Lembre-se de que um juiz (um magistrado) sempre irá orientá-lo, quando estiver disponível.

Você pode também procurar o Ministério Público, a Defensoria Pública, os Cartórios do Fórum, estes para verificar avisos e informações pertinentes, que até podem estar afixadas em algum local do prédio.

É útil procurar reuniões de grupos de apoio para adoção. Procure na internet, nos locais públicos, e também nas secretarias da prefeitura e do estado.

Quando identificar o(s) possível(is) adotando(s), é aconselhável que se contrate um advogado, mormente se demandar Processo Judicial, ou que se entenda com o

Ministério Público e/ou Juizado de Menores, para tornar possíveis todas as etapas do processo de adoção, que vão desde a correta identificação de tudo o que se refere a você, todos os documentos e tudo o que se refere ao(s) adotando(s), para monitorar e acertar todo o procedimento.

De qualquer forma, é recomendável procurar saber o máximo possível sobre o(s) adotando(s), isto é, responder às famosas perguntas sobre o adotando: quem, quando, como, onde e por quê. Até onde possa ir, lógico, porque depois tudo deverá ser formalizado, confirmado, e ao final do processo será oficializada a adoção, por sua vontade daí manifesta e por quem responda pelo(s) adotando(s), e por ele próprio, se maior de idade.

Bom lembrar que você será inscrito no CNA (Cadastro Nacional de Adoção), normalmente na vara do Fórum especializada em infância ou onde isto existir em sua jurisdição.

DOCUMENTOS NECESSÁRIOS E FORMA DE PETIÇÃO PARA ADOÇÃO

- Documento de identidade
- CPF
- Certidão de casamento ou nascimento
- Comprovante de residência
- Comprovante de rendimentos ou declaração equivalente
- Atestado ou declaração médica de sanidade física e mental
- Certidões cível e criminal

A Vara da Infância pode pedir outros documentos. É muito comum pedirem fotos.

Obrigatoriamente deve constar numa petição para solicitar a adoção:

- qualificação completa
- dados familiares
- cópias autenticadas de certidão de nascimento ou casamento, ou declaração relativa ao período de união estável
- cópias da cédula de identidade e inscrição no Cadastro de Pessoas Físicas
- comprovante de renda e domicílio
- atestados de sanidade física e mental
- certidão de antecedentes criminais
- certidão negativa de distribuição cível

O processo judicial seguirá fases em que atuará o Ministério Público e até a Defensoria Pública, se necessário. Se tudo der certo, ocorrerá um belo fim e um precioso começo de relacionamento extremamente útil à sociedade.

2.4 — Sobre as mulheres e sua proteção

Neste item estendo-me um pouquinho mais em conceitos, para ser mais bem entendido quanto aos direitos que se podem defender, sob minha ótica, desde já respeitando os que tenham outros conceitos, dentro de nossa bela oportunidade democrática de poder se expressar e respeitar sempre os que tenham outra visão.

Os direitos e obrigações previstos na Constituição Federal são iguais para todos, independentemente de sexo, porque legislam sobre os membros da sociedade ou sobre o próprio ser humano em geral. Porém, enfatize-se que *a Constituição tem dispositivos direcionados somente às mulheres*, porque obviamente há diferenças ditadas pelo próprio teor da Constituição, de forma muito acertada e adequada, direcionando circunstâncias, fatos e características pertinentes a certas condições físicas, psicológicas e particulares inerentes às mulheres, visando protegê-las quando mereçam tratamento especial no que se refere à maternidade, ao trabalho em locais insalubres ou trabalhos em que se requer força ou características não compatíveis ou diferentemente compatíveis para elas.

Vamos apontar no texto da própria Constituição, por exemplo, no Artigo 7º, inciso XVIII — licença à gestante, sem prejuízo do emprego e do salário, com a duração de 120 dias; inciso XX — proteção do mercado de trabalho da mulher, mediante incentivos específicos, nos termos da lei; inciso XXII — redução dos riscos inerentes ao trabalho, por meio de normas de saúde, higiene e segurança, nas quais se indica diferentemente o que pode, deve ou não deve ser exercido pela mulher; e, ainda, o inciso XXVI — reconhecimento das convenções e acordos coletivos de trabalho, em que sempre há regras específicas sobre o trabalho das mulheres nas empresas e em políticas normativas de saúde, procurando direcionar em idades e situações diferentes, tratamentos específicos para determinados tipos de câncer, de prevenção a doenças e outras tantas situações.

- A mulher deve buscar seus direitos — trabalhistas — e seu correto tratamento, segundo o que foi afirmado acima, quer por meio de advogado, sindicato, departamento de RH das empresas, órgãos públicos, Ministério Público do Trabalho ou órgãos de proteção à mulher.
- A mulher deve buscar *todos os direitos a si pertinentes* que estejam sendo, em qualquer situação ou campo de atividade, agredidos, negados, desrespeitados, motivo de abusos, ou quaisquer regramentos que conduzam à sua discriminação ou prejuízo, dirigindo-se à Delegacia da Mulher, a outra qualquer se não encontrar uma da mulher, à empresa em que trabalhe, aos órgãos públicos, ao Judiciário e, enfim, aos locais citados no início do livro para cada situação específica.

Coragem! Você pode e deve buscar seus direitos com equilíbrio e verdade.

2.5 — Quanto à sexualidade dos cidadãos e cidadãs

Os indivíduos do grupo LGBTTT lutam para ter seus direitos reconhecidos, protegidos e não agredidos. Sim, merecem proteção e merecem ter resguardada sua segurança, seu direito de se manifestar ou participar do convívio social. E, lógico, devem ser punidos com rigor os crimes motivados por preconceito e perseguição contra os indivíduos de qualquer orientação sexual.

Há movimentos desses grupos reivindicando a existência legal de outros tipos de classificação de cidadãos e de reconhecimento. O que for aceito pelo nosso universo jurídico, quanto aos grupos LGBTTT, lógico que será objeto de regras jurídicas e terá de ser respeitado quando for elevado a tal regramento jurídico.

Assim como os indivíduos do grupo LGBTTT podem se manifestar para divulgação de suas ideias e direitos, também não podem utilizar de violência ou meios contrários à lei para atacar os que pensem contrariamente. Ou seja, também devem respeitar as manifestações contrárias feitas dentro da lei.

Também na escola devem ser respeitadas eventuais diferenças sexuais, sem alarido e evitando-se o *bullying*. Uma escola bem orientada sabe lidar com esses problemas com sabedoria. E, bem, existe um direito natural e existe o direito implantado pela sociedade que o promulga. Até agora nada justificou mudanças em nossas raízes ocidentais, quanto ao modelo de família, para base constitucional.

BUSCANDO DIREITOS DIANTE DE AMEAÇA OU NÃO ACEITAÇÃO DA PESSOA NO QUE SE REFERE À QUESTÃO DE SUA SEXUALIDADE

- Primeiramente, sempre recorrer à polícia em caso de agressão ou ameaça. Vá à Delegacia de Polícia e faça um BO sobre o ocorrido.
- Adicionalmente pode-se procurar um advogado, para primeira orientação, mas o melhor é contratar advogados especializados nesse tipo de ocorrência, em geral os criminalistas.
- Denuncie e forneça provas, na medida do possível, de forma civilizada e ordeira, portanto, mediante ações judiciais próprias, notificações, ou até com o auxílio do Ministério Público.
- Procure verificar claramente as situações e direitos envolvidos e as obrigações pertinentes que podem ser criadas, e escreva ou se comunique decentemente por meio dos veículos de comunicação adequados, se o desejar.

2.6 – Segundo inciso do Artigo 5º: "obrigado a fazer ou deixar de fazer alguma coisa somente em virtude de lei"

Inicio citando algumas decisões do Supremo Tribunal Federal a respeito:

"Não cabe recurso extraordinário, por contrariedade ao princípio constitucional da legalidade, quando a sua verificação pressuponha rever a interpretação dada a normas infraconstitucionais pela decisão recorrida."*.

"Em seguida, no tocante à Resolução 20/2003, o relator asseverou que especializar varas e atribuir competência por natureza de feitos não é matéria alcançada pelo princípio da reserva legal em sentido estrito, porém apenas pelo princípio da legalidade (CF, art. 5º, II), ou seja, pela reserva da norma. Deste modo, considerou legais as Resoluções 314 e 20, respectivamente, do Presidente do Conselho da Justiça Federal — CJF e do Presidente do TRF da 4ª Região. [...]. Após, pediu vista o Min. Cezar Peluso." (HC 85.060, Rel. Min. Eros Grau, Informativo 395)**.

"Não afronta o princípio da legalidade a reparação de lesões deformantes, a título de dano moral." (art. 1.538, § 1º, do Código Civil) (RE 116.447, Rel. Min. Célio Borja, DJ 07/08/92)***.

Frisando: a questão do princípio da legalidade — ser obrigado a fazer ou deixar de fazer algo condicionado à lei existente — ocupa a humanidade há muito tempo.

Em tempos remotos, em sociedades primitivas, vigorava a lei do mais forte, e os mais fortes impunham sua vontade, obrigando todos os membros do seu núcleo social a obedecerem à sua vontade e fazerem tudo como queriam que fosse feito. A pena para quem desobedecesse era a morte, ou severos castigos físicos, ou a expulsão do meio em que se encontravam, como ocorre com animais de muitas espécies, em que o macho vencedor expulsa os que são derrotados de seu território, para ficar com as fêmeas e mandar em todo o bando ao seu redor.

A lei do mais forte prevalecia, e até hoje prevalece para habitantes de regiões mais primitivas do planeta, principalmente em regiões de países mais pobres da África e da Ásia.

Nesses locais, onde muitas vezes nem se lê ou se escreve, tudo é ordenado segundo costumes ancestrais, e o mais forte, ou descendente do "clã dominante", faz as leis, dirige todas as atividades, decidindo até mesmo quem deve viver ou quem merece morrer.

---

* Fonte: http://www.conteudojuridico.com.br/sumula-organizada,stf-sumula-636,2155.html.

** Fonte: http://www.conteudojuridico.com.br/sumula-organizada,stf-sumula-636,2155.html.

*** Fonte: http://www.ebah.com.br/content/ABAAAfAakAC/constituicao-comentada-pelo-stf?part=3.

Até uma religião, levada a extremos não conformes suas origens, está querendo transformar em califados partes de países como Iraque e Síria, não se importando com governos ou fronteiras (como é o caso daquele islamismo radical desejando estabelecer um Estado Islâmico). Os outros muçulmanos ou islamitas (grande maioria) não pensam da mesma forma, não concordam com essa radicalização e tentam combater o Estado Islâmico.

No Brasil, ainda há os poderosos de cada região do país, que por vezes definem, mesmo contra a lei, quem pode ou deve trabalhar em determinados locais e até quem não pode — aí até de forma comissionada ou terceirizada. Definem também quem deve herdar determinada terra, ainda que não tenham direito a ela, até forjando documentos ou registros. Chegam a ditar quais leis podem ou não ser obedecidas, ou enganam sobre a situação legal em vigor. Obrigam as pessoas a trabalharem por mais de doze horas por dia, e sem pagamento de horas extras, mesmo sendo isto ilegal. Mandam que matem ou roubem, sob pena de morrerem, definem quem deve assinar documentos, mesmo que sem motivo ou irregularmente, e até determinam quem deve tomar conta de uma empresa, mesmo sem ter o direito de fazê-lo, às vezes criando empresas controladoras ou *holdings* de fachada, para distorcer o comando negocial.

Em sentido geral, no país, há pessoas que são obrigadas a fazer horas extras além do permitido legalmente, e até a ser testemunhas de fatos ou atos que não presenciaram. Há casos de pessoas que são obrigadas a agir contra seus próprios interesses, agindo, multando, intimando, trabalhando e vivendo contra a lei vigente e, pior, sem que lei nenhuma as obrigue a fazê-lo, pressionando-as, ameaçando-as, difamando-as ou impedindo que exerçam seu discernimento e vontade.

Há pessoas que são obrigadas a escrever que um fato é real com base em lei já revogada ou inexistente. Enfim, ainda há muita corrupção, que também é usada para calar a boca de muitos e mudar a honestidade de outros.

O QUE FAZER SE O OBRIGAREM A DESRESPEITAR A LEI

Se querem obrigá-lo a fazer algo desonesto, contra a lei, ou que você acha que não é certo ou pode ser ilegal, consulte as indicações que foram dadas no Capítulo 1, aqui aplicáveis. De resto, a acrescer:

- Comunique-se com autoridades até de fora do município. Se necessário, torne público denunciando, procure até repórteres de TV, conforme o caso, com a face ocultada, como eles sabem fazer.
- Finalmente, se sabe de grave abuso de direito (por exemplo, trabalho escravo), denuncie, mesmo que anonimamente.
- Não aceite nunca trabalhar em locais irregulares, clandestinos, proibidos e insalubres.

- Não aceite contratação para fazer o mal de qualquer espécie, mesmo com altíssimo pagamento, porque o futuro pagamento indesejado que terá pode ser sua ruína ou sua morte.
- Denuncie abusos, seja respeitador para ser respeitado e divulgue este modo de ser na comunidade em que vive.
- Seja conhecido por ser direito e por não aceitar malfeito.
- Você pode e tem de lutar, mas agindo de acordo com a lei, pleiteando justamente, com as pessoas certas, do modo certo, e isto já é mudar o Brasil.
- Ninguém pode obrigá-lo a votar em determinado candidato, nem pode obrigá-lo a assinar ou a fazer qualquer coisa que você não queira ou deva fazer.

2.7 — História ilustrativa do capítulo

Versa sobre o que penso *unir* os homens e as mulheres na disseminação dos direitos e obrigações bem cumpridas. Trata-se do *combate à corrupção*. A escolha desta história se deve ao meu desejo de enfatizar a participação da mulher no combate à corrupção, já que às vezes ela tem medo de denunciar ou agir, preferindo deixar para os homens esse combate. **Não! Lutemos juntos, parceiras**.

O caso do senhor dr. Maresias Pentágono

O dr. Maresias era um advogado e político de renome. Era também presidente da Câmara de Vereadores em São João do Turvo Límpido, onde era conhecido por ouvir as queixas de todos, bem como pedidos dos necessitados. Na verdade, ouvia a todos os munícipes. Quando iniciou sua trajetória na Câmara, tinha uma casa boa, um carro razoável e uma pequena chácara para plantar verduras.

Abria seu escritório doze horas por dia, onde recebia a todos, com uma hora de intervalo para o almoço e quinze minutos para o lanche. Recebia seu salário de vereador (uns R$4 mil por mês e alguns honorários de casos judiciais, que não eram de valor alto, talvez uns R$3 mil mensais).

Todos o respeitavam porque era atencioso e agia de forma rápida.

Bem, passados dez anos de Câmara, o benemérito vereador e advogado era dono de dois carros importados grandes, mudou-se para uma casa com oito quartos e com terreno de 20 mil metros quadrados, tinha duas fazendas produzindo várias tipos de cultura, também sendo proprietário de um apartamento de cobertura na praia.

Uma auditora da Receita Federal, que residia numa cidade vizinha maior, tomou conhecimento da situação do vereador, quanto ao que era antes e o que era agora sua vida. Interessou-se pelo cidadão e por seus sinais exteriores de riqueza.

A auditora sabia que o vereador era benquisto e tido como auxiliador de muita gente, mas por força de seu trabalho (de auditora) e sendo honesta e também trabalhadora, interessada em seu ofício e, o que é mais raro, *pelo seu país* e a correta arrecadação de recursos, a fim de propiciarem serviços públicos de qualidade para o povo, resolveu fazer o que podia para conferir as contas do vereador.

Obteve atribuição da chefia para proceder a fiscalização das contas da fazenda e do agronegócio. Chegando ao escritório da fazenda, apresentou suas credenciais e solicitou, como de praxe, os livros e documentos, para seu exame. Avisou que esperava concluir seu trabalho talvez em duas semanas, mas que poderia demorar um pouco mais, dependendo do que tivesse que apurar.

No dia seguinte ao início dos trabalhos, eis que o vereador adentra a sala em que estava a auditora, bem ocupada com papéis e levantamentos, e pede para falar-lhe. Fecha a porta e diz: "Perdoe-me sra. auditora fiscal, mas estou aqui porque trabalho muito, ajudo muitas pessoas na cidade, e meu tempo é muito curto para prestar-lhe todos os esclarecimentos que a sra. merece. Perdoe-me o atrevimento mais uma vez, mas sei que a amiga também tem muitos outros trabalhos importantes para fazer, mais importantes que fiscalizar alguém aqui do interior. Dessa forma, proponho-lhe que seu exame se estenda por oito dias no máximo, não chegue a autuações de valor alto, ou melhor, autue-me pelo atraso de escrituração de livros fiscais, assim direi que temos muito trabalho e podemos pôr em dia a complicada escrituração fiscal. Daí a sra. lavra seu Termo de Encerramento de Fiscalização por cinco anos até agora, e eu pago à vista o Auto de Infração. Se concordar, a sra. terá feito seu trabalho rápido e se livrará disto logo. E tem mais uma coisinha: a sra. irá comigo visitar o pasto da fazenda, e lhe entregarei uma mala parecida com a que coloco vacinas para o gado e outros apetrechos da fazenda, só que terá dentro R$1 milhão."

A sra. agente fiscal ia ficando mais e mais perturbada com o discurso, e respondeu: "Tudo bem quanto ao tempo de trabalho, que pode ser então de oito dias. Porém, quando chegar o oitavo dia, primeiro vamos ao pasto, e o senhor leva sua maleta, depois voltamos ao escritório e complemento o trabalho da forma como o senhor quer. Está certo assim?"

"Está certo", disse o vereador, sorrindo, e apertou a mão da sra. agente fiscal.

Nos sete dias seguintes, a auditora fiscal constatou a impossibilidade de serem compatíveis os bens adquiridos nos últimos anos, uma série de errôneas manobras contábeis, lançamentos suspeitos, fatos fora de um contexto normal, enfim, tudo para que devesse ser descaracterizada a escrituração contábil, além de receitas incompletamente lançadas e sinais claros de documentos falsos ou não compatíveis para justificar despesas altas, já estando clara a elevada sonegação fiscal.

No oitavo dia, PASTO! Sim, foram para lá e foi feito o ato de entrega das vacinas e trambiques milionários — "eta peso". Mas apareceram alguns homens vestidos de trabalhadores da fazenda, mas apresentando suas credenciais da Polícia Federal, além de outro, chefe de Fiscalização da Receita. Colocaram algemas no distinto vereador, exibindo ordem judicial para sua prisão em flagrante, ainda que no exercício de função pública.

De quanto foi o prejuízo aos cofres públicos? Você é mesmo curioso, hein? Bem foi maior do que R$20 milhões, composto de dinheiro não recolhido de IR, IPI, PIS, COFINS e de crimes diversos.

O vereador ainda está na cadeia, aguardando que seus advogados consigam um *habeas corpus* para livrá-lo, mas parece que será difícil.

Esqueci-me de dizer: não, ele não é mais o benemérito da cidade. Ele foi motivo de escândalo. A família teve de se mudar da cidade, e as escolas do local tomaram esse caso como exemplo para ensinar aos alunos como não compensa roubar e pensar que tudo sempre passará despercebido.

Será que isso se parece com o que vemos hoje em outros locais do país? Ou você ainda acha que o roubo sendo perfeito, nada será apurado?

Como diz o ditado popular, "aqui se faz, aqui se paga".

Capítulo 3

Direito à liberdade, igualdade, propriedade e herança

Conforme contido no caput do artigo:

"Art. 5º — Todos são iguais perante a lei, sem distinção de qualquer natureza, garantindo-se aos brasileiros e aos estrangeiros residentes no País a inviolabilidade do direito à vida, à liberdade, à igualdade, à segurança e à propriedade, nos termos seguintes:"

3.1 — Considerações gerais iniciais

Bom tratarmos, antes de prosseguirmos, algumas ideias básicas que entendo devam ser bem pensadas e sopesadas sobre liberdade, igualdade, segurança e propriedade.

É importante ir ao encontro dos nossos direitos contidos nesse Artigo 5º, examinando com cuidado tais conceitos norteadores do texto legal. Apesar de citada nesse artigo, falaremos especificamente sobre a segurança no Capítulo 13.

Em uma primeira ideia, existe a regra de haver igualdade entre homens e mulheres. Portanto, que a segurança e o direito à propriedade também valham para ambos, e isso se refere a poderem estar seguros e ser proprietários, independentemente do gênero e da condição sexual.

Por que insistir nisso? Porque há dúvidas de que a mulher goze ou deva gozar da mesma segurança que o homem, e porque na realidade social atual não goza mesmo, o que deve ser melhorado com o advento de leis inferiores mais adequadas e mais severas quanto à certeza de punibilidade a quem provoca a insegurança ou atos discriminatórios, zombadores dessa segurança.

Quanto ao direito e exercício do direito de propriedade, frise-se que não se deve embaraçar ou impedir tal exercício. Falamos de posse, uso, gozo e disponibilidade de bens.

Lógico que se deve igualmente enfatizar o igual direito dos homens, que, assim como as mulheres, lutam muito nos campos, nas fazendas, nas pequenas propriedade rurais, no agronegócio, no sertão, na demarcação de terras, no plantio e na colheita, ao tomar empréstimos bancários e no ter de pagar tais empréstimos. Respeitemos essa luta insana e honesta de homens e mulheres do país.

3.2 — Como buscar seus direitos
CONSTITUCIONAIS PERTINENTES

Aqui o assunto é vasto, e é mais complexa nossa ação. Porém, dentro de nossas forças e possibilidades, devemos:

- Ser parte ativa de lutas por liberdades que reputarmos verdadeiras, não buscando a violência, mas pertencendo a conselhos regionais ou setoriais ou profissionais, ou órgãos de escolas, associações com fins culturais ou esportivos, ou de bairros.
- Denunciar a existência de trabalho escravo.
- Exigir dos políticos eleitos honestidade, proteção ao livre cumprimento de direitos válidos e que cumpram com as obrigações que assumiram durante a campanha.
- Buscar com jeito, discernimento e sem arrogância, influenciar nossos parentes e amigos quando estivermos convencidos de que precisam saber de assuntos ou fatos que conhecemos, ou quando não estiverem entendendo a importância de agirem de modo diferente, ou quando mudarem de opinião.
- Informar e descrever perante a polícia e órgãos públicos competentes a usurpação ou negação de liberdade válida, assim como lutar pela não admissão de falsas liberdades, quando contrárias à sociedade ou aos considerados bons costumes pelo meio social e, com isso, evitando sua degradação.
- Vigiar e agir dentro do possível para que organismos do governo, aos quais confiamos o controle social, não estejam fazendo o oposto e escravizando ou desmoralizando a sociedade.
- Vigiar e trabalhar para que a elaboração de leis reguladoras das atividades, valores e limites das liberdades individuais não seja enganadora, recorrendo sempre a amigos bem informados, a profissionais experientes ou advogados, para bem cumprirmos essa tarefa.
- Combater como for possível uma excessiva obtenção de recursos pelo Governo via tarifas e tributação elevada.
- Vigiar, agir e trabalhar para que haja a boa e saudável liberdade em geral.

Que liberdade? A consistente em poder ir e vir livremente de ou para qualquer lugar do país, liberdade de poder respirar livremente um ar menos poluído, passear ou ficar em casa, ouvir músicas que se deseje, trabalhar onde goste, professar suas crenças, orar quando quiser, ver as pessoas andando nas ruas sem medo, dirigir carros tendo habilitação sem precisar temer sempre um possível assalto ou ataque, poder cumprimentar a todos, ofertar, receber se quiser, cantar, examinar em paz seu interior e exteriorizar o que quer, desde que não ofenda o limite do outro ou sua reputação, e também sem agredir o meio ambiente e a própria sociedade. Pode parecer impossível, mas quanto mais tentarmos, mais chegaremos perto desse "impossível".

Esse tipo de liberdade pessoal, é óbvio, encontra seus limites na falsa informação sobre terceiros, na ofensa, injúria, difamação, calúnia, e até na reprodução de música extremamente alta, que perturba demais os vizinhos, ou pessoas perto de nossa casa, ou perto de hospitais, ou à noite, indo contra a paz social desejável. Por isso é importante frisar que devemos ser livres com responsabilidade.

3.3 — Quanto a buscar seu direito de ser livre

Nem todos podem ser sempre iguais e totalmente livres. Tenha calma e paciência. A sociedade pode ser composta de homens livres e deve sustentar uma igualdade de direitos quanto às leis que ela dispõe para serem obedecidas. Até aqui, tudo bem. No entanto, não é verdade que todos terão exatamente os mesmos direitos e obrigações quanto à aplicação das leis.

As mulheres são diferentes dos homens e, portanto, terão adequações em certos tipos de direitos. Terão direitos inerentes à sua condição (por exemplo, proteção à maternidade), e mesmo sem legislação específica, deveriam ter preferência em veículos públicos, por cortesia, preferência para adentrar e sair de certos locais e aglomerações, entre outros. Reafirmando, é claro que o ideal seria o exercício pleno da liberdade, garantida a igualdade de direitos. Mas isso não é possível. Somos imperfeitos e diferentes. Busquemos o melhor possível. É como quando em matemática queremos representar o valor de algum número positivo dividido por 0 afirmando que o resultado é infinito — que representamos pela letra Ω, porque não podemos medir o infinito em número de zeros. Mas podemos dizer que tende ao infinito. Nunca chegaremos ao conceito claro e visual do infinito, mas somos convidados a buscar chegar o mais perto possível.

Quanto à privação de liberdade — prisão —, constitui direito da sociedade determiná-la para punir ou segregar quem se tornou um criminoso ou incapaz de usufruir de liberdade por não saber o que pode e o que não pode fazer ou por desobedecer leis, o que obriga a seu afastamento do meio social. Ressalte-se aqui ser direito do cidadão não ser preso sem o devido processo legal, a não ser quando comete certos crimes e é pego em flagrante, nas situações previstas em lei específica. Ou seja, devemos usar o direito à liberdade de forma sábia, para sempre poder gozá-lo.

Para ilustrar, é oportuno citar o que disse o Supremo Tribunal Federal a respeito da liberdade, dos direitos e das garantias individuais.

Relatório do brilhante Min. Celso de Mello, no Mandado de Segurança 23.452, publicado no DJ de 12/05/2000 e contido no endereço eletrônico: http://www.jusbrasil.com.br/jurisprudencia/busca?q=MS+23452%2FRJ.

"Os direitos e garantias individuais não têm caráter absoluto. Não há, no sistema constitucional brasileiro, direitos ou garantias que se revistam de caráter absoluto, mesmo porque razões de relevante interesse público ou exigências derivadas do princípio de convivência das liberdades legitimam, ainda que excepcionalmente, a adoção, por parte dos órgãos estatais, de medidas restritivas das prerrogativas individuais ou coletivas, desde que respeitados os termos estabelecidos pela própria Constituição.

O estatuto constitucional das liberdades públicas, ao delinear o regime jurídico a que estas estão sujeitas — e considerado o substrato ético que as informa — permite que sobre elas incidam limitações de ordem jurídica, destinadas, de um lado, a proteger a integridade do interesse social e, de outro, a assegurar a coexistência harmoniosa das liberdades, pois nenhum direito ou garantia pode ser exercido em detrimento da ordem pública ou com desrespeito aos direitos e garantias de terceiros."

Em qualquer sociedade humana não há igualdade verdadeira sem liberdade, não há liberdade de direitos sem segurança efetiva para seu exercício, não há segurança sem liberdade de direitos e não há o direito à propriedade plena sem segurança efetiva, sem liberdade e sem verdadeira igualdade de oportunidades para poder exercê-la. Pense sobre isso.

3.4 – Pressupostos para o que fazer
quanto à propriedade

Este é um direito fundamental em toda a sociedade democrática civilizada. O homem deseja ver reconhecida a propriedade sobre bens em geral, inclusive, e principalmente, sobre bens imóveis que utilize como moradia ou que adquira para outras finalidades.

Há um primeiro estágio de possuir e ter a propriedade sobre bens móveis, sobre utensílios domésticos, sobre roupas, alimentos de uso diário adquiridos em mercados, objetos variados de uso pessoal e tantas coisas que usamos em ocasiões especiais ou de trabalho.

No entanto, o direito à propriedade se notabiliza quando da aquisição da casa própria. É o primeiro desejo quando se fala em aquisição de imóveis por uma pessoa ou por uma família. Quanto aos outros imóveis que possa adquirir, tais como sítios ou fazendas, imóveis para lazer ou para locação, podem ser importantes e justificáveis, mas não têm a necessidade tão imediata e festejada como o imóvel adquirido para residir e ter como seu domicílio principal.

O direito à propriedade, por si só, já é importante para fundamentar e solidificar a existência de desenvolvimento e equilíbrio jurídico social que direcione domínio e posse para sua mais correta utilização.

Com relação à função social da propriedade (enfatizando mais as pessoas físicas), os imóveis próprios não deveriam ser de dimensões muito exageradas, sem limites, porque corre-se o risco de desvirtuar a propriedade, numa medida certa em que possa e deva ser protegida.

Uma pessoa pode ser rica, ter diversos imóveis, mas devemos lembrar que há pobres, há pessoas que não conseguem comprar sua casa própria, e devemos raciocinar para concluir que a propriedade também deve ter uma função social.

Não há regras sobre quantas propriedades uma pessoa pode ter. No entanto, ser proprietário de centenas de imóveis pode não só ser sinal de riqueza, mas também fonte de muitos problemas e embates sociais e jurídicos, a menos, claro, que os impostos sejam pagos e administrados, pois a propriedade plena — posse e disponibilidade legítima, agindo como dono —, quando bem exercida, constitui um forte fator de segurança, bem-estar e direcionamento de progresso social, agregando valores e adicionando distribuição de mais riquezas.

PROPRIEDADE DE COISAS EM GERAL

- Sempre que for realmente o dono, defenda o que é seu usando os meios jurídicos ao seu alcance.
- Se sua propriedade estiver com outra pessoa indevidamente, acione a polícia e/ou os meios jurídicos legítimos para reavê-la.
- Cuidado com o uso da força ou de meios de coação que poderão configurar meios ilegítimos e até criminosos de reaver sua propriedade. Utilize os mecanismos corretos, através dos meios e pessoas certas, para buscar seus direitos.

BUSCA DA DEFESA DA PROPRIEDADE E/OU POSSE LEGÍTIMA

Em primeiro lugar, lembre-se: *quem não tem registro não é dono*. Esta frase, existente em muitos cartazes de muitos cartórios, lembra que você deve buscar o registro de sua propriedade no Registro de Imóveis de sua jurisdição, ou verificar o que falta para poder registrar, e até recorrer ao juízo competente, a fim de ver reconhecido seu domínio.

Quem possui imóvel por um período entre cinco e quinze anos, conforme se trate de área urbana ou rural e de outras condições legais, de forma mansa e pacífica, agindo como se dono fosse, inclusive pagando impostos cobrados, poderá vir a ter o direito de registrar tal propriedade em seu nome. (Veja o box "Usucapião e suas modalidades", a seguir.) Verifique se sua propriedade não é considerada muito grande e sem nenhuma utilização social, ou pouca, em relação ao exigível por lei. Procure o cadastro do Incra e um advogado especializado para defender com abrangência o que é seu.

> **USUCAPIÃO E SUAS MODALIDADES**
>
> **Usucapião:** quem é possuidor por um determinado tempo de bem imóvel, sendo a posse mansa e pacífica, sem contestação e sem abusos, de forma ininterrupta e agindo como se fosse seu proprietário, pode ser reconhecido legalmente como proprietário, com direito a registro em seu nome, mediante ato de tabelião ou ato judicial, conforme o caso.
>
> Busque seu direito de se tornar dono do imóvel.
>
> Veja a seguir as modalidades de usucapião existentes:
>
> **Usucapião ordinário** é aquele que exige *justo título* e boa-fé. Então, quando alguém tem a posse de maneira mansa e pacífica, ininterrupta, sem oposição do proprietário e por prazo igual ou superior a dez anos, pode reivindicar a propriedade. Ainda neste caso, o prazo pode cair para cinco anos quando comprovadamente houve aquisição onerosa do imóvel, com registro em tabelião da posse, mesmo se depois esta for cancelada documentalmente pelo vendedor, ainda devendo se acrescer que o possuidor tenha realizado no imóvel investimentos de interesse econômico e social ou se escolheu e estabeleceu o imóvel como sua moradia oficial com caráter de permanência.
>
> **Usucapião extraordinário** é aquele em que a posse é mantida com ânimo de ser o dono real do imóvel, justa e não arrebatada ou tramada com meios escusos, de forma ininterrupta e por quinze anos. Nesse caso deve-se buscar o direito de registro. O prazo pode cair para dez anos se a pessoa já está morando oficialmente no imóvel e realizou melhorias, obras ou serviços de caráter produtivo. Aqui também é possível requerer ao juiz que o usucapião ocorra por sentença declaratória, o que posteriormente poderá servir de título para o registro da propriedade.
>
> **Usucapião especial** é baseado na função social da propriedade, conforme o Artigo 5º, inciso XXIII, da Constituição Federal, pode ser rural ou urbano. Aqui a ideia é a de que faça sua moradia e a torne produtiva pelo seu trabalho ou seu cultivo direto, garantindo por meio dela seu sustento e o de sua família, e precisa ser reconhecida em Juízo.

Se sua propriedade foi legalmente adquirida, ou sem ser caracterizada como nociva, tem de ser protegida com todos os meios jurídicos, e até com o uso de força armada, em caso de invasão ilegal sem qualquer fundamento. Recorra ao cadastro do Estado, que deve cadastrar todos os imóveis e ter condições de manter todas as informações e situações de uso e gozo para proprietários legítimos.

O legítimo possuidor, portanto pode e deve defendê-la quando é ameaçada ou tirada, quando ocorre uma "turbação" ou um "esbulho" possessório. Quer dizer, opor-se contra a prática de ato ilegal, violento ou ilícito, que visa tirar a posse de quem é legítimo possuidor.

Saiba que o Estado deve seguir normas legais explícitas para a classificação de propriedades sem função social, sujeitas à desapropriação, seguindo critérios claros e com indenização aos proprietários, com processamento justo e prazo compatível. Então é necessário que se aja conforme a situação e com o auxílio de autoridades judiciárias e/ou policiais.

É o artigo 1210 do Código Civil que declara que o possuidor legítimo tem o direito de defender sua posse.

"Art. 1210 — *O possuidor tem direito a ser mantido na posse em caso de turbação, restituído no de esbulho, e segurado de violência iminente, se tiver justo receio de ser molestado.*"

§ 1º — *O possuidor turbado, ou esbulhado, poderá manter-se ou restituir-se por sua própria força, contanto que o faça logo; os atos de defesa, ou de desforço, não podem ir além do indispensável à manutenção, ou restituição da posse.*

§ 2º — *Não obsta à manutenção ou reintegração na posse a alegação de propriedade, ou de outro direito sobre a coisa.*

Há movimentos sociais que podem eventualmente ocupar sua propriedade, como o MST (Movimento dos Trabalhadores Rurais Sem Terra), entendendo que podem fazê-lo, o que pode ameaçar a propriedade alheia. Se houver ameaça ou até ocupação, peça para que polícia, juízes de Direito, Incra, prefeitura ou secretarias de Estado ajam. Num primeiro momento, é a polícia quem saberá avaliar a situação. Depois, as outras autoridades, que poderão direcionar para procedimentos jurídicos mais seguros e eficientes, inclusive para acomodar os sem-terra, se estiverem em sua propriedade ou se alegarem que a propriedade não tem função social. Quem declara a função social ou a utilização de propriedade, ou quais os latifúndios improdutivos ou a serem ocupados, é o Poder Público, e não o MST ou entidades afins, havendo regras a seguir para ocupação ou desapropriação. Se uma terra estiver realmente sem dono e for ocupada legalmente durante anos a fio, poderá ser possuída ou gerar propriedade em nome dos que daí passarem a ser declarados possuidores e/ou proprietários legítimos, reconhecidos pelo Poder Judiciário e assim figurando em Órgãos do Poder Executivo (caso já mencionado do usucapião, por exemplo).

Em primeiro lugar, veja que não se nega ao possuidor legítimo que utilize a *força necessária* para se manter na posse ou vê-la restituída, o que significa que a força a ser utilizada *não pode ser desproporcional a mantê-la*. Ou seja, você pode remover alguém que entre em seu imóvel com palavras, convencendo-o, com auxílio de outros, ou à força, por exemplo, empurrando-o com ajuda de outras pessoas, se ele se recusar a sair. Mas não pode pegar um revólver ou fuzil e atirar em invasores desarmados, ferindo-os ou matando-os e removendo os corpos para fora do terreno. Não dá para atirar com canhão em quem jogou um lenço em seu rosto.

Pode haver a oportunidade, em certos casos, de uma solução pacífica para eventuais conflitos em ocupações dos sem-terra, que seria o caso de se unirem e entrarem em acordo para utilizarem parte ou toda a propriedade, contendo vantagens, assim consideradas, para os proprietários e para os que reivindicam o local. Deve ser verificado rigorosamente se esses sem-terra não têm mesmo terra ou propriedades.

A propriedade urbana e rural tem como condição importante o seu registro competente (matrícula, antes transcrição) no registro de imóveis, deve estar com os impostos sobre a propriedade em ordem, com limites demarcados, não sendo local de sede de quadrilhas ou de depósito de armas perigosas para serem usadas em crimes, além de serem razoavelmente bem cuidada, a fim de evitar danos aos vizinhos ou ao meio ambiente.

- **Medidas judiciais:** cabe ao prejudicado, se a pessoa não conseguir se defender ou reaver a posse por seus próprios meios legítimos, intentar ações judiciais, por meio de seus advogados, inclusive requerendo medidas imediatas, do tipo liminar ou de tutela antecipada, ou de desocupação imediata ao convencimento do juiz de que há flagrante perigo, abuso, ameaça forte, até de destruição, ou prejuízos sérios, com condenação por danos morais e gravames que o juiz possa avaliar, bem como deve o Ministério Público intervir no que entenda necessário.

- **Denúncia e busca de ajuda de terceiros:** denuncie à polícia, à prefeitura, chame a imprensa, busque proteção, peça ajuda aos vizinhos, para chamar a atenção e, quem sabe, ter o problema resolvido sem maiores traumas ou prejuízos.

No caso de sede de agronegócio, deve-se também estar em ordem quanto à documentação pertinente, além de apresentar locais adequados para transporte seguro de *commodities* ou mercadorias.

Os que se intitularem do Movimento dos Trabalhadores Rurais Sem Terra, se cometerem abusos e invadirem propriedades sem apresentar justificação legal, devem responder à lei e receber penas rigorosas, sem direito a responder em liberdade. As propriedades urbanas também têm de ser protegidas. Contudo, devem também ser classificadas consoante à sua utilização, ou se descumprirem suas funções sociais ou serem locais de práticas abomináveis ou ilegais, para serem estáveis e respeitadas.

Também há o Movimento dos Trabalhadores Sem-Teto (MTST), que busca obter casas para os desabrigados. São famílias oriundas de estados diversos, de municípios diversos, da periferia das cidades ou de despejos judiciais, ou das ruas, ou dos campos, que querem um lar, mas que também podem ser massa de manobra do movimento.

Certamente muito há que se fazer. Ou o estado ou município age com rigor e não permite que ocorram as ocupações, em casos em que são absurdas, ou deveria poder abrigar e depois colocar em locais mais "definitivos" os sem-teto.

Há muitos imóveis ainda desocupados que poderiam sofrer melhorias básicas e abrigar pessoas que não tenham antecedentes criminais e que queiram ser cidadãos de bem, para terem como cuidar dos seus e viver de modo socialmente correto, com deveres e direitos como todos. Milagres são difíceis, mas falta de vontade política e incapacidade de gerenciamento e resolução de conflitos prejudicam muito

A propriedade deve ser um direito assegurado até o limite do que a sociedade pode legalmente aceitar, e a segurança é um bem que vem com o equilíbrio e a paz, que deve ser preservada e defendida até o limite do que a sociedade almeja e proclama, ou obtida por esta, contando com a colaboração de todos, quando falta ou falha.

E há, ainda, o caso das empresas industriais ou comerciais, para quem também é muito importante a propriedade efetiva do local onde opera, ou a posse legítima transmitida por quem realmente é proprietário do local. Há também empresas que operam em local cedido, ou sob outros tipos de posse, tudo legalmente documentado e registrado, respeitando a posturas municipal, estadual e federal.

3.5 — O DIREITO À HERANÇA

O direito à herança, previsto no Artigo 5º da Constituição Federal, não é garantido igualmente em todos os países do mundo, e mesmo no Brasil existem muitas variáveis, conforme se trate de direito decorrente de pessoa falecida que tenha parentes próximos ou não, ou que tenha deixado testamento ou não, e se este for considerado válido.

Portanto, seu direito de herdar deve *primeiramente* ser examinado, para que se verifique se está conforme a lei aplicável, se houve testamento válido da pessoa falecida. E há ainda um aditamento: você não pode ter feito nada de ilegal ou criminoso contra essa pessoa morta. O famoso caso Richthofen é um bom exemplo ilustrativo: a filha, que planejou a morte dos pais para ficar com a herança, perdeu os direitos após o crime ser desvendado. Os artigos 1814 e 1815 descrevem ainda outros casos em que o cônjuge, companheiro, ascendente ou descendente da pessoa falecida é excluído da herança.

"II — que houverem acusado caluniosamente em juízo o autor da herança ou incorrerem em crime contra a sua honra, ou de seu cônjuge ou companheiro;

III — que, por violência ou meios fraudulentos, inibirem ou obstarem o autor da herança de dispor livremente de seus bens por ato de última vontade."

Para haver efetivamente a exclusão, sem quaisquer dúvidas, diz o artigo seguinte:

"Art. 1.815 — A exclusão do herdeiro ou legatário, em qualquer desses casos de indignidade, será declarada por sentença.

Parágrafo único. O direito de demandar a exclusão do herdeiro ou legatário extingue-se em quatro anos, contados da abertura da sucessão."

Também pode acontecer que uma pessoa muito rica, que não seja da sua família, destine, da parte de que dispunha para legar, algum bem ou valor em dinheiro que possa alcançá-lo. É raro, mas pode acontecer, então você receberá a maravilhosa notícia por meios legais e formais.

O Código Civil indica as regras que tratam dos casos mais claramente aplicáveis a todos:

"Art. 1.784 — Aberta a sucessão, a herança transmite-se, desde logo, aos herdeiros legítimos e testamentários.

Art. 1.785 — A sucessão abre-se no lugar do último domicílio do falecido.

Art. 1.786 — A sucessão dá-se por lei ou por disposição de última vontade.

Art. 1.787 — Regula a sucessão e a legitimação para suceder a lei vigente ao tempo da abertura daquela."

E quanto a existir ou não testamento, arts. 1.788 e 1.789:

"Art. 1.788 — Morrendo a pessoa sem testamento, transmite a herança aos herdeiros legítimos; o mesmo ocorrerá quanto aos bens que não forem compreendidos no testamento; e subsiste a sucessão legítima se o testamento caducar, ou for julgado nulo.

Art. 1.789 — Havendo herdeiros necessários, o testador só poderá dispor da metade da herança."

No testamento, só se pode dispor para outros metade da herança, porque a outra metade vai obrigatoriamente para os herdeiros necessários. E quanto à companheira ou companheiro:

"Art. 1.790 — A companheira ou o companheiro participará da sucessão do outro, quanto aos bens adquiridos onerosamente na vigência da união estável, nas condições seguintes:

I — se concorrer com filhos comuns, terá direito a uma quota equivalente à que por lei for atribuída ao filho;

II — se concorrer com descendentes só do autor da herança, tocar-lhe-á a metade do que couber a cada um daqueles;

III — se concorrer com outros parentes sucessíveis, terá direito a um terço da herança;

IV — não havendo parentes sucessíveis, terá direito à totalidade da herança."

Vem em seguida a ordem em que é concedida a herança, conforme o Código Civil:

"Art. 1.829 — *A sucessão legítima defere-se na ordem seguinte:*

I — aos descendentes, em concorrência com o cônjuge sobrevivente, salvo se casado este com o falecido no regime da comunhão universal, ou no da separação obrigatória de bens ou se, no regime da comunhão parcial, o autor da herança não houver deixado bens particulares;

II — aos ascendentes, em concorrência com o cônjuge;

III — ao cônjuge sobrevivente;

IV — aos colaterais."

Ou seja, recebem a herança em um primeiro instante os descendentes e o cônjuge sobrevivente. Na inexistência dos descendentes, os ascendentes e o cônjuge sobrevivente. Na inexistência de ascendentes e descendentes, basicamente tudo vai para o cônjuge sobrevivente. Finalmente, se nenhuma dessas classes existir, os colaterais, como os irmãos, sobrinhos, conforme normas do próprio Código.

Inventário — partilha e arrolamento

Para apuração e atribuição correta da herança ou legado, tem de ser feito inventário em trinta dias, inclusive ao comando da legislação do Imposto de Renda, que pode ser realizado em cartório (tabelionato), o qual normalmente deve ser ratificado em juízo.

Ou se faz inventário completo judicial, por meio de advogado, ou de vários advogados, quando cada um dos herdeiros é representado pelo seu, principalmente havendo divergência entre os herdeiros. Acontece infelizmente de demorar até anos, devido aos recursos judiciais e discordâncias daí decorrentes.

Realce-se que, quando há testamento, existem regras que devem ser respeitadas e formas especiais de testamento válidas ou inválidas, de que também trata o Código Civil.

Aplicam-se as normas do Código de Processo Civil, recém-promulgado e em vigor desde 18/03/2016, em caso de discordância ou para o rito adequado realizador da correta distribuição entre os herdeiros (artigos 610 a 673 do CPC).

Portanto, deve ser feito inventário quando há complexidade, discordância ou necessidade de atribuição mais correta da herança. Também existe o chamado *arrolamento*, que é um processo de inventário simplificado e geralmente para casos de poucos bens e herdeiros em concordância, com muito menos atos formais ou solenidades forenses. Daí se faz facilmente a partilha dos bens, sendo todos capazes e, como informado, em concordância.

Relembrando e insistindo: tudo pode ser feito por escritura pública em tabelião, havendo concordância e sem testamento, conforme artigo 610 do novo CPC.

Essa escritura será hábil para qualquer ato de registro de bens, bem como para levantamento de ativos financeiros em instituições bancárias.

Realce especial: normalmente a viúva ou o viúvo, quando não há exceções legais, tem o direito de permanecer com o imóvel ou no imóvel em que residiam juntos.

Quando não há testamento nem herdeiros, os bens e o numerário do(a) falecido(a) ficam para o Estado (e o Estado naturalmente fica com a herança e "baterá palmas para os recursos financeiros inesperados que entrarão em seu orçamento").

Quando não há testamento e só há um bem imóvel (a casa em que vivia, por exemplo), ou bens móveis diversos caseiros, ou recordações, por exemplo, é fácil resolver-se tudo com auxílio dos que ficam, de pessoas amigas ou parentes. Se houver, porém, conflito, então será o caso de um inventário judicial.

Se vivia em casa de um filho ou em um local para idosos e sem bens próprios de precioso valor, lógico que as coisas se simplificam, também, por uma divisão amigável. Cuidado com disputas tolas de pequenos bens ou pequenas joias! Irmãos às vezes não se mostram tão irmãos, particularmente quando a convivência não é tão boa.

Quando há um "recado-testamento particular", de próprio punho e sem testemunhas, ou quando existem herdeiros de diversas espécies, ou só existem colaterais, por exemplo, deve-se consultar um advogado especializado e/ou algum membro do Ministério Público, porque a divisão pode se tornar difícil, depois pode ser contestada, e não é boa solução uma pessoa leiga tentar desvendar o que fazer. Daí o inventário pode se tornar necessário. Também há os casos de herança distribuída em vida pelo possuidor de muitos bens, para evitar brigas futuras ou simplificar o processo de distribuição da herança.

Cuidado com os tributos a pagar depois, tais como o IPTU sobre imóveis do falecido(a) e o imposto a pagar no momento da transmissão dos bens herdados — o ITCMD (Imposto de Transmissão Causa Mortis e Doação —, que é estadual e varia de 2% a 4%, conforme o estado brasileiro em que ocorre o óbito).

Atenção para débitos existentes quanto a imóveis, os IPVAs sobre veículos, os contratos eventuais sobre os bens, que tenham que ser respeitados, entre outros débitos presentes. Lógico que nenhum herdeiro, já afirmo neste ponto, poderá ser obrigado a pagar nada acima do valor herdado. Herdeiro só paga dívidas até as "forças da herança".

Verifique as posses, dívidas e erros. Em verdade, quando se abre uma sucessão hereditária, ou quando morre alguém com muitas posses, é comum, frisando novamente, haver disputas por partes ou por toda a herança. Podem haver erros de alocação do patrimônio e também dívidas que devem ser pagas. E pode acontecer que outras dívidas apareçam, lembrando que *eventuais credores só recebem até o limite da herança*. Ou seja, se a herança é de R$100 mil, não serão os herdeiros responsabilizados a pagar mais do que este montante. Também pode haver o surgimento de dívidas erroneamente trazidas, dívidas que não existem, mesmo porque há os que tentam se aproveitar do momento para tirar vantagem.

Podem ser tomadas providências perante órgãos públicos, repartições públicas, cartórios e empresas. Enfim, só recorrendo a alguém de confiança e que seja realmente entendido do assunto para não haver falhas e aborrecimentos futuros, sendo certo que o profissional de direito especializado no campo do Direito Civil sabe fazê-lo.

3.6 — História ilustrativa do capítulo

Quem é o proprietário dos jogadores de futebol?

Existem muitos times de futebol hoje no mundo.

Mais ou menos até 1980, era mais claro que jogadores pertenciam aos clubes de futebol, que jogadores realmente gostavam de determinados clubes e nele queriam permanecer. Esses jogadores eram bem mais conhecidos por seus torcedores em seus clubes. Houve bons jogadores que jogaram durante dez anos seguidos em seus times.

Houve times de escalação famosa, como a "academia" do Palmeiras, o time do Santos de Pelé, o Flamengo de Zico, o time da "democracia corintiana", o Cruzeiro de Tostão, e a Seleção Brasileira, cujos jogadores escalados, em sua maioria, jogavam no Brasil. Mesmo quando ganhavam salários bons, assim mesmo não ganhavam nem sombra do que ganham hoje, por seus contratos milionários, particularmente no exterior.

É certo que europeus já tratavam os times como empresas, mas aqui no Brasil muitos dirigentes não agiam assim. Ao contrário, eram mais fanáticos torcedores, que em sua maioria abriam mão de administração empresarial e faziam política pela emoção de terem a primazia nos clubes. Não era o melhor, mas tinha seus méritos.

E o Brasil sempre era o maior celeiro de craques, com seleção forte, sempre candidato a vencer a Copa do Mundo da FIFA.

Bem, os estrangeiros descobriram como tirar os jogadores daqui, e até bem novos, fazendo contratos ou pré-contratos milionários com os jovens que despontavam. Na Argentina, só para lembrar, Messi não jogou como profissional em nenhum time de lá. Exerceu a profissão direto na Espanha, despontando no Barcelona.

O declínio do futebol brasileiro começou com a incapacidade dos clubes brasileiros de encararem esse desafio de conduzir os clubes como empresas, preferindo as vaidades, o poder pelo poder, a solução mais rápida de deixar tudo se arrastar ao sabor de trocar de técnicos muitas vezes até por ano, sem assimilar modernas práticas de administração.

Percebendo isso, muitos espertos homens de negócio, que foram denominados "empresários" de jogadores, começaram a convencê-los a permitir que seus contratos e atividades extracampo fossem tratados por eles, ou e até por um grupo deles ao mesmo tempo.

Ocorre que os valores dos passes dos jogadores, mídia, participação em eventos, começaram a ser inflacionados, atingindo hoje valores que, em minha opinião, dificilmente se sustentarão por muito mais tempo. Salários mesmo aqui dentro do país, de bons jogadores, subiram para algumas centenas de milhares de reais em casos notórios.

E o que desejo ressaltar: já que tem tanto dinheiro "rolando", quem é o dono, quem são os negociadores desses jogadores quando se transferem de um para outro time?

Bem, há jogadores que pertencem 20% aos clubes em que jogam, 30% a empresários no Brasil, 20% a jogadores aposentados ou a pessoas ligadas ao futebol, 10% a ex-clubes em que jogaram, 10% a empresas e 10% a seus pais ou parentes que cuidam de seus interesses. Isto apenas para dar um exemplo. E há até jogadores que jogam por empréstimo em clubes que apenas pagam salário, mas não têm nem a propriedade parcial dos passes desses jogadores.

E os direitos de transferência, de imagem, de participação, têm de ser negociados com tanta gente, que é o caso de perguntar: se um time de futebol deseja adquirir um jogador, ou seja, o passe de um jogador, com quem deve tratar? Quem são os donos de um jogador? Parece que o próprio jogador é escravo dos seus proprietários, e, se não obedecê-los, pode ser difícil retomar suas atividades e conseguir bons contratos.

Bem, sempre há quem se diz o dono do jogador, o dono principal do passe, o que se senta à mesa de negociações. E vão discutir os valores, quem fica com o quê, por quanto tempo, e qual a participação nos direitos de imagem, de TV etc.

A propriedade de passes de jogadores de futebol passou a ser mais complexa que a propriedade em geral de todos os bens ou lugares do mundo. Na verdade, os jogadores estão, por vezes, na condição de quase escravos quanto a suas atividades.

Capítulo 4

Liberdade de pensamento, direito de resposta e liberdade de consciência e crença

Artigo 5º, inciso IV, da CF: *"é livre a manifestação do pensamento, sendo vedado o anonimato."*

Artigo 5º, inciso V, da CF: *"é assegurado o direito de resposta, proporcional ao agravo, além da indenização por dano material, moral ou à imagem."*

Artigo 5º, inciso VI, da CF: *"é inviolável a liberdade de consciência e de crença, sendo assegurado o livre exercício dos cultos religiosos e garantida, na forma da lei, a proteção aos locais de culto e a suas liturgias."*

4.1 — Comentários iniciais

Expressar-se livremente é uma liberdade bela que pode construir, pode ensinar, pode enriquecer o conhecimento, pode fazer com que você se sinta realizado, aliviado, além de ser um instrumento que possibilita o atingimento de muitos ideais, conquistas ou bons combates sociais.

A boa política, aquela que é sem enganos, falsas promessas e/ou aquisição de poder pela simples e doentia vontade de permanecer ou atingir o poder, pode, limpa desses ingredientes nocivos, levar à esperança e à forma de melhorar realmente a nação, e também à expressão do pensamento ao nível máximo de impulso produtor e realizador de melhores padrões sociais, de decência, de anseio pelo bom e belo, de construir um mundo melhor.

Mas também existe o uso da expressão do pensamento em prejuízo de outros, de modo que ofenda direitos ou elementos essenciais de pessoas da sociedade.

Por isso a Constituição, vendo os dois lados dessa manifestação de pensamento, determina que haja o direito, da(s) pessoa(s) ofendida(s) ou atingida(s), à resposta, que de preferência tem de ocorrer com a mesma intensidade que tal manifestação anterior.

Também trataremos neste capítulo da liberdade de consciência e crença, um tema muito debatido atualmente e que merece sempre um olhar atento, para evitar abusos e discriminações, que infelizmente ainda são vistos em nossa sociedade.

4.2 — Liberdade de expressão e de pensamento

Temos o direito primordial de falar em casa, em público ou em qualquer lugar sobre o que quisermos, ainda que não concordem com o que estamos falando. Só enfraquecemos tal direito se falarmos sem que possamos ser identificados, com o intuito de não nos expor, o que configura permanecermos no anonimato, o que é vedado pela Constituição (por exemplo, usar um nome fictício ou um perfil falso na internet para comentar em notícias ou para agredir alguém verbalmente). A liberdade de expressão pressupõe obrigatoriedade de identificação.

Portanto, a Constituição não apoia manifestações e expressão do pensamento, escritas ou faladas, no anonimato. Caso o local onde a pessoa se expressou anonimamente pertença a pessoa ou instituição cujos posicionamentos sejam totalmente opostos ao que foi dito, é importante verificar se vale a pena se pronunciar a respeito.

Busque expressar-se em locais públicos com autorização prévia, para evitar conflitos, e exerça com cautela seu direito, sendo este um conselho que dou para que não abra totalmente o leque de sua liberdade indelicada ou perigosamente. Ao falar, seja claro na transmissão de sua mensagem ou sua intenção, principalmente para a defesa de direitos e providências que deseje que sejam implantadas.

Se lhe concedem a palavra ou permitem-na por determinado tempo, deve procurar expressar-se dentro do tempo concedido, porque no convívio social assim se tolera e se aprimora, sem necessidade de interrupções ou violências deturpadoras e destrutivas. Se o proibirem de falar ou se expressar, a seu ver injusta ou ilegalmente, primeiro recorra a uma autoridade policial que possa auxiliá-lo, depois a uma autoridade que tenha poder no local, e finalmente consulte um advogado, para a adoção de medidas judiciais cabíveis.

Quanto a cantar, exprimir-se em sons e palavras, em pinturas ou grafites, enfim, expressar-se de todas as formas, constitui direito também sujeito às observações e ponderações já elencadas antes, porém daí também se levam em consideração outros fatores, como volume do que é veiculado (decibéis), local, direitos autorais, tipo de expressão contrária à moral ou bons costumes e licença para fazê-lo. Lembrando, ainda, que não se picha qualquer coisa em qualquer lugar, inclusive por respeito ao meio ambiente e ao povo em geral.

Manifestações políticas, contra autoridades ou atos governamentais, numa democracia, deveriam ser antes comunicadas aos órgãos de polícia e/ou àqueles responsáveis por conceder autorização formal.

Toleram-se manifestações espontâneas, desde que não promovam destruições de patrimônio, agressões físicas, quebra-quebra, desvios de finalidades perniciosos ou sentido prejudicial ao meio social, incluindo-se agressões ao meio ambiente. Mentir não deve ser um componente de sua expressão verbal tutelada pelo direito, porque isso poderá ser usado depois contra você ou ser motivo para impedimento ou anulação do que quis expressar. Ou então, se por fins de força maior a mentira for consciente, meça bem o risco e se prepare para o que pode vir a acontecer em reação.

Direitos constitucionais referentes à liberdade de expressão e de pensamento

Já partindo do fato de ter havido agressão ou ofensa a você, cabe medir se vale a pena algo formal, como a ação judicial cível ou criminal, inclusive para reparar perdas e danos, ou ao menos obrigar que a(s) parte(s) contrária(s) seja(m) obrigada(s) a fazer(em) uma declaração de igual força em sentido contrário, ou ensejar que você o faça no espaço de quem o agrediu.

Entretanto, pode ocorrer que você não consiga êxito imediato. Nesse caso, aguarde melhor oportunidade, estudando cuidadosamente o melhor momento e forma, mas que acabará quando prescrever seu direito de agir contrário. Ou saiba absorver o "golpe" e aprender a se manter firme e ir em frente.

Agora, se você tiver sido o ofensor, cuide para que haja como defender seu ponto de vista ou sua ação, bem como se foi necessário o que divulgou. Caso contrário, pode se arrepender depois, e se condenado ou provado o erro de sua divulgação, as consequências podem vir. Então saiba desde antes, equilibradamente, como voltar atrás, ou pelo menos evite tocar na questão e/ou tente reparar o dano.

Insisto que, se você quer permanecer anônimo, melhor não se expressar. Se, porém, resolver expressar-se anonimamente, estude bem, até com outros que entendam bem a situação, se isso vale a pena (o anonimato é proibido pela Constituição, como já dissemos). Lógico que não me refiro a "declarações amorosas" ou coisas que por vezes podem justificar certo mistério.

Anonimato é aceito em casos especiais e de conhecimento de todos, como quanto à denúncia anônima para polícia (seu direito expresso) e também quando for falar para certos programas de televisão, para proteger sua identidade. Enfim, quando assegurado por motivo justo, legalmente amparado.

Direitos constitucionais quando não autorizada ou deturpada a expressão de seu pensamento

- Lógico que se você for autor de livro ou de qualquer expressão artística ou de direito amparado em lei, há a proteção legal judicial por meio de diversos órgãos públicos, como o ECAD e o INPI, que provam sua autoria e/ou seu domínio sobre tais expressões.
- Se você é escritor ou jornalista e foi citado incorretamente, avalie se vale a pena fazer algo formal, como uma ação judicial criminal e/ou reparatória de perdas e danos, ou solicitar que se faça uma declaração de igual força em sentido contrário, ou até entrar em acordo, se possível, para retirar a menção ou citação de sua obra protegida onde ocorreu o abuso.

4.3 – Jurisprudência sobre a matéria

É bom verificarmos decisões judiciais sobre esse assunto, para vermos como pensam os tribunais em alguns casos. Então recorro primeiro ao Supremo Tribunal Federal.

- **Sobre liberdade de expressão do pensamento**

    "Liberdade de expressão. Garantia constitucional que não se tem como absoluta. Limites morais e jurídicos. O direito à livre expressão não pode abrigar, em sua abrangência, manifestações de conteúdo imoral que implicam ilicitude penal. As liberdades públicas não são incondicionais, por isso devem ser exercidas de maneira harmônica, observados os limites definidos na própria Constituição Federal (CF, artigo 5º, § 2º, primeira parte). O preceito fundamental de liberdade de expressão não consagra o direito à incitação ao racismo, dado que um direito individual não pode se constituir em salvaguarda de condutas ilícitas, como sucede com os delitos contra a honra. Prevalência dos princípios da dignidade da pessoa humana e da igualdade jurídica." (HC 82.424, Rel. Min. Maurício Corrêa, DJ 19/03/04)

    "A liberdade de expressão constitui-se em direito fundamental do cidadão, envolvendo o pensamento, a exposição de fatos atuais ou históricos e a crítica." (HC 83.125, Rel. Min. Marco Aurélio, DJ. 07/11/03) Fonte: http://www.altosestudos.com.br/?p=46530, item 4º.

- **Sobre denúncia anônima**

    "É inquestionável, Senhor Presidente, que a delação anônima, notadamente quando veicular a imputação de supostas práticas delituosas, pode fazer instaurar situações de tensão dialética entre valores essenciais — igualmente protegidos pelo ordenamento constitucional —, dando causa ao surgimento de verdadeiro estado de colisão de direitos, caracterizado pelo confronto de liberdades revestidas de idêntica estatura jurídica, a reclamar solução que, tal seja o contexto em que se delineie, torne possível conferir primazia a uma das prerrogativas básicas em relação de antagonismo com determinado interesse fundado em cláusula inscrita na própria Constituição. [...] Com efeito, há, de um lado, a norma constitucional, que, ao vedar o anonimato (CF, art. 5º, IV), objetiva fazer preservar, no processo de livre expressão do pensamento, a incolumidade dos direitos da personalidade (como a honra, a vida privada, a imagem e a intimidade), buscando inibir, desse modo, delações de origem anônima e de conteúdo abusivo. E existem, de outro, certos postulados básicos, igualmente consagrados pelo texto da Constituição, vocacionados a conferir real efetividade à exigência de que os comportamentos individuais, registrados no âmbito da coletividade, ajustem-se à lei e mostrem-se compatíveis com padrões ético-jurídicos decorrentes do próprio sistema de valores que a nossa Lei Fundamental consagra. [...] entendo que a superação dos antagonismos existentes entre princípios constitucionais há de resultar da utilização, pelo Supremo Tribunal Federal, de critérios que lhe permitam ponderar e avaliar, 'hic et nunc', em função de determinado contexto e sob uma perspectiva axiológica concreta, qual deva ser o direito a preponderar no caso, considerada a situação de conflito ocorrente, desde que, no entanto, a utilização do método da ponderação de bens e interesses não importe em esvaziamento do conteúdo essencial dos direitos fundamentais, tal como adverte o magistério da doutrina [...]." (Inq 1.957, voto do Min. Celso de Mello) Fonte: http://www.stf.jus.br/arquivo/informativo/documento/informativo393.htm, parte final.

- **Divulgação de procedimento policial**

    "Divulgação total ou parcial, por qualquer meio de comunicação, de nome, ato ou documento de procedimento policial, administrativo ou judicial relativo à criança ou adolescente a que se atribua ato infracional. Publicidade indevida. Penalidade: suspensão da programação da emissora até por dois dias, bem como da publicação do periódico até por dois números. Inconstitucionalidade. A Constituição de 1988 em seu artigo 220 estabeleceu que a liberdade de manifestação do pensamento, de criação, de expressão e de informação, sob qualquer forma, processo ou veículo, não sofrerá qualquer restrição, observado o que nela estiver disposto." (ADI 869, Rel. Min. Ilmar Galvão, DJ 04/06/04) Fonte: http://www.altosestudos.com.br/?p=46530m, item 5º.

Como se vê, o Supremo Tribunal Federal trata e tratou anteriormente de vários casos sobre a matéria. Mencionei esses apenas como informações e colocações úteis para balizarem nossos fundamentos e esclarecerem alguns pontos interessantes.

4.4 — Direito de resposta

O que fazer quando receber uma acusação, uma difamação formal, não formal, escrita, ou através de mídia ou meios de comunicação, em que há um dano à sua pessoa?

A primeira coisa a verificar é se realmente há danos materiais, morais ou à sua imagem como pessoa física, como ser humano, como individualidade identificada, não talvez identificável, ou como grupo de que fazemos parte, ou que chefiemos, ou a que nos filiemos em sociedade. Depois deve-se verificar se há meios de obter a reparação.

Sempre teremos assegurado o chamado direito de resposta em mesmo local, forma e proporção ao que foi divulgado. É sua resposta explicativa, obrigatória enquanto direito a resguardar sua imagem, desmentir inverdades, aclarar, contradizer, completar, consertar sua posição, afirmar o correto, retificar.

Temos até o dever de recorrer à justiça, entrando com ação própria por meio de advogado de confiança, que não seja explorador desses casos (desculpem os colegas por ter de dizer isto), que seja mais chegado a nós ou especialista no caso, para que pleiteie perdas e danos consequentes.

Se, porém, a ação judicial nos fizer sofrer ainda mais e revolverá algo que queremos enterrar para fazer esquecer, deve-se respeitar essa decisão. Mas lembre-se: alguém pode sofrer do mesmo caso, e a impunidade e a falta de causar mal ao "bolso" do(s) agressor(es) podem ser incentivados. Pode ser que se trate de caso em que o *direito de resposta* no mesmo veículo de divulgação (jornal, revista, internet, mídia em geral), se obtido, faça com que nos sintamos suficientemente reparados e seguros.

Nesse caso, o direito de resposta deve ser procurado, e o veículo responsável pela divulgação deve fazê-lo o mais rápido possível, no dia seguinte, ou no máximo em poucos dias, porque o tempo estraçalha mais e mais a imagem. Quanto maior o tempo para reparação, maior o estrago, como a justiça, que, quando tarda, não é justiça. E como se sabe, aqui impera a impunidade e a sensação de que vale a pena delinquir ou agredir ou tirar.

Lembre-se, para sua decisão, de que infelizmente há casos em que nem o direito de resposta adianta mais, porque será tarde para reparar o que foi divulgado. Pode acontecer que não seja uma acusação direta pessoal, porém a forma ou a atitude de quem nos acusou, qualificou, molestou, rotulou, enquadrou pode ser bastante clara para identificar que fomos atingidos.

O direito de resposta é assegurado pela Constituição, justamente para reparar e equilibrar a situação individual dos oponentes. Assim assegura-se a ordem e a possível resolução mais justa no meio social.

Aqui se trata de dano material, moral, incluindo obviamente dano à imagem, ou seja, a imagem de uma pessoa, sua exposição fotográfica, por meios televisivos, mídias sociais, comunicação de qualquer espécie. Essa imagem é protegida contra o mal de ser revelada como desfigurada, vilipendiada, maltratada, "enrolada" de forma torpe, ou usada como artefato contra os bons costumes, atentado ao pudor ou convicções pessoais.

O mais visível dos danos é o dano material, quando já é identificado o valor envolvido na ação, ou que corresponda ao ato ou revelação em dinheiro correspondente. Ou seja, se deixamos de ganhar R$10 mil pelo ocorrido, é este o valor do dano material. Se não houve um valor específico ao ato ou revelação, deve ser admitido o valor que a jurisprudência tem ponderado sobre casos similares, ou, se for muito diverso, deve-se consultar um advogado ou especialista financeiro, para quantificar o valor desse dano.

Quanto ao dano moral, se configurado, ele deve corresponder ao valor que corresponda o mais justamente possível ao que sofremos, ao que deixamos de poder gozar, de quebra de nossos direitos fundamentais, de ofensa à nossa pessoa, à nossa intimidade, à nossa paz exterior e de espírito. Isso também é assegurado pela Constituição, e devemos pleitear esse direito, porque não podemos deixar impunes pessoas que nos violaram, violaram nossos direitos, nossa intimidade, nosso sossego.

4.5 — Liberdade de consciência e de crença

Reitero, focando na liberdade de pensamento, que posso expressá-lo da forma como o faço agora. Por quê? Porque quero, porque penso que devo e porque penso ser útil compartilhá-lo, respeitando quem lê e sua liberdade igual de concordar ou discordar.

Ressalto que há algo dentro do ser humano enquanto formula e regula seus pensamentos em premissas e conclusões. O quê? Existe um "eu" norteador e direcionador do que entende ser correto, o que deve ser expresso, e ainda o que pode ser expresso e valores respectivos — é a consciência.

Em alguns pode estar deturpada, entorpecida, subjugada por fatores físicos, psicológicos e até psicóticos. Tenho a minha consciência de que estou agindo bem ou não, de que faço certo ou errado, no meu julgamento interno, baseado no que aprendi ser bom ou mau, do que trago no íntimo do meu ser, ou até intuições impressas em meu cérebro.

Enquanto considerada a necessidade espiritual de grande parte das pessoas, eu posso exprimir, expressar, demonstrar a chamada liberdade de consciência e de crença. Tanto quanto eu posso ser ateu e me expressar como ateu, posso expressar que sou religioso e exteriorizar isso, respeitando os que não são, em harmonia social.

Avançando um pouco mais, é fácil tratar de liberdade de exercício de crenças e cultos religiosos em nossas casas, ou em locais privados, sem demonstrações exteriores que sejam visíveis ao meio social em geral. Mas a dificuldade aparece quando temos de delimitar espaço, tempo, forma e local de uma manifestação ou culto visível ou coletivo, que produzem uma interação com a coletividade, ou quanto a movimentações externas com pessoas que pensam diferente, ou até que não as admitam.

A Constituição determina a caracterização como abuso, ofensa ao direito, tentar evitar ou proibir a liberdade de crença ou liberdade de cultos religiosos. Aliás, essa costuma ser uma das primeiras coisas que os regimes totalitários, os comunistas e os regimes de força promulgam, para acabar com os possíveis reacionários ao seu domínio absoluto.

Deve-se permitir a liberdade de crença, desde que (e aqui está o segredo e o limite) não atinja outros valores fundamentais que a própria Constituição preserva, como o caso de atentarem contra a vida ou a integridade física das pessoas.

Diz Celso Ribeiro Bastos: "O atual texto constitucional leva a cabo um retorno às Constituições de 1946 e 1934, onde se apartavam consciência e crença para se protegerem ambas. É, esta sem dúvida, a melhor técnica, pois a liberdade de consciência não se confunde com a de crença. Em primeiro lugar, porque uma consciência livre pode determinar-se no sentido de não ter crença alguma — por exemplo, a liberdade de consciência de ateus e agnósticos, a que é dada proteção jurídica.".

Aí se nota claramente a separação do que é liberdade de crença, como expressão religiosa, do que não é inerente a tal crença religiosa. Como quando se diferencia, por exemplo, o islamismo normal do islamismo radical do chamado Estado Islâmico ("jihadistas" radicais), os quais usam de um polêmico conceito islâmico de que é necessário por fim à vida dos que não creem no que eles acreditam (infiéis). Assim, afirmam que eliminando os que não creem, até mediante o sacrifício da própria vida, irão para o paraíso celeste deles.

O direito constitucional nunca agredirá os direitos individuais legítimos de qualquer pessoa, e a prática religiosa provém dos mais altos valores que devem ser preservados na sociedade.

Você tem direito à liberdade de crença, à liberdade de ir e vir aos locais que frequenta para exprimir, compartilhar e orar. Pode ir à sua igreja ou a seus locais de celebração de cultos, missas, compartilhamento da palavra, reuniões pertinentes à sua fé; participar, criar e executar suas liturgias. Então **deve denunciar** e fazer reverter a proibição de tais direitos primeiramente junto aos religiosos de sua jurisdição — como igreja paroquial, superiores religiosos de sua igreja, dos irmãos de fé e, se ainda houver resistência, junto ao Poder Público competente, para intervir, fiscalizar ou devolver ao que era normal, o que fazia antes, se se tratar de impedimento fruto de determinação ilegal, como a proibição por ter defeito físico, ou ser portador de doença deformante ou de doença não contagiosa que, entretanto, não for entendida como contagiosa pelas autoridades sanitárias.

Atividades exercidas e direitos seus: você pode ir a encontros, seminários, locais onde se partilham os fundamentos de sua fé e como implementá-los na prática, como melhorar o mundo e difundir boas-novas para o seu meio, para a humanidade. Pode orar em conjunto ou separadamente, pode oferecer dádivas em liturgias, ou para sua igreja, desde que realmente voluntárias. E aqui vale o que foi dito no item anterior, acrescendo-se que, como participante de tal igreja, você tem o direito de saber quanto se arrecada e onde se aplica o dinheiro arrecadado.

Pode e deve semear seus aprendizados por um mundo melhor, respeitando os que não os credenciem. Pode fazer parte de movimentos de igreja, pode auxiliar a prover os necessitados nas pastorais ou representações de sua igreja que distribuam alimentos, roupa e outros objetos a eles, desde que sem ofensa a normas de locais ou da lei sobre entrega de tais coisas ou bens.

Pode e deve consolar os aflitos, as viúvas, os órfãos, os sem esperança, orando com eles. Pode e deve partilhar suas experiências. Pode até alfabetizar com o auxílio de suas entidades religiosas, e pode ensinar tudo que construa e promova o ser humano. Pode participar especificamente de procissões, atos religiosos, desde que o espaço utilizado não seja prejudicial ao público em geral, ou que seja autorizado, quando necessite sê-lo. Tudo sem impor nada, obedecendo às limitações do Poder Público e da própria lei.

Friso que não se pode nem se deve forçar com atos agressivos e força física outras pessoas a aderirem aos seus atos religiosos ou manifestações. Deve-se respeitar os que não creem, e se for realmente religioso e achar bom, deve poder orar para os que não creem, em ordem e pacificamente, sem ofender a ninguém.

Não pode! Não apoie ou adira aos aproveitadores que queiram seu dinheiro ou seu prestígio para se manterem e usurparem os objetivos legítimos e sérios das verdadeiras religiões (religião é uma ligação com Deus, uma conexão com o Superior, com um Ser Supremo, de forma livre e que busque tal ligação como fim).

Não pode! Não deve haver qualquer ofensa específica em público, em se tratando de manifestações religiosas, contra autoridades constituídas, ou promovendo danos ao patrimônio público ou privado, assim como agressões a terceiros.

Nos cultos, é livre a manifestação do pensamento, porém deve-se evitar misturar atos religiosos com a política. Penso que a religião não deve ser usada por maus políticos e enganadores profissionais, que só aparecem às vésperas de eleições para angariar votos.

Para finalizar, tomemos a frase que insistem ser de Voltaire: "Não concordo com o que dizes, mas defendo até a morte o direito de o dizeres." Pode ser de Voltaire, mas pode ser de outro compatriota francês, porém exprime o que defende a Constituição. Essa frase expressa o correto quanto a termos o direito de nos expressar, aplicando-a ao direito de livre manifestação religiosa.

4.6 — História ilustrativa do capítulo

Liberdade de pensamento é algo maravilhoso, vem da natureza do ser humano, destacando a expressão filosófica de René Descartes, tido como autor da célebre frase *Cogito ergo sum* ("Penso, logo existo").

Trecho do livro *Meditações metafísicas*, de René Descartes: "Nenhum objeto de pensamento resiste à dúvida, já que mesmo quando duvidamos, estamos pensando e assim tudo pode ser submetido à dúvida, ainda que apenas por amor ao argumento."

Daí por que a frase célebre "Penso, logo existo" é mais sólida até do que uma afirmação matemática, ainda que um teorema demonstrado, ou uma demonstração científica de uma descoberta material.

Pode-se dizer que é uma intuição metafísica, uma constatação transcendente, porque não se refere a coisas materiais, mas ao existir, ao ser. Eu penso, *Ego cogito*. Este "cogito", portanto, não é mero jogo de ideias, mas a descoberta do domínio de um ser ordenador de ideias em premissas para podermos raciocinar, evoluir em novos pensamentos e descobertas da mente e sua aplicação posterior ou não à realidade.

Diz o mestre Goffredo da Silva Telles que "o pensamento provém da alma humana, provém do ser que conhece o que é conhecido. O conhecido é nosso corpo todo, o qual perece com a morte". "O espírito é imortal, provém de Deus e a Ele retornará." Além do pensamento do professor estar retratado em sua referência bibliográfica, a referência aqui registrada desse pensamento é o que consta de minha própria apostila, feita pelo Centro Acadêmico XI de Agosto, revisada pelo mestre, distribuída em abril de 1962, na Faculdade de Direito do Largo de São Francisco.

Fico com o mestre Goffredo, de quem fui aluno. Na verdade apoio, *respeitando os que não o fazem*, a tese de que a alma humana é centelha divina que nos é implantada por Deus para aqui vivermos um tempo, mas que retornará a Deus, em Seu espaço e reino, porque àquele lugar pertence.

E o nosso pensamento transcende, não é do instinto animal. Pode transformar-se até em música e até ajudar a conservar a razão e a vida na prisão.

Essa verdade e liberdade de pensamento "prisional" ficou realçada, por exemplo, na música "Va Pensiero", da ópera Nabuco, de Giuseppe Verdi, sobre os judeus cativos na Babilônia, que pensavam na terra distante, sentiam saudades e cantavam para que voassem seus pensamentos em asas douradas, atingindo Israel e Jerusalém, assim extravasando saudades e ligando-se à pátria perdida e distante, quiçá alcançável um dia.

Quem se interessar pode ouvir a interpretação de Luciano Pavarotti ou Andrea Bocelli na própria internet, ou pode procurar pelo CD.

Tentando enriquecer o livro, atrevo-me a colocar a letra da música, tanto no original italiano quanto em português, para que não fiquem bravos comigo:

Letra original em italiano

Va', pensiero, sull'ali dorate.
Va', ti posa sui clivi, sui colli,
Ove olezza no tepide e molli
L'aure dolci Del suolo natal!
Del Giordano Le rive saluta,
Di sionne Le torri atterrate.
O mia patria, si bella e perduta!
O membranza sì cara e fatal!
Arpa d'or dei fatidici vati,
Perché muta dal salice pendi?
Le memorie Del pettori accendi,
Ci favela del tempo che fu!
O símile disolima ai fati,
Traggi um suono dicrudo lamento;
Ot'ispiri Il signore um concento
Che ne infonda al patire virtù
Che ne infonda al patire virtù
Al patire virtù!

Vá Pensamento (Minha tradução adaptada) (Tradução lírica adaptada ao canto)

Vai pensamento, sobre as asas douradas
Vai e pousa sobre as encostas e as colinas
Onde os ares são tépidos e macios
Com o doce perfume do solo natal!
Saúda as margens do Jordão
E as torres derrubadas do Sião.
Oh, minha pátria tão bela e perdida!
Oh que lembrança tão cara e fatal!
Harpa dourada de desígnios fatídicos,
Porque chora a falta da terra querida?
Reacende a memória no nosso peito,
Fale-nos de todo o tempo que passou!
Vem lembrar-nos do destino de Jerusalém.
Traga-nos um ar de lamento triste,
Ou que o Senhor te suscite harmonias
Isso pode propiciar a virtude de sofrer
Isso pode propiciar a virtude de sofrer
Para suportar esse nosso terrível sofrimento!

Capítulo 5

Direitos relacionados à saúde e ao atendimento hospitalar

Artigo 5º, inciso VII: *"é assegurada, nos termos da lei, a prestação de assistência religiosa nas entidades civis e militares de internação."*

5.1 – Comentários iniciais

A saúde é um direito básico garantido pela Constituição. No entanto, muitas vezes, quando precisamos, não sabemos exatamente como agir para fazer valer esse nosso direito. A seguir serão expostas algumas situações recorrentes, especialmente no que diz respeito ao direito dos pacientes internados em hospitais, momento em que muitos ficam fragilizados e não têm a frieza necessária para exigir que a lei seja cumprida.

5.2 – Direito à saúde

Você pode dizer: eu quero ter saúde, mas o que é buscar o direito à saúde?

A resposta é: buscar o direito a manter sua saúde, a recuperá-la, por meio de médicos e hospitais que realmente tratem bem e curem as doenças e *que estejam acessíveis a você*. Que não seja negado o direito de você ser atendido e recuperar sua saúde por meio da cura de doenças que o acometam ou possam acometer.

O Estado deve se organizar para distribuir com competência os locais de atendimento, para que você obtenha isso tudo. Só que não é fácil, por vezes impossível, e muitas vezes os esforços se mostram insuficientes para tal atendimento.

Se ocorrer de não ser possível um atendimento, isso deve ser imediatamente divulgado por meio de avisos afixados no próprio local, pela internet, por comunicação em órgãos difusores e até pela própria polícia.

Depois o hospital deve ser informativo ou ser proativo ao máximo no encaminhamento a outros locais, tanto quanto for possível, indicando que se recorra a entidades particulares, que devem ser listadas no local. Deve-se exigir que existam tais esclarecimentos e direcionamentos.

É importante também informar que todo cidadão tem o direito de fazer seus exames e tomar vacinas, a fim de não adoecer, tem direito a redes de atendimento dignas e com a devida higiene e respeito, e tem direito a que os hospitais forneçam alimentos e remédios bons e suficientes.

Finalizando, é preciso demonstrar ao cidadão que ele pode ter confiança na existência de cuidados médicos quando necessário recorrer a estes, para que haja paz interior quando se pensa no que pode acontecer se infelizmente adoecermos.

5.3 — Direitos importantes em internações hospitalares

Se você se internar ou for internado, sempre deverá ter um acompanhante ou um responsável. Ele pode ajudá-lo a pedir ao médico ou enfermeiros as informações de sua evolução, seu prontuário, a não ser que não seja permitido que você o leia. Nesse caso, o médico deve deixar o paciente conhecedor de tudo o que estiver ocorrendo, exceto se por sua impossibilidade/incapacidade física verificar que não se deva fazê-lo.

A decisão sábia sobre este último ponto deve ser do médico/acompanhante/família. Especificando mais: o paciente ou sua família, incluindo-se seu responsável, tem o direito de saber o real estado de saúde de quem está sendo atendido, o que logicamente é de conhecimento do(s) médico(s)/médica(s) que o atende. No entanto, se o internado será informado de tudo, isso depende do caso, do corpo médico e do estado psicológico do paciente — a ser discutido com cautela.

Se o paciente estiver inconsciente, deve-se saber qual o estado dele e quais as perspectivas ou prognósticos. Neste caso, obviamente, nada poderá ser informado ao paciente enquanto ele estiver neste estado.

Se você for internado devido a um acidente ou a uma fatalidade, exija um relatório pormenorizado da polícia sobre o que ocorreu, para que tenha elementos para continuar seu tratamento e também preservar seus direitos futuros, para conduzir possíveis assuntos criminais de forma adequada depois do ocorrido. A seguir listo alguns outros direitos importantes em internações hospitalares, que muitas vezes são ignorados ou esquecidos:

- Você tem o direito de exigir o traslado (mudança) para outro hospital, se aquele em que você está não possui condições de atendê-lo. Se estiver em quarto ou em enfermaria, constatada a inexistência de meios físicos e/ou hospitalares para continuar o tratamento (por exemplo, se você entrou para uma cirurgia de apêndice ou retirada de bala na coxa e agora apresenta quadro de instabilidade neurológica, não existindo neurologistas nem aparelhos necessários para diagnóstico e intervenção eventual no cérebro), você terá o direito de ser encaminhado a um hospital que possa atendê-lo.
- Você tem o direito de saber o nome e o porquê do uso de todos os remédios e tratamentos a que esteja sendo submetido no hospital.
- Você tem o direito de conferir a administração de remédios que já tomava antes de sua internação e que devam continuar a ser administrados.

- Você tem o direito de pedir a antecipação da alta hospitalar se tiver um médico particular que o atende habitualmente e, por laudo assinado, discordar da sua permanência no hospital e se responsabilizar do ponto de vista médico e jurídico por sua saída. O mesmo vale em casos de adiamento da alta hospitalar. Você pode pedir explicações fundamentadas por escrito ao hospital sobre o porquê de sua concessão de alta ou determinação para que saia.

- Você tem o direito de obrigar o hospital a atender no que tiver de melhor, de acordo com seu plano médico, tanto em matéria de acomodações quanto aos tipos de tratamento possíveis. Ser atendido em enfermaria não é um mal se tratarem corretamente seus males e sintomas. E você só deve pagar qualquer despesa extra se assim estiver previsto pelo seu plano médico antes de sua internação, o que também vale para os medicamentos. Por vezes seu plano médico cobre determinadas cirurgias, mas não cobre todos os remédios utilizados, por exemplo, durante a cirurgia.

- Sobre pagamentos de médicos à parte, só se realmente forem externos ao hospital, ou se você combinar isso antes da internação, ou for assim o que prevê seu plano médico.

- Você tem direito a impedir que pessoas sejam barradas antes de entrarem no hospital ou mesmo em seu quarto por meio de instruções claras ao corpo hospitalar e/ou seu acompanhante.

- Você pode exigir previamente que não deixem entrar em seu quarto nenhuma pessoa enquanto estiver desacordado ou se recuperando de cirurgia, ou só seu acompanhante, para evitar pessoas inoportunas.

- Você tem de ser ouvido quanto a exames e tratamentos que fará, o que inclui não concordar com aplicação de contrastes em ressonâncias magnéticas ou tomografias se for alérgico ou não quiser por receio de sê-lo e correr um risco grave, solicitar troca de alimentos que puderem estar em desacordo com sua possibilidade de ingeri-los, etc.

- Assegure-se de que exista meio de comunicação com a enfermagem (campainha ou outro), principalmente nos momentos em que estiver desacompanhado, para garantir socorro ou comunicação.

- Você, responsável ou familiar, tem o direito de exigir, em caso de morte do paciente, o atestado de óbito válido, que contenha a causa da morte, a hora de falecimento, a data desse óbito, a assinatura do médico responsável e o número de registro no Conselho Regional de Medicina competente.

Denuncie maus tratos por parte de enfermeiros ou até do médico, quando for o caso, como brutalidade ao acomodá-lo, trocá-lo, banhá-lo, quanto ao local de aplicação de soro ou injeções ou quando já muito machucado por insistência indevida de aplicação em locais muito afetados. Use seu acompanhante/responsável para fazê-lo, se ocorrer isso e/ou se achar conveniente fazê-lo, lembrando-se de levar em conta seu estado de fraqueza e eventual erro de julgamento.

Dentro do Sistema Único de Saúde — SUS, você terá direito a atendimento integral no hospital conveniado, dentro das limitações do atendimento público previsto em lei e das normas do sistema. Sempre ande com sua carteira profissional e carteira de identidade ou CNH (documentos com foto).

Você tem sempre à disposição, para ser atendido de forma rápida e levado ao hospital, o Serviço de Atendimento Móvel de Urgência — SAMU, disponível pelo telefone 192 e que tem como objetivo chegar rapidamente após ter ocorrido alguma situação de urgência, ou emergência, de natureza clínica, cirúrgica, traumática, obstétrica, pediátrica, psiquiátrica, entre outras, que possam levar a sofrimento, a sequelas ou mesmo à morte. Trata-se de um serviço pré-hospitalar que visa encaminhar as vítimas aos recursos de que elas necessitam com a maior brevidade possível.

Em caso de necessidade, solicite ao hospital um relatório sobre sua internação, um atestado que determine o tempo em que deverá ficar afastado de suas funções de trabalho, remédios que deverá continuar a tomar, bem como retorno eventual, se necessário.

Quando receber alta, se achar conveniente, escreva uma carta pequena ao hospital informando sobre como foi tratado, elogiando os enfermeiros que o tenham atendido bem, os bons profissionais, enfim, sendo cidadão e ajudando o sistema de saúde como um todo. Lógico, pode comentar brevemente o que lhe desagradou (nem sempre conveniente — fale com seu acompanhante/família sobre esta conveniência).

A demora no atendimento, com consequências danosas e até fatais para um familiar, deve ser denunciada primeiro à polícia — boletim de ocorrência —, ao Conselho Regional de Medicina da jurisdição e à imprensa, e depois você deve entrar com ação judicial para obter indenização por perdas e danos materiais e morais. Mas se o paciente estiver internado em situação irreversível, de acordo com o corpo clínico do hospital, a decisão sobre mantê-lo vivo de forma vegetativa ou desligar aparelhos que o mantêm vivo só cabe ao(s) mais próximo(s) da família, com a concordância expressa da direção do hospital em documento escrito com firma reconhecida do(s) signatário(s) e após registrada em Cartório do Registro Civil e/ou Cartório de Títulos e Documentos, mas deve-se respeitar a decisão por crença espiritual, dos que jamais quererão fazê-lo, como os cristãos que forem contrários por constituir para eles pecado mortal. Se quiser preservar a vida nessas condições e o hospital ou outros não concordarem, cabe ação judicial concessiva de liminar para impedir tal ação, embora contra a força de todos que queiram a ocorrência próxima de óbito provocado.

Para fundamento fático, indico o caso do ex-corredor da Fórmula 1 Michael Schumacher, cuja vida vegetativa desde o final de 2013 é mantida com aparelhos, em sua casa. Há centenas de casos registrados em hospitais de pacientes que permaneceram internados por meses, mantidos vivos só por meio de instrumentos, que inexplicavelmente "acordaram" ou saíram do coma.

Em caso de falecimento de algum parente, procure o direcionamento das providências a tomar para o velório e o enterro, quais sejam, levar o atestado de óbito, ter em mãos algum documento do defunto, e também os seus, de preferência Carteira de Identidade, como declarante, ao local do serviço funerário do município. Deve pagar a taxa pertinente e escolher o caixão (tamanho e preço), de preferência no cemitério onde haverá o sepultamento. Aqui também pode haver cobrança de alguma tarifa, dependendo do local escolhido. Normalmente é melhor duas pessoas ou mais se encarregarem de tudo isso, dividindo a parte do município e a parte do velório e do enterro.

Se preferir, sabendo-se hoje em dia como é mais prático e barato, pode direcionar o corpo para crematórios, ou locais que fazem enterros de corpos cremados (cinzas), pagando o que for de direito e exigindo todo o cuidado na realização dos procedimentos.

5.4 — Assistência religiosa

Você poderá buscar seu direito constitucional de receber religiosos para seu conforto emocional/espiritual, quando quiser, desde que sem atrapalhar, é óbvio, o funcionamento do hospital/clínica e/ou seu próprio atendimento. O acompanhante/responsável poderá solicitar ao internado tal assistência religiosa na forma como entende ser melhor ou como o paciente desejar, quando tem noção clara disso.

Caso você não seja atendido, cobre esse direito junto à direção do hospital/clínica, na forma e frequência que o hospital possa permitir, seja no quarto, na enfermaria ou até em centro de terapia intensiva. Você tem direito a ser levado aos locais de culto do hospital, se existentes, se você quiser e puder.

Se o hospital ou clínica negar, sem justificativa válida, insista, e, em último caso, peça ao responsável/acompanhante que requisite judicialmente a presença de quem você deseja receber.

5.5 — História ilustrativa do capítulo

Em um hospital de São Paulo, em um dia de movimento não intenso, lá pelas 2 horas da madrugada, chegou um paciente apresentando quadro infeccioso, que depois se verificou ser pulmonar.

Feitos os exames no pronto-socorro, constatou-se a pneumonia e quadro de febre altíssima não controlável e podendo ser de outra etiologia que não a pneumonia em si somente, portanto de difícil diagnóstico e medicação eficaz.

O paciente foi enviado à UTI, e o médico de plantão, não especializado em pneumologia e já com 24 horas de plantão, não tomou prontamente as providências necessárias, colocando em perigo a vida do paciente devido a uma possível ocorrência de sepse (infecção generalizada) a qualquer momento.

Tentaram entrar em contato com o pneumologista que trabalhava para o hospital, porém este estava viajando por problema surgido em família.

Um médico pneumologista de renome, que estava de plantão em outro hospital já há 36 horas (sim, eu disse 36 horas), ia para sua casa, entretanto resolveu ir ao hospital do nosso paciente, porque uma gestante, sua sobrinha, tinha acabado de dar à luz na maternidade, e antes de descansar, ele queria só cumprimentá-la brevemente.

Como a entrada do estacionamento era igual à do pronto-socorro, aconteceu de ele ser reconhecido por uma enfermeira que estava subindo para a UTI. Esta, aflita, disse o que se passava. Esquecendo qualquer cansaço e a mamãe nova na maternidade, subiu à UTI e falou com o médico, que também o reconheceu. Constatou que os medicamentos e o tratamento precisavam ser revistos imediatamente, inclusive já trocando o que era injetado via intravenosa.

Trabalhou e dirigiu atendimento ao paciente durante mais seis horas, até que o quadro mostrou tendências a se estabilizar. Foi para casa, pedindo que o avisassem, se fosse preciso. Após dez horas de repouso em casa, telefonou ao hospital em questão: o paciente apresentava melhoras, já sem qualquer risco à sua vida.

O paciente recebeu alta oito dias depois.

Na imprensa, isso normalmente não é notícia, embora aconteça de diversas formas, em muitos hospitais. Infelizmente, porém, dão ênfase às tragédias, raramente ou quase nada às abnegações, heroísmos em diversas ações que salvam muitas vidas.

Capítulo 6
Intimidade, privacidade, honra, imagem

Artigo 5º, inciso X, da CF: *"são invioláveis a intimidade, a vida privada, a honra e a imagem das pessoas, assegurado o direito a indenização pelo dano material ou moral decorrente de sua violação."*

6.1 – Comentários iniciais: intimidade

Como relatamos, há princípios fundamentais na Constituição interpenetrados pelo maior de todos, o direito à vida, sem o qual nada faria sentido.

O íntimo de nosso ser, de nosso agir, a forma como planejamos as coisas, nossos projetos, a forma como executamos as tarefas do dia a dia, nosso trabalho, nossas escolhas, nossos gestos, o jeito como nos vestimos, nosso embelezamento, a leitura privada, os meios de que nos utilizamos, a forma como nos comportamos em casa ou reclusos ou em retiro, ou em descanso de férias ou da luta diária, isso tudo nos pertence.

O momento em que tomamos nosso banho, as formas como o fazemos, quando utilizamos o vaso sanitário, o momento em que nos perfumamos, o falar para o espelho, cantar eventualmente no chuveiro, tudo isso também constitui nossa intimidade e merece ficar sem divulgação não autorizada, pois é parte do nosso íntimo. Esses momentos não podem ser filmados, gravados, divulgados ou atrapalhados sem motivo. Isso constitui o mínimo de dignidade e privacidade, que a "pessoa humana" tem direito a manter como momento seu e de mais ninguém, a não ser que seja partilhado com seu consentimento ou com a permissão de outra pessoa com quem se tenha convivência, nestes últimos casos muito provavelmente necessitando haver permissão de ambas, na forma e no momento que entenderem.

Essas regras só podem ser quebradas por motivos de força maior: guerra, acidentes graves, cometimento de crimes pela pessoa, perigo de vida, enfim, circunstâncias extraordinárias que são a exceção, em porcentagem muito diminuta em relação ao tempo de privacidade absoluta.

A vida humana é uma dádiva maravilhosa, e o livre-arbítrio é nosso direito a ser preservado, em sentido geral.

Portanto, quando a Constituição continua a falar em "vida privada", ela quer realmente que sejam preservadas as ações que aqui referi — intimidade, fazendo parte desta as palavras que cada um direciona aos seus entes queridos, às pessoas com quem convive, além de tudo o que se passa entre elas, suas ações e trabalhos que têm vontade de executar e que os executa no dia a dia, onde vai, por onde vai, suas atitudes, sua forma de viver, seus hábitos, suas amizades, seus pertences, suas refeições, sua forma de alimentar-se, o que lê, o que vê, o que deseja falar ou fazer.

Hoje, a ofensa à honra e à imagem da pessoa atingiu patamares incríveis, porque os meios de divulgação são invasivos ao extremo e nada perdoam. Ao final, vejam na história ilustrativa deste capítulo o caso da princesa Diana, da Inglaterra.

Todos sabemos que dinheiro ajuda, e não é ilícito tê-lo e até ser considerado rico, mas ele implica responsabilidade em saber usá-lo bem e não negá-lo a quem estiver em nosso caminho e pudermos ajudar, na medida que seja razoável fazê-lo, como fazem certas organizações filantrópicas ou até casas de saúde.

Dizem que, quando um pobre morre, preocupam-se com quem vai pagar o enterro e quem vai pagar o aluguel do barraco no mês seguinte. Entretanto, quando um rico morre, horas antes (até dias) já estão brigando pela herança ou tentando anular o testamento (quando existente).

Isso serve para dizer que não é necessário proteger a imagem ou a honra apenas de uma pessoa célebre, de notável saber, de grande importância social, mas também a nossa. Na simplicidade ou riqueza em que vivamos, nossa imagem e nossa honra são protegidas e devem ser respeitadas por todos.

A intimidade, como antes frisamos, sempre deve ser protegida, com a exceção em casos em que a pessoa está envolvida em crime, em fato ou ato que requeira intervenção policial ou do Estado, ou extraordinária para salvar outras vidas, ou nos salvar de erros perigosíssimos em que estamos incorrendo sem termos nos dado conta.

6.2 — Como preservar esses direitos: intimidade e honra

A ofensa à honra ocorre quando você sofre calúnia, injúria ou difamação, que estão definidas nos artigos 138 a 140 do Código Penal brasileiro. Lembre-se de que estas três modalidades são passíveis de sofrer ações criminais e até cíveis (dependendo do ocorrido) contra o agressor.

E o que é calúnia? Calúnia é ofensa na qual alguém atribui a você o cometimento de um crime. Esse alguém diz que você roubou, ou que falou coisas erradas de alguém, ou que você, para obter sucesso em um concurso ou procedimento administrativo, pagou propina e por isto foi bem-sucedido (corrupção), ou que você ganhou uma concorrência pública por ter dado propina a autoridades e você não fez isso, ou que você matou ou feriu alguém seriamente. A calúnia acontece quando você é acusado de crimes como esses citados sem, na verdade, tê-los cometido.

Nesse caso, para defender sua honra você deve mover processo judicial contra o agressor, cumulado com perdas e danos sofridos.

A difamação ocorre quando você atribui ao ofendido uma conduta ofensiva à reputação, mas que não corresponde a crime (pois, nesse caso, seria calúnia). Ou seja, você falou que seu companheiro é muito preguiçoso, e isso prejudicou o rendimento dos trabalhos, ou seu companheiro de trabalho foi ofendido por palavras duras por alguém, como "nada do que você faz presta". Ofensa mais comportamental, portanto.

Na injúria, o agente ofende a dignidade ou o decoro do ofendido por qualquer meio. Ocorre, por exemplo, quando você chama alguém de "ladrão safado", ou xinga a pessoa, ou diz "que porcaria de trabalho é esse?".

Lógico que é necessário que o autor da ofensa tenha tido a intenção de ofender, de atingir realmente a honra do ofendido. Não vale como ofensa a brincadeira dita entre risos ou em "conversa de bêbados".

Lembremos, por importante, que os advogados têm permissão constitucional para exercitar com a ênfase necessária a defesa de seu cliente, também sendo verdade que os parlamentares (deputados, senadores) têm imunidade para tratar de temas no exercício de seu mandato, mas responderão se cometerem ato contra o decoro do Parlamento, com julgamento no Poder de que participem, sujeitando-se até à perda de mandato.

Quanto aos jornalistas e pessoas que apresentam críticas mediante a imprensa (inclusive pela internet), existem decisões que evitam que se igualem ofensas desse tipo a crime, num primeiro momento, porque, em nome da democracia, precisamos prestigiar a garantia constitucional da liberdade de imprensa (artigo 220 da Constituição). Deve ser examinado pela justiça se houve realmente exagero ou informação incorreta. Mas há registro de inúmeros julgamentos por ofensas na imprensa, até pela televisão, em que o ofendido ganhou a ação contra redes de TV e jornais e teve indenização garantida, assim como foram retificadas ou até mesmo retiradas de circulação as informações incorretas.

Já os políticos ou pessoas públicas, quando atingidos em sua honra por programas de TV, dizem que vão processar a emissora, mas muitas vezes desistem. No entanto, quando prosseguem com a ação, ganham muitas vezes indenização ou direito de que se desminta o que foi noticiado no mesmo formato e com destaque.

Só que, infelizmente, depois que veiculam notícias erradas, pouco efeito tem a retratação, porque o errado já foi divulgado e pessoas que ouviram ou viram não serão exatamente as mesmas que ouvirão a retificação. É o preço que pagam as pessoas famosas, que têm de saber como lidar com isso, com a pressão da popularidade.

Você também pode usar o direito constitucional de resposta, esclarecendo e retificando os fatos na mesma proporção e veículo de divulgação.

Quando se tratar de calúnia ou difamação, mas ficar provado no processo que é verdadeiro o ato que seria ofensivo, passa a não sê-lo, e então a situação fica pior para quem entrou com a ação — além de não ter razão, torna-se pública a "vergonha ou fato que não se queria realçar". Ou seja, por exemplo, se alguém se insurge contra outro porque disse que sua esposa era mulher que tinha encontros amorosos com um rico diretor de banco, será pior se ficar comprovado que realmente é verdade e o assunto causar destruição do lar e atrapalhar até a carreira do ofendido.

E cuidado com ofensas pelas redes sociais na internet. Você não sabe onde o que é postado vai parar. E se for o inverso, se souber de algo contra sua honra pelas redes sociais, você pode processar o ofensor por crime contra a honra.

Então o que fazer se alguém cometer crime contra sua honra? Contrate um advogado para ajuizar ação penal contra o ofensor. É preciso que se obtenham provas do fato, além dos dados de identificação do ofensor. Caberá ao advogado examinar as circunstâncias e escolher a melhor alternativa processual.

- Se não houver elementos suficientes para promover já a ação penal, poderá ser registrado um boletim de ocorrência ou elaborar-se notícia-crime para que a polícia, por meio de inquérito, esclareça os fatos.
- Como já dissemos, também além da justiça criminal, você poderá, por seu advogado, ajuizar ação civil de indenização contra quem ofendeu sua honra.

Chamo a atenção quanto ao prazo que existe para reagir em favor de sua honra. Ninguém será admitido como ofendido juridicamente e em sua "honra" se demorar dez anos para ajuizar uma ação desse tipo. Por lei, você tem seis meses para entrar com a ação. Ou então faça logo um boletim de ocorrência, para que a polícia investigue quem e como ofendeu. Senão você sofrerá a decadência de seu direito. Estará morta qualquer possibilidade de iniciativa.

Se a ofensa for contra sua intimidade especificamente, se invadirem sua vida privada, divulgarem imagens suas, até alteradas para se revestirem de maior sensacionalismo, entrarem em sua casa e tirarem fotos não autorizadas, até subirem em árvores para ter acesso à sua privacidade, faça também um boletim de ocorrência sobre tudo o que existir. E deve-se exigir a retirada de material obtido e/ou afastamento de pessoas do local onde se deram os abusos. Uma ação judicial também é indicada para reparações e garantia judicial e impeditiva de que se repita, inclusive sob pena de pesadas multas.

Esclarecendo mais alguns tipos de ocorrência, em uma briga de rua, por exemplo, você deverá obrigatoriamente fazer um boletim de ocorrência sobre tudo o que se passou, se houve ofensas e agressões à sua pessoa. Se for conduzido à delegacia por motivo da briga, da mesma forma será interrogado, mas cuide para que seu depoimento seja correto, e corrija o que os policiais narrarem de errado sobre a ocorrência, ou peça para fazer um boletim à parte. Se o relato não lhe for favorável, ou se for ainda incorreto ou injusto, acione um advogado para, em juízo, intentar as ações cabíveis, ou até mesmo fora do juízo, em cartório ou junto a repartições públicas pertinentes, ou até solicitando relatos para seus empregadores, pessoas de seu relacionamento e terceiros em geral.

Importante: sempre há meios de se fugir de assédio, praticando com mais discrição suas atividades e evitando que cheguem ao conhecimento público.

A honra pode ou não ser resgatada totalmente, porque não existe meia honra, nem três quartos de honra. No entanto, é sempre importante que se busque por meios legais a retratação.

6.3 — Indenização por dano material

Digamos que alguém nos contrate para sermos fornecedores de materiais de construção, os quais devemos providenciar e entregar no local da obra em 30 dias, recebendo pelos materiais R$40 mil, com um lucro de R$10 mil.

Alguém de má-fé, 20 dias mais tarde, denuncia falsamente ao autor da encomenda que não somos capazes nem idôneos para a entrega e que ele poderia indicar alguém idôneo para fazê-lo. Então nosso cliente telefona para nós e cancela o pedido. Já havíamos conseguido praticamente todo o material e perguntamos o porquê do cancelamento.

Depois de insistirmos muito e mostrarmos ao cliente que somos capazes, ele resolve dizer que podíamos encontrar explicação talvez com a pessoa X (aquela que fez a falsa denúncia).

Colocamos nosso jurídico ou nosso advogado em contato com o detrator criminoso. Depois de muitas conversas e ameaças de processo judicial, com provas e testemunho do próprio cliente a nosso favor, o detrator ainda não cede.

Entramos com a ação judicial pedindo danos materiais (R$40 mil) mais danos morais (R$40 mil). Durante o processo, em fase de conciliação, é feito um acordo em R$30 mil por danos materiais e R$20 mil por danos morais.

O dano material foi estancado, e, neste caso, não houve propagação a outros clientes ou ao mercado. O dano moral, item seguinte, também foi satisfatoriamente concedido, então houve um bom desenlace ao caso, sem perda alguma a mais, a não ser quanto ao detrator, que amargará ter público um processo judicial vazio e calunioso. Deixemos o lado penal para outros temas.

Ressalto que o dano material é muitas vezes mais fácil de calcular. Vamos a outro caso.

Temos uma propriedade que vale R$500 mil e revelamos a uma pessoa de confiança que queremos vendê-la, encarregando-a de que faça os contatos, porém tudo em sigilo e sem que ninguém mais saiba, e a nomeamos procurador para efetivar a venda. Trata-se de pessoa de confiança no trato de negócios e amigo de muito tempo, sem ser corretor de imóveis. Dizemos-lhe que, se conseguir menos, não aceite, mas que ficaremos felizes se conseguir vender a propriedade por um valor mais alto.

A pessoa de confiança oferece a alguém sob sigilo, tudo certinho, como solicitado, e esse alguém está disposto a pagar R$600 mil. Somos comunicados de que há um comprador e deixamos a pessoa assinar a venda em nosso nome. Ela consegue passar a escritura por R$500 mil, entrega-a com o valor pretendido por nós, os R$500 mil, e embolsa por fora um cheque de R$100 mil do comprador, o qual fora informado pelo nosso "amigo" de que se tratava de dívida a ser paga aos cofres públicos, na verdade inexistente.

Ficamos contentes em vender sob sigilo, e dois meses depois, liga-nos o comprador, um escrevente de polícia, dizendo que achou esquisito ter entregado os R$100 mil daquela forma e que resolveu investigar por conta própria quem era o vendedor e o que fazia, e então nos pergunta se conseguimos realmente pagar o que devíamos aos cofres públicos.

Bem, o espanto ao telefone e a insistência policial do comprador vieram à tona. Ele até acabou por nos pedir desculpas e dizer que se colocava à disposição se precisássemos de algo.

Dessa forma, sendo advogados, precisamos apenas ameaçar nosso "amigo" de processo criminal e cível para reaver os R$100 mil e os juros bancários, porque meu ex-amigo de confiança, que passou a bandido não confiável, temeu as consequências. Assim, o dano material foi facilmente quantificado e pago, sem necessidade de processos judiciais.

6.4 — Dano moral

O dano moral é mais difícil de quantificar. Suponhamos um artista famoso, galã de televisão, que tenha uma pessoa que o inveje demais e resolve fazer algo contra ele. Essa pessoa só consegue papéis pequenos e às vezes trabalha há muitos anos sem nunca conseguir ficar bem financeiramente, tendo até dificuldade em pagar suas contas.

O ator famoso normalmente, quando trabalha, ganha, por exemplo, R$500 mil por novela em que atue como protagonista, o que lhe implica ficar três meses gravando com exclusividade e dedicação total.

Ao ser contratado para sua próxima novela, a pessoa que é doente de inveja e extremamente agressiva quando em sua intimidade, consegue chegar perto do ator famoso e lhe arremessa quantidades de forte ácido em toda a sua face, desfigurando-o. O ator sobrevive, mas sua aparência, para ser recuperada, se é que será, vai requerer tempo e sacrifício.

Lógico que o dano material é enorme, mas e o dano moral? O trauma, o sofrimento, a perda profissional, o tratamento, o medo, a insegurança, o estado mais depressivo, seus relacionamentos afetivos, humanos e profissionais, o choque social e das próprias pessoas que o viam, isso tudo tem um valor dificílimo de ser calculado.

Poder-se-ia dizer que o valor de perda material seria parecido com o valor que ele receberia e, depois, projetado para o futuro, pelo número de anos em que ele poderia atuar como galã em telenovelas.

No entanto, muitos têm entendido que o dano moral deva ser tão grande quanto o dano material, ou deste tirando a base para ser quantificado.

Neste caso, intentada a ação competente, perante tribunal de jurisdição próprio, pode ser que nem alguns milhões repusessem o dano moral, mas deixo aos leitores o direito de opinarem sobre quanto acham que deveria ser pedido para colocar em dinheiro o dano moral. Na maioria dos casos, não há dinheiro suficiente para tanto, mas o Direito tenta compensar o dano material e o dano moral.

6.5 — Jurisprudência pertinente ao dano moral

Para exibir um caso de quantificação do dano moral é preciso saber o que ocorre nos tribunais, por isso relato decisões de tribunais do país, aqui representados pelo Superior Tribunal de Justiça e pelo Tribunal de Justiça do Estado de São Paulo, destacando que há casos em todo o Brasil e em quase todos os tribunais.

A preocupação dos julgadores é verificar se há a existência de dano moral, que é diferente do dano material (este só referente a prejuízos materiais realmente sofridos), bem como quantificá-lo, considerando a posição e características da suposta vítima, a posição econômica do agressor ou agressora e o tipo de dano pessoal ou ao negócio que se reputa justo, para punir, quando existente, o dano moral.

A seguir, listo alguns exemplos de jurisprudência a respeito:

1 — Neste primeiro caso, trata-se de uma ação proposta no estado do Rio de Janeiro por casal de namorados que se beijavam na boca apaixonadamente e cuja ação foi autorizada a ser filmada e transmitida pela TV no Dia dos Namorados. Tempos depois, isso foi transmitido duas outras vezes sem autorização e com a autora da ação já tendo outro namorado. Ela pediu indenização por dano moral. Embora não tendo sido deferido o direito de imagem (recebimento de dinheiro toda vez que utilizada a imagem), obteve ganho por dano moral, quer dizer, dinheiro para ajudar a reparar a imagem não consentida e ofensiva ao seu estado atual de vida (outro namorado), no valor fixado em R$20.400.

Para os acostumados ao Direito, temos a seguir os pormenores do feito:

RECURSO ESPECIAL REsp 1291865 RJ 2011/0171876-9 (STJ).

Fonte: http://stj.jusbrasil.com.br/jurisprudencia/23906057/recurso-especial-resp-1291865-rj-2011-0171876-9-stj/inteiro-teor-23906058.

Data de publicação: 01/08/2013

"Ementa: DIREITO A IMAGEM. **DANO MORAL**. CENA AFETIVA GRAVADA COM AUTORIZAÇÃO E TRANSMITIDA ULTERIORMENTE MAIS DUAS VEZES EM CONTEXTO DIVERSO. **DANO MORAL** RECONHECIDO. 1. Configura **dano moral** indenizável a exibição televisiva de cena afetiva de beijo na boca com então namorado, inicialmente autorizada pelo casal para reportagem por ocasião do 'Dia dos namorados', mas repetida, tempos depois, por duas outras vezes, quando já cessado o namoro, tendo a autora outro namorado. 2. Indenização por ofensa a direito de imagem afastada pelo Tribunal de origem, sem recurso da autora, de modo que matéria de que ora não se cogita, ante a ocorrência da preclusão. 3. Valor de indenização por **dano moral** adequadamente fixado em R$20.400,00, consideradas a reiteração da exibição e as forças econômicas da acionada, empresa de televisão de caráter nacional. 4. Recurso Especial improvido."

2 — No caso a seguir houve uma ação judicial proposta em Minas Gerais em 2011, na qual o autor havia solicitado ao seu plano de saúde uma prótese ortopédica, que lhe foi negada. Isso porque o plano alegou que havia uma cláusula contratual que excluía a cobertura para colocação de materiais mesmo diretamente ligados ao procedimento cirúrgico da cobertura. Daí o autor se sentiu prejudicado, com aflição psicológica e angústia, e foi recorrendo até chegar ao Superior Tribunal de Justiça, que fica em Brasília (juiz de 1º grau, Tribunal de Justiça de Minas Gerais, e depois o Superior Tribunal de Justiça), para ao menos receber reparo por danos morais pelo que sofreu e vinha sofrendo, inclusive com saúde debilitada. Pois ganhou e receberá a título de danos morais quantia em torno de R$20 mil.

Para os mais afeitos à terminologia jurídica, seguem os detalhes de publicação:

STJ — RECURSO ESPECIAL REsp 1421512 MG 2013/0392820-1 (STJ).

Fonte: http://stj.jusbrasil.com.br/jurisprudencia/25138183/recurso-especial-resp-1421512-mg-2013-0392820-1-stj.

Data de publicação: 30/05/2014

"Ementa: DIREITO CIVIL E PROCESSUAL CIVIL. RECURSO ESPECIAL. AÇÃO DE INDENIZAÇÃO POR **DANOS** MATERIAIS E COMPENSAÇÃO POR **DANOS MORAIS**. PLANO DE SAÚDE. EXCLUSÃO DE COBERTURA RELATIVA

À PRÓTESE. ABUSIVIDADE. **DANO MORAL**. 1. Recurso especial, concluso ao Gabinete em 06.12.2013, no qual discute o cabimento de compensação por **danos morais** decorrente de negativa de fornecimento de prótese ortopédica por plano de saúde. Ação de cobrança ajuizada em 06.01.2011. 2. É nula a cláusula contratual que exclua da cobertura órteses, próteses e materiais diretamente ligados ao procedimento cirúrgico a que se submete o consumidor. 3. Embora o mero inadimplemento contratual não seja causa para ocorrência de danos morais, é reconhecido o direito à compensação dos **danos morais** advindos da injusta recusa de cobertura de seguro-saúde, pois tal fato agrava a situação de aflição psicológica e de angústia no espírito do segurado, uma vez que, ao pedir a autorização da seguradora, já se encontra em condição de dor, de abalo psicológico e com a saúde debilitada. 4. Recurso especial provido."

3 — Neste terceiro caso, trata-se de pessoa que necessitava de tratamento previsto em plano de saúde e que lhe foi negado, tendo em consequência se agravado sua aflição psicológica e angústia. Ação proposta na 1ª Instância de Minas Gerais, depois Tribunal de Justiça de Minas, e finalmente, em decisão final, obteve ganho de causa para que se lhe pagassem R$12 mil, corrigidos monetariamente desde a propositura da ação até o pagamento final, em 2013/2014.

A seguir a transcrição para os mais ligados à área jurídica:

STJ — RECURSO ESPECIAL REsp 1391661 MG 2013/0202608-5 (STJ).

Fonte: https://www.google.com/search?q=STJ+-++%E2%80%94+RECURSO+ESPECIAL+REsp+1391661+MG+2013%2F0202608-5+%28STJ%29&ie=utf-8&oe=utf-8.

Data de publicação: 13/12/2013

"Ementa: CIVIL E PROCESSUAL CIVIL. RECURSO ESPECIAL. AÇÃO DE REPARAÇÃO DE **DANOS** MATERIAIS E COMPENSAÇÃO DE **DANOS MORAIS**. RECUSA INDEVIDA À COBERTURA DE TRATAMENTO DE SAÚDE. **DANO MORAL**. FIXAÇÃO. 1. A recusa, pela operadora de plano de saúde, em autorizar tratamento a que esteja legal ou contratualmente obrigada, implica **dano moral** ao conveniado, na medida em que agrava a situação de aflição psicológica e de angústia no espírito daquele que necessita dos cuidados médicos. Precedentes. 2. A desnecessidade de revolvimento do acervo fático-probatório dos autos viabiliza a aplicação do direito à espécie, nos termos do art. 257 do RISTJ, com a fixação da indenização a título de **danos morais** que, a partir de uma média aproximada dos valores arbitrados em precedentes recentes, fica estabelecida em R$12.000,00, cuja atualização retroagirá à data lançada na sentença. 3. Recurso especial provido."

4 — No nosso quarto caso, a autora da ação contraiu um empréstimo, cujo pagamento deveria ser descontado de seu salário (empréstimo consignado). O banco descontou mais do que o valor devido, diminuindo seus ganhos mensais, já de

valor pequeno, tendo assim privado a autora de valores essenciais a suas necessidades básicas. A autora entrou com processo em 2007, em São Paulo, tendo o processo ido parar no Tribunal de Justiça do Estado, que entendeu ter havido dano moral causado à autora, mandando-lhe pagar R$8 mil de indenização.

Segue a explanação para os afeitos à área jurídica:

TJ-SP — Apelação APL 00442837920128260005 SP 0044283-79.2012.8.26. 0005 (TJ-SP). Fonte: http://tj-sp.jusbrasil.com.br/jurisprudencia/132825290/apelacao-apl-442837920128260005-sp-0044283-7920128260005/inteiro-teor-132825299.

Data de publicação: 07/08/2014

"Ementa: APELAÇÃO AÇÃO DECLARATÓRIA C. C. INDENIZAÇÃO POR **DANOS MORAIS** EMPRÉSTIMO CONSIGNADO FRAUDE NA CONTRATAÇÃO **DANOS MORAIS** CARACTERIZADOS. Trata-se de mais um caso de fraude na contratação de empréstimo consignado. Restou incontroverso nos autos que a Apelada, mediante fraude na contratação de empréstimo, sofreu descontos indevidos nos seus proventos, que são recebidos em sua conta-corrente mantida perante o Apelante. A possibilidade de fraude não pode ser encarada como fato de terceiro, mas como risco inerente à própria atividade. Quem aufere os bônus deve arcar com os ônus, nos termos da Súmula 479 do STJ. O **dano moral** é evidente e resulta do próprio fato. O salário tem natureza alimentar. A Apelada recebe remuneração módica e os descontos representaram redução substancial na sua renda e, consequentemente, a privaram de atender suas necessidades básicas. Essa situação atingiu a Apelada como pessoa e justifica o arbitramento de indenização por **dano moral**. VALOR FIXADO MANUTENÇÃO. O valor fixado pelos **danos morais** (R$8.000,00) está de acordo com os critérios da razoabilidade e proporcionalidade. ART. 252, DO REGIMENTO INTERNO DO E. TRIBUNAL DE JUSTIÇA DE SÃO PAULO. Em consonância ao princípio constitucional da razoável duração do processo, previsto no art. 5°, inc. LXXVIII, da Carta da República, de rigor a ratificação dos fundamentos da r. decisão recorrida. Precedentes deste Tribunal de Justiça e do Superior Tribunal de Justiça. SENTENÇA MANTIDA RECURSO IMPROVIDO."

5 — No quinto caso, trata-se de pessoa que teve seu nome apontado aos órgãos de consumo (ficando com a ficha "suja") mesmo depois de ele ter efetuado o pagamento do que devia, o que lhe custou dano à sua imagem impeditivo de comprar a crédito e outras operações financeiras. Propôs ação em São Paulo, tendo o feito ido parar no Tribunal de Justiça do Estado, que reconheceu dever ser pago o valor original de R$5 mil, corrigidos monetariamente, mas não sendo este valor-base atualizável para maior, ou seja, não podendo aumentar os R$5 mil básicos, mas devendo ser pago este último com correção monetária e juros.

A seguir, para os acostumados com o linguajar jurídico:

TJ-SP — Apelação APL 00022379820078260248 SP 0002237-98.2007.8.26.0248 (TJ-SP). Fonte: https://www.google.com/search?q=TJ-SP+-++%E2%80%94+Apela%C3%A7%C3%A3o+APL+00022379820078260248+SP+0002237-98.2007.8.26.0248+%28TJ-SP%29&ie=utf-8&oe=utf-8.

Data de publicação: 11/03/2013

"Ementa: INDENIZAÇÃO POR **DANOS MORAIS** — DANO MORAL — Ocorrência — A inscrição indevida do nome do apelado nos órgãos de proteção ao crédito enseja a ocorrência do **dano moral** — Apelante que indicou o nome do apelado aos órgãos de consumo depois de realizado o pagamento — Reconhecimento da ocorrência do **dano** moral INDENIZAÇÃO POR **DANOS MORAIS** — Valor a ser arbitrado deve levar em conta a conduta das partes e o potencial econômico do condenado, com cautela para não configuração do enriquecimento ilícito — Consequências do ato danoso — Elemento que também deve ser considerado para o arbitramento — Mantença do valor fixado em Primeira Instância, qual seja, R$5.000,00. INDENIZAÇÃO POR **DANOS MORAIS** — Atualização da condenação — Não conhecimento — Ausência de interesse recursal — Sentença que determinou a atualização do valor indenizatório até a data do efetivo pagamento, com incidência de juros de mora a partir da citação, que é a pretensão do apelante — Sentença mantida. Recurso Improvido, na parte conhecida."

6.6 – História ilustrativa do capítulo

Intimidade violada

Lembro-me do caso da princesa Diana, da Inglaterra, que foi casada com o príncipe Charles. Tiveram dois filhos, William e Harry, sucessores do trono britânico, sendo que o príncipe William casou-se com a agora princesa declarada e antes plebeia Kate Middleton.

A princesa Diana teve de enfrentar um casamento tumultuado e aguentar a sombra de uma amante do príncipe, Camilla, agredindo sua relação conjugal, o que culminou em divórcio. Diana era bela, mas era perseguida por vários motivos. Daí em diante, lógico que, por ser pessoa pública e muito famosa, sua vida privada tornou-se praticamente impossível, um verdadeiro inferno, desde seus relacionamentos e viagens até o encontro com os filhos.

A princesa real de contos de fadas acabou morrendo devido a estar em um carro dirigido em alta velocidade quando tentava escapar dos *paparazzi*, eternos fofoqueiros e caçadores de fotos íntimas, mas também jornalistas, sensacionalistas ou não, que queriam documentar e fotografar sua intimidade. O carro tombou em um túnel e bateu violentamente contra as paredes.

Tais indivíduos usurpadores da intimidade sempre o quiseram fazer pelo prazer de revelar cada qual melhores detalhes e, assim, vender mais jornais ou periódicos, o que significaria mais lucro, ainda que ao custo do sofrimento e até da morte de pessoas como ela.

Há muita gente que quer ser famosa, ganhar muito dinheiro. Mas isso tem uma contrapartida bastante forte e difícil de ser carregada, qual seja, aguentar a fama e fazer muitas coisas com as quais não se preocupava antes. Não poder ir a qualquer lugar em qualquer situação, medir o que se fala e controlar finanças com mais esmero e preocupação, mesmo entregando a terceiros competentes, até à família, a administração e/ou execução de atos e providências pessoais.

Capítulo 7

Casa como asilo inviolável do cidadão e liberdade de locomoção

Por que tais assuntos serão tratados juntos? Porque falam sobre estar e sair de casa, ou domicílio, dirigindo-se a quaisquer locais ou para qualquer parte do território nacional em segurança.

Assim dispõe a Carta Magna a respeito:

"XI — a casa é asilo inviolável do indivíduo, ninguém nela podendo penetrar sem consentimento do morador, salvo em caso de flagrante delito ou desastre, ou para prestar socorro, ou, durante o dia, por determinação judicial.

XV — é livre a locomoção no território nacional em tempo de paz, podendo qualquer pessoa, nos termos da lei, nele entrar, permanecer ou dele sair com seus bens."

7.1 — Comentários pertinentes

A casa é o chamado "lar, doce lar", o refúgio que deveria ser tranquilo e recarregador de energias, onde cada um de nós chega e pode tirar os sapatos, pendurar ou jogar o paletó, ligar ou não a televisão, tomar aquela ducha relaxante, encontrar os entes queridos, ver os recados, checar as correspondências, desabafar, sentir-se confortavelmente seguro e dono de tudo, como se estivesse longe de problemas ou perigos.

Se outras pessoas, quando se chega em casa, estão esperando para criticá-lo ou lembrá-lo do que não fez ou não trouxe, paciência, logo tudo se equilibra ou se resolve.

A casa é o templo sagrado do cidadão, onde ele exerce sua individualidade com dignidade e livre de cerceamentos externos, para abrigar as emoções e ideias próprias ou interagir, se o desejar, com as emoções e ideias de terceiros, presentes ou não, protegido da agressão exterior, inviolável em capacidade e altivez que possa elevar ou restabelecer o ser humano.

Casa não é sinônimo do imóvel resultante do Programa "Minha Casa, Minha Vida". Lógico que é muito bom se o Governo puder ajudar o cidadão a conseguir sua casa, mas se ela for entregue bem construída e em condições de ser habitada. Se for, portanto, bem-feita e em local propício, daí pode se tornar o componente primordial do lar definido anteriormente.

A casa não precisa ser de luxo, mas também não precisa ser um barracão velho. Ela poderia ser, sim, um bem material alcançável a todos os cidadãos do país mediante financiamentos compatíveis com a renda de cada um, incentivando-se os cidadãos a querer ter trabalhos dignos e educação compatível com o atingimento de metas, gerando capacidade financeira que propicie a compra de sua casa própria.

O importante é que toda casa própria ou mesmo alugada é um nascedouro profundo de direitos e obrigações que fazem prosperar a sociedade, no entrelaçar de pessoas que a constroem e fundamentam o país. Portanto, use bem a casa em que vive, não deixe que seja local onde ocorram coisas erradas, vigie seu "lar, doce lar" para que seja seu principal local onde encontre a paz.

7.2 – O direito à moradia

Você tem assegurado pela Constituição o direito à moradia — o direito a ter um lar, um local abrigado e acolhedor, ainda que simples, para proteger-se, nele dormir, alimentar-se, preservar sua intimidade, para que possa ter seu período de descanso e sossego e até para seu lazer sadio.

Inicialmente cito o direito ao FGTS (Fundo de Garantia por Tempo de Serviço), criado basicamente para proteger de despedida sem justa causa, mas também para o financiamento de sua casa própria via Sistema Financeiro de Habitação (SFH). Os valores de financiamento podem variar de acordo com a região do país e sua renda mensal.

Existe o programa atual "Minha Casa, Minha Vida", que o Governo Federal instituiu e que é uma boa forma de aquisição de moradia ou de casa própria. O problema é a construção correta das moradias, pois as construtoras vencedoras das licitações nem sempre são as melhores e muitas vezes executam as obras ou com muito atraso, ou com deficiências estruturais, e o que é para ser bom acaba em problemas, quando não em tragédia.

Se você for para um desses imóveis, deve pedir a um engenheiro ou pessoa muito bem qualificada em construções, fora das construtoras, que examine cuidadosamente a construção, certificando-se de que não há risco ou quais defeitos eventuais podem surgir e como se antecipar à ocorrência, tomando providências preventivas.

E o direito à casa envolve não só os que querem comprar sua casa, mas também aqueles que preferem viver em casas de terceiros, mas de forma digna, em virtude de múltiplos fatores: ou porque não conseguem pagar por uma casa própria, ou porque preferem viver sob contrato de locação (aluguel), ou até em flats ou similares, cujos direitos são um pouco diferentes e em condições variadas.

Também há os que preferem construir a casa própria com as próprias mãos, mas isto requer muito cuidado com relação à segurança é à boa localização, certificando-se de que o terreno não está em zonas alagadiças, perto de barrancos, às margens de represas ou assemelhados.

7.3 – O direito de ter sua casa e de ir e vir

Transforme sua casa num templo do bem, numa casa de paz, de construção de ideais e sonhos, e ela dificilmente será violada, porque atrai pessoas de bem e a simpatia dos vizinhos.

Sempre que possível, escolha bem o local de sua casa. Evite os locais que costumeiramente se alagam, são insalubres, os sabidamente frequentados por marginais e os perigosos por outros motivos.

Quando for financiar seu imóvel, verifique o melhor negócio, as condições mais favoráveis e as melhores construtoras. Ainda que se trate de programas como o Minha Casa Minha Vida, verifique bem tudo isso.

Quanto ao direito de ir e vir para qualquer parte do território nacional, este já se configura como obrigatório pela própria lógica social, pela vivência entre os construtores legítimos da nação, pela necessidade de fazê-los circular, fazendo pulsar o país, alimentado com a ação legalmente amparada de suas atividades.

Quem tiver o seu direito de asilo em sua casa violado injustificadamente, bem como o direito de ir e vir, tem de buscar auxílio, conforme o caso, primeiro em delegacias de polícia. Depois vem o auxílio dos advogados, para entrar com ações judiciais adequadas a fim de obter ordens judiciais garantidoras de seus direitos relativos ao local em que residir ou ao qual estiver sendo impossibilitado de se locomover.

A pátria carece de atividades benignas do povo, de seu trabalho, de sua busca à educação, de ações de trabalho, de cultura, também de lazer, de permissão ao turismo, enfim, do exercício da cidadania em todas as suas formas.

É preciso que cidadãos ergam diariamente nosso país, solidifiquem-no, protejam-no, cuidem-no, então é fácil entender que os cidadãos diariamente, enquanto se deslocam para suas atividades, são como o sangue do corpo humano, alimentando e levando as substâncias vitais e sanando-o para disseminar a saúde.

7.4 — Estrangeiros no Brasil

Os estrangeiros que possuem visto de entrada têm direito à entrada no país, ou os que possuem identificação internacional válida do país de origem, quando não for exigido o visto de entrada. Porém, nesse caso, pelo prazo que a legislação fixar.

O estrangeiro que tem um contrato de trabalho celebrado, após ser aprovado e registrado pelo Ministério do Trabalho, tem direito a permanecer no país.

Para permanência definitiva, deve-se ter o registro de identidade de estrangeiros e deve-se seguir a legislação do Brasil, bem como possuir os registros referentes às atividades e ações intrínsecas à sua posição trabalhista peculiar, artística ou científica, sendo passível de extradição aquele que fica ilegalmente ou que comete crimes que inviabilizam sua permanência.

O estrangeiro pode também requerer a cidadania brasileira definitiva e, assim, tornar-se um brasileiro naturalizado.

Circular pela fronteira do país

Você pode sair do país pela fronteira de países vizinhos do Mercosul (Argentina, Paraguai e Uruguai) portando documento de identidade válido e carteira de motorista adequada ao seu veículo, ou permissão internacional para dirigir (documento que você pode tirar nos locais que fornecem a carteira de habilitação e que vale internacionalmente quando apresentada junto com a sua CNH). É escrito em vários idiomas e tem também sua fotografia. Lógico que, para seu carro ou caminhão circular, é necessário estar com a documentação em dia. E quando você viajar de ônibus, também deve portar identificação válida.

No caso das fronteiras com Bolívia, Peru, Colômbia, Venezuela ou Guianas, o mais indicado é que, além de seus documentos, você tenha um passaporte brasileiro válido e, se considerado exigível, visto de entrada naqueles países (pode ser que isto mude de tempos em tempos). Mas pode ocorrer temporariamente que haja fechamento de fronteiras, o que impedirá a entrada naqueles países.

Concluindo, o conceito internacional é o de que nenhuma pessoa entre ou saia de um país sem passaporte válido, que é o meio mais seguro de identificação. Quando exigido pelo país de destino, deve-se apresentar visto concedido por esse país, que é obtido nos consulados ou embaixadas do país em questão.

7.5 – História ilustrativa do capítulo

A polícia federal concluiu a operação Bicos de Beija-Flor, em que ficou demonstrado que pessoas tiravam dos cofres públicos do Ministério da Saúde, todo mês, R$50 mil de verbas do SUS e que vinham fazendo isso há dois anos.

Um cidadão componente da "quadrilha" morava na cidade do Rio de Janeiro. A polícia federal, com a prerrogativa legal que possui, foi efetuar busca e apreensão na casa do suspeito, anunciando a ação no momento de efetivá-la, entrando, retirando dois computadores, R$120 mil, cartões e documentos adulterados de beneficiados e documentos falsos de beneficiários não existentes no SUS, além de outras provas.

Neste caso, a casa foi violada porque o indivíduo violou normas legais e a polícia possui determinação judicial legal para apreender essas provas, a fim de concluir investigação devidamente instrutora do devido processo legal, e nunca obteria permissão para adentrar na casa, porque provavelmente o morador não deixaria, e até fugiria pelos fundos, levando o que pudesse.

Outro caso, agora de inviolabilidade: o Ministério da Educação queria fazer algumas perguntas aos cidadãos e mandou funcionários de empresas terceirizadas realizarem uma pesquisa sobre renda de pais de alunos.

Bateram à porta de um cidadão que não queria responder ao questionário, e os funcionários não puderam entrar, porque o cidadão estava no seu direito de não recebê-los, ainda que as pessoas que o visitaram insistissem, visto que sua casa é seu asilo inviolável e não havia autoridade suficiente ou mandato judicial que o obrigasse a recebê-las. Esse cidadão estava em seu direito constitucional, amparado pela Constituição.

Capítulo 8
Direito de reunião

Artigo 5º, inciso XVI, da CF: *"Todos podem se reunir pacificamente, sem armas, em locais abertos ao público, independentemente de autorização, desde que não frustrem outra reunião anteriormente convocada para o mesmo local, sendo apenas exigido prévio aviso à autoridade competente."*

8.1 — Comentários iniciais

É muito importante o direito a reuniões que promovam a discussão ou reivindicação de direitos legítimos da sociedade, sem a prática de atos de vandalismo, apenas chamando a atenção para problemas existentes e apontando erros ou atos que precisam ser tomados para benefício da população. E vale exprimir ideias por cartazes, por fantasias, tudo que sirva para esclarecer, chamar a atenção de pontos específicos, convidar à reflexão.

Sem armas. Não às armas! E lembre-se de que armas são apetrechos para destruição, tais como também tudo o que arme o cidadão para destruir o outro ou bens públicos ou de terceiros.

8.2 — O direito de reunião em várias ocasiões e sua utilidade

A convocação a uma reunião é um meio muito útil de chamar abertamente as pessoas que participam de determinada categoria de moradores, de diversas entidades profissionais, de componentes de um ou mais partidos políticos, de entidades de classe, de entidades representantes de universidades, de juristas, de médicos, de operários, de artistas, de músicos, de parte do povo para examinar atos do Governo, e tantas outras.

A convocação deve ser feita com antecedência necessária, em geral de 7 a 15 dias, ou até 30 dias antes (quando possível), contendo a pauta a ser examinada, e esta, quanto mais objetiva e breve, melhor. É muito bom que se indique um líder da reunião, para dirigir os trabalhos e a ordem de discussão, assim como é indicado que haja um quórum para aprovação das propostas.

Pense em aparelhos de som ou microfone (melhor mais de um), para que tudo se ouça, sendo desnecessário se for uma reunião com poucas pessoas. Também se deve preparar um secretário para anotar tudo o que se passar (ao menos é recomendável).

Conforme diz a Constituição, não pode ser escolhido local já reservado anteriormente. E quando se trata de local público, devem ser avisados os órgãos competentes, a polícia — que pode ou não autorizar —, a prefeitura municipal e a Secretaria da Segurança Pública. Isso tudo dependendo do tipo de reunião, de reivindicações e de participantes.

Deve-se evitar a participação de pessoas sabidamente destrutivas de patrimônio, inclusive avisando na convocação que não serão toleradas manifestações que atentem contra patrimônio público ou de terceiros. Armas de qualquer espécie devem ser proibidas, bem como objetos que possam ser usados como armas. E nada de agredir a imprensa, que está fazendo seu papel de informar. No caso de esta comprovadamente estar praticando ato criminoso, deve-se procurar a polícia para que seja feito um BO, com testemunhas. Mas é raro que a imprensa cometa atos criminosos.

Se a reunião for em recinto fechado ou ao menos cercado, são necessários menos cuidados desse tipo, desde que haja alguém controlando tudo. É o caso, por exemplo, de templos, de estacionamentos etc.

Decidam-se posicionamentos sobre normas jurídicas sendo votadas, sobre mudanças governamentais, sobre direitos do cidadão, sobre participação ou não em greve, sobre posição a respeito de vários temas de entidades de classe, sobre forma de agir de médicos e enfermeiras em hospitais em tempo de epidemia ou aplicação de remédios ou novos tratamentos, sobre eleições, plebiscitos, sobre salário mínimo, sobre segurança pública, enfim, tudo o que pode ensejar posicionamentos e aprovação ou não aprovação.

Depois as resoluções serão aplicadas conforme resolução(ões) tomadas e consoante as normas dos que se reunirem, levando-se em conta também as normas jurídicas mais aplicáveis, com acompanhamento de quem seja competente para tanto. Reuniões de condomínio, de empresa ou de empresas diversas, até *conference calls*, reuniões de entidades diversas, mas em salas ou hotéis, ou salões, podem levar daqui alguns parâmetros úteis aplicáveis às suas reuniões.

Chamo a atenção para os que não desejam ver resolvido um assunto ou assuntos, e por isso, de forma ardilosa, convocam reunião ou reuniões para tumultuar mais as questões e nada ser resolvido. Aqui cabem os chamados criadores de "grupos de trabalho" para reunirem-se e resolver que não dá para resolver ou que muitas outras reuniões serão necessárias. Na política ou na empresa privada há muitos desses arrastadores de matérias propositalmente não resolúveis, ou objeto de manobras para que nada nunca se resolva. Não faça parte disso e denuncie tal prática, que só atrapalha e toma tempo.

Reuniões para discutir assuntos de classes de trabalhadores aumentaram desde que cresceu o movimento sindical brasileiro. Este foi sendo estimulado desde o fim do século XIX, com a Revolução Industrial, bem como com a maior presença de imigrantes trabalhadores, e depois, durante o período da ditadura, entre 1930 e 1945. (Getúlio Vargas e a criação da CLT — Consolidação das Leis do Trabalho, de 1942.)

Continuando sua ascensão, passou não só a acelerar sua presença no mercado de trabalho, mas marcou sua atuação com maior conteúdo político, a partir do fim dos anos 1950, com a implantação de novas fábricas ou ampliação das existentes, particularmente no setor automobilístico.

Em consequência, aumentou o número de trabalhadores com carteira de trabalho assinada ou contrato formal, causando maior aplicabilidade de artigos da CLT no que se refere à demarcação mais equilibrada de jornadas de trabalho, demandas por mais justo pagamento de horas extras, tipificação de locais insalubres, turnos de revezamento, que começaram a ser discutidos mais amplamente. Assim, a Justiça do Trabalho teve extremamente aumentada sua demanda por decisões, mormente com o crescente número de greves e as greves discutidas em grandes reuniões de trabalhadores para serem ou não aprovadas.

As Normas Regulamentadoras, conhecidas como NRs, foram em grande parte resultado do que aconteceu entre as décadas de 1950 e 1970. As Normas de Medicina, Segurança e Higiene do Trabalho foram aprovadas pela Portaria 3.214, em 8 de junho de 1978, e foram um divisor de águas no âmbito trabalhista e sindical no Brasil, hoje obrigatórias para todas as empresas brasileiras regidas pela CLT.

Nesse contexto de embates trabalhistas e sindicais, surgiram grandes líderes, desde a pioneira Confederação Geral dos Trabalhadores (CGT), particularmente no Sindicato dos Metalúrgicos do ABC paulista, na CUT (Central Única dos Trabalhadores), e tantas outras, até nossos dias, sendo que estes últimos promovem reuniões com importante força política para serem alcançados cargos públicos, lideranças partidárias e para a indicação para candidaturas de diversos partidos.

Em consequência, reuniões reivindicando melhores salários, obtenção de direitos dos inúmeros tipos de trabalhadores, até de todos os trabalhadores, de direitos de categorias de servidores públicos ou privados, contra a criação de novos impostos, são possíveis e legítimas, servindo inclusive para descarregar tensões e desvios sociais.

Existem muitos locais públicos que são usados para reuniões, manifestações, até com a proteção policial, que protege os que se reúnem, o patrimônio público e os que estão próximos de tais eventos. Como já afirmamos, o que não pode é a manifestação que agrida, que quebre ou danifique o patrimônio público, que provoque o pânico, a baderna, o incentivo a práticas ou comportamentos não aceitos pela sociedade, que impeçam por completo o exercício legal e normal de direitos por outros ou que visem a implantação do caos.

> **PREVISÃO LEGAL INTERNACIONAL**
>
> Consta na Convenção Americana ou Interamericana de Direitos Humanos o Pacto de San José da Costa Rica, no qual o governo brasileiro depositou a carta de adesão, em 25 de setembro de 1992. Nessa data entrou em vigor, para o Brasil, de conformidade com o disposto no segundo parágrafo de seu art. 74.
>
> O Artigo 15 do Pacto assim dispôs: "Direito de Reunião — É reconhecido o direito de reunião pacífica e sem armas. O exercício de tal direito só pode estar sujeito às restrições previstas pela lei e que sejam necessárias, uma sociedade democrática, no interesse da segurança nacional, da segurança ou da ordem públicas, ou para proteger a saúde ou a moral públicas ou os direitos e liberdades das demais pessoas."

8.3 – O QUE NÃO FAZER EM MANIFESTAÇÕES OU FORA DELAS

PICHAÇÕES DECORRENTES OU NÃO DE REUNIÕES

Não é permitida a reunião de pessoas para pichar os locais onde estão ou para combinar pichações em locais públicos ou até privados, e a falta de educação, o ensino inadequado e a falta de espaço para artistas poderem exprimir seu trabalho contribuem para isso.

O Artigo 65 da Lei nº 9.605, de 12 de fevereiro de 1998, tem a seguinte redação: "Pichar ou por outro meio conspurcar edificação ou monumento urbano: Pena — detenção, de 3 (três) meses a 1 (um) ano, e multa.

§ 1º — Se o ato for realizado em monumento ou coisa tombada em virtude do seu valor artístico, arqueológico ou histórico, a pena é de 6 (seis) meses a 1 (um) ano de detenção, e multa."

Já que estamos falando de pichação, ela está descaracterizando e sujando nossas vias públicas e prédios urbanos, e até rurais. Grande parte das pichações apresentam apenas iniciais, sinais, sem qualquer sentido visual evidente para o povo em geral, particularmente em lugares altos de viadutos, edifícios e pontes, para que os pichadores se afirmem ou se mostrem, ou mostrem seu símbolo ou símbolo da tribo a que pertencem.

É um desrespeito, um ato intolerável, e pode ser tipificado como um crime. Há os verdadeiros artistas de rua, que são contratados ou autorizados, ou solicitados para fazerem bonitos desenhos ou pinturas em locais públicos ou até privados, que produzem, sim, obras de arte que valorizam as cidades e são meio de construção de novos talentos, bem como legítima expressão de beleza e de inclusão social.

DANOS AO PATRIMÔNIO PÚBLICO

Dentro de nosso contexto, bom ressaltar que danificar ou quebrar o patrimônio público é dano qualificado (Artigo 163, parágrafo único, inciso III, do Código Penal Brasileiro).

"Dano — Art. 163 — Destruir, inutilizar ou deteriorar coisa alheia:

Pena — detenção, de um a seis meses, ou multa.

Dano qualificado

Parágrafo único — Se o crime é cometido:

I — com violência à pessoa ou grave ameaça;

II — com emprego de substância inflamável ou explosiva, se o fato não constitui crime mais grave;

III — contra o patrimônio da União, Estado, Município, empresa concessionária de serviços públicos ou sociedade de economia mista;

IV — por motivo egoístico ou com prejuízo considerável para a vítima:

Pena — detenção, de seis meses a três anos, e multa, além da pena correspondente à violência."

Se pessoas querem chamar a atenção ou se vingar de algo que entenderam ser uma agressão a elas, ou à comunidade a que pertencem, ou a valores em que acreditam, a melhor forma de protestar não é a violência.

E se realce outro dano, que é o cometido contra o meio de transporte, o qual é punido pelo nosso Código Penal.

"Art. 262 — Expor a perigo outro meio de transporte público, impedir-lhe ou dificultar-lhe o funcionamento:

Pena — detenção, de um a dois anos.

§ 1º — Se do fato resulta desastre, a pena é de reclusão, de dois a cinco anos.

§ 2º — No caso de culpa, se ocorre desastre.

Pena — detenção, de três meses a um ano.

Forma qualificada — Art. 263 — Se de qualquer dos crimes previstos nos arts. 260 a 262, no caso de desastre ou sinistro, resulta lesão corporal ou morte, aplica-se o disposto no art. 258 (Se do crime doloso de perigo comum resulta lesão corporal de natureza grave, a pena privativa de liberdade é aumentada de metade; se resulta morte, é aplicada em dobro. No caso de culpa, se do fato resulta lesão corporal, a pena aumenta-se de metade; se resulta morte, aplica-se a pena cominada ao homicídio culposo, aumentada de um terço)."

Arremesso de projéteis

"Art. 264 — Arremessar projétil contra veículo, em movimento, destinado ao transporte público por terra, por água ou pelo ar:

Pena — detenção, de um a seis meses.

Parágrafo único — Se do fato resulta lesão corporal, a pena é de detenção, de seis meses a dois anos; se resulta morte, a pena é a do art. 121, § 3º, aumentada de um terço."

Atentado contra a segurança de serviço de utilidade pública

"Art. 265 — Atentar contra a segurança ou o funcionamento de serviço de água, luz, força ou calor, ou qualquer outro de utilidade pública:

Pena — reclusão, de um a cinco anos, e multa.

Parágrafo único — Aumentar-se-á a pena de 1/3 (um terço) até a metade, se o dano ocorrer em virtude de subtração de material essencial ao funcionamento dos serviços."

Também não se pode opor resistência a ato legal, de procedência de autoridade legítima.

Resistência contra ato legal

"Art. 329 — Opor-se à execução de ato legal, mediante violência ou ameaça a funcionário competente para executá-lo ou a quem lhe esteja prestando auxílio:

Pena — detenção, de dois meses a dois anos.

§ 1º — Se o ato, em razão da resistência, não se executa:

Pena — reclusão, de um a três anos.

§ 2º — As penas deste artigo são aplicáveis sem prejuízo das correspondentes à violência."

Também não se pode andar atirando por aí, onde estejamos, mesmo em reunião legítima, só para chamar mais atenção à reunião.

Disparo de arma de fogo, fogos de artifício, soltura de balões

Lei das Contravenções Penais

"Art. 28 — Disparar arma de fogo em lugar habitado ou em suas adjacências, em via pública ou em direção a ela, onde estejamos:

Pena — prisão simples, de um a seis meses, ou multa, de três a trezentos mil reais.

Parágrafo único. Incorre na pena de prisão simples, de quinze dias a dois meses, ou multa, de duzentos mil réis a dois contos de réis, quem, em lugar habitado ou em suas adjacências, em via pública ou em direção a ela, sem licença da autoridade, causa deflagração perigosa, queima fogo de artifício ou solta balão aceso."

Em caso de atitude criminosa como as descritas, a polícia deve adotar as providências necessárias para conter tais indivíduos, pois é o exercício regular de direito. Quando não há nenhum requisito dessa natureza, o encaminhamento para a delegacia pode se caracterizar como abuso de autoridade ou constrangimento ilegal.

Na delegacia, é dever da polícia informar os direitos das pessoas, como o de ficar calado, sendo-lhe assegurada a assistência da família e de advogado (Artigo 5º, LXII, da Constituição Federal), não produzir prova contra si, entre outros. Além das implicações criminais, os entes estatais devem ingressar com ações civis contra os vândalos para recompor o prejuízo causado ao erário em virtude das depredações.

Então vale lembrar: o seu direito de reunião termina quando afeta o de terceiros e, portanto, quando destrói os bens ou ameaça os direitos de manifestação também legítimos de outros, opositores ou não a suas manifestações. Reuniões sim, conflitos não!

8.4 — Decisões de tribunais a respeito

1 — Uma empresa no estado de São Paulo entrou com uma ação para impedir manifestação popular sob a forma de reunião de protesto que ameaçava a posse de seu terreno. O Tribunal de Justiça manifestou-se favoravelmente a que não mais se realizasse a manifestação.

Detalhes jurídicos pertinentes:

TJ-SP — Agravo de Instrumento AI 01299761220138260000 SP 0129976-12. 2013.8.26.0000 (TJ-SP). Fonte: http://tjsp.jusbrasil.com.br/jurisprudencia/122381645/agravo-de-instrumento-ai-1299761220138260000-sp-0129976-1220138260000.

Data de publicação: 13/02/2014

"Ementa: CIVIL E PROCESSUAL CIVIL POSSESSÓRIA INTERDITO PROIBITÓRIO CONCESSIONÁRIA DE SERVIÇO PÚBLICO **MANIFESTAÇÕES POPULARES** LIBERDADE DE REUNIÃO ABUSOS JUSTO RECEIO DE MOLÉSTIA À POSSE. Sendo fato público e notório a proliferação de passeatas e **manifestações populares** de protesto que, transcendendo a natureza pacífica e desarmada exigida pela Constituição Federal (art. 5º, XVI), descambaram para a desordem, violência e depredação com risco para a vida, liberdade, segurança e propriedade, bens jurídicos que gozam de igual nível de proteção constitucional, tem-se por configurado o justo receio de moléstia à posse. Interdito deferido. Decisão mantida. Recurso desprovido."

2 — Também de São Paulo. Sem manifestação dos cidadãos, por meio de reunião ou expressão legítima de vontade, não pode haver desistência de ação justamente proposta pelo próprio povo. Ou seja, como é importante a reunião popular para deliberar a favor ou contra!

TJ-SP — Apelação APL 193769520098260053 SP 0019376-95.2009.8.26. 0053(TJ-SP). Fonte:https://www.google.com.br/#q=TJ-SP+-++%E2%80%94+Apela %C3%A7%C3%A3o+APL+193769520098260053+SP+0019376-95.2009.8.26. 0053+%28TJ-SP%29+.

Data de publicação: 04/12/2012

"Ementa: Apelação cível — Ação **Popular** — A desistência em ação **popular** apenas pode ser homologada após ultimada a oportunidade de **manifestação** dos cidadãos, por meio de publicação de editais, e do Ministério Público, para eventual prosseguimento, nos termos do art. 9º, da lei 4.717 /65 — Competência, comarca de Marília — Origem dos atos impugnados, art. 5º, da lei nº 4.717/65 e local do dano, art. 2º, da lei nº 7.347/85 — Sentença reformada — Recurso provido."

8.5 – História ilustrativa do capítulo

A fábrica e o sindicato

Todos os anos o Sindicato dos Metalúrgicos costumava se reunir com os dirigentes da fábrica ou seus representantes.

Por vezes existem reuniões defronte aos portões da fábrica, reivindicando especificamente aumentos salariais acima da inflação, bem como benefícios, como vale-refeição com valor mais representativo e abrangente em sua validade. Então, após algumas semanas, geralmente é feito o Acordo Coletivo de Trabalho, ou se chega ao Dissídio Coletivo de Trabalho, cujos termos ficam escritos em cláusulas que nortearão as relações trabalhistas do próximo ano de trabalho.

Os trabalhadores e sindicalistas se reúnem até acertarem as cláusulas que continuam a vigorar, a modificação parcial em algumas, outros termos melhores ou mais precisos para os trabalhadores, que não estavam claros ou precisos no ano anterior, bem como também acertar cláusulas propostas pela empresa, acolhidas pelo sindicato. É um processo de reivindicar, ceder e finalmente aceitar, daí saindo todos vencedores no entrechoque de ideias.

Portanto, em verdade, um reajuste salarial anual acertado, por exemplo, é bom para todos e é o que remunera o trabalho suado e por vezes difícil de cada ano. Além do que há previsão de bônus, vale-refeição, enfim, muita coisa que ajuda o dia a dia dos empregados e do próprio RH da empresa.

Às vezes, porém, tudo termina em impasse, podendo até ocorrer uma greve, até que alguma parte ceda ou a justiça necessite ser acionada para agir e homologar o Dissídio Coletivo de Trabalho.

Vale ceder sempre um pouco de lado a lado, para que se evitem greves ou inimizades que afetarão o ambiente de trabalho e acabarão em demissões e prejuízos.

Infelizmente, em certas ocasiões há quem não quer mesmo conversar e prefere promoção de reuniões para agredir o patrimônio da fábrica, para obter prestígio político ou mostrar força isoladamente. Nesses caos, todos acabam perdendo, com a presença da polícia, tensão no ambiente de trabalho, destruição de bens e até desemprego.

Capítulo 9

Situações do dia a dia: direitos do consumidor, leis de trânsito e empréstimos

Neste capítulo falaremos de vários direitos e situações do dia a dia cujos contornos balizam o que fazer, ou não fazer, a partir de preceitos da nossa Lei Maior — a Constituição Federal. Isso porque muitas vezes falamos de ir buscar os direitos, mas não conseguimos detalhar todas as situações particulares da vida cotidiana — nem com um tratado conseguiríamos, e ele já estaria obsoleto quando lançado.

Comecemos com a análise da defesa do consumidor, que é muito importante no dia a dia, demandando cada vez mais ações de quem consome e de quem vende ou presta serviços, bem como da agilidade que é exigível para que resolvam esses pequenos dramas cotidianos.

Temos em vigor a importantíssima Lei de Defesa do Consumidor (Lei nº 8078, de 1990), que entrou em vigor em março de 1991 e, conforme dizem alguns, "é uma lei que pegou", ou seja, que realmente funcionou e funciona.

9.1 – Proteções fundamentais que a Lei do Consumidor contém para a busca de seus direitos

Utilizo a chamada Cartilha do Consumidor e sobre ela disserto.

Proteção da vida e da saúde: o consumidor tem de ser avisado bem claramente de eventuais riscos que o produto ou serviço pode representar para a saúde ou segurança. E cada vez mais colocam-se nas etiquetas de produtos informações e características que buscam prevenir acidentes e intercorrências indesejáveis, inclusive evitando disputas judiciais com perdas e danos que não raro penalizam os fornecedores, inclusive porque, em muitos casos da aplicação da Lei, o fornecedor é quem tem de provar que o consumidor não tem razão (há a chamada "inversão do ônus da prova").

Por exemplo, as gigantescas bulas de medicamentos, que não raro avisam que o produto pode causar a morte de quem os toma. Meu médico clínico dizia que, quando receitava remédios à sua mulher, jogava fora as bulas deles, porque se sua esposa lesse o que diziam, não tomaria nenhum (e ela sempre gostava de lê-las). Mas o fato é que as bulas são, sim, segurança e informação também para o consumidor.

Educação para o consumo: o consumidor tem o direito de ser bem informado sobre qual é a forma correta de consumir e bem utilizar serviços e produtos e assim não confundir coisas semelhantes, mas não iguais, e também não usar serviços que não levem aos objetivos visados. Cuidado com produtos ditos semelhantes, serviços de terceiros para substituir os contratados (de nível mais baixo) e produtos genéricos.

Liberdade de escolha de produtos e serviços: isto decorre da liberdade constitucional, ou seja, cada cidadão tem o direito e a liberdade de escolher o produto ou serviço que achar melhor, ou que achar mais adequado ao seu caso. Não aceite imposições ou desculpas para obrigá-lo a consumir o produto que não deseja.

Informação: todo produto deve trazer informações claras sobre sua quantidade, peso, composição, preço, além de, como já vimos, os eventuais riscos que apresenta e o modo de utilização eficaz e seguro. Antes de contratar um serviço, você também tem direito a todas as informações que necessitar, ou que julgar importantes, para sua utilização efetiva.

Proteção contra publicidade enganosa e abusiva: o consumidor tem o direito de exigir que tudo anunciado seja cumprido, na televisão ou mídias diversas, se foram os meios de propaganda que os fornecedores utilizarem. Se o que for prometido não for cumprido, ou for mentiroso, o consumidor tem direito, se comprar mercadorias, de receber o dinheiro de volta, ou processar o fornecedor, ou cancelar o contrato de prestação de serviços e receber a devolução da quantia paga. A publicidade enganosa e a abusiva são proibidas pelo Código de Defesa do Consumidor e são consideradas crime pelo Artigo 67 do Código.

Como exemplo temos uma propaganda de empresa que já nem tem lojas no Brasil, a Sears Roebuck, que deixou de existir em 1993 e em cuja antiga loja hoje funciona, no Rio de Janeiro, o Botafogo Praia Shopping, e em São Paulo, o Shopping Paulista, no bairro do Paraíso. Ela ainda existe nos Estados Unidos e já foi dona do prédio mais alto do mundo, quando construído, o Sears Tower, hoje Willis Tower, com mais de 500 metros de altura. E tinha um slogan que assegurava "satisfação garantida ou seu dinheiro de volta!".

Evidentemente ela jamais trocou um produto sob a alegação, de quem o comprou, uns dias depois da compra, de insatisfação com o produto. Isto eu garanto porque meu irmão trabalhou lá por um bom tempo, e conheci os funcionários da empresa. Claro que havia troca de produtos comprovadamente defeituosos, mas isto é outra coisa.

O slogan não foi feito para enganar, mas para atrair a freguesia, para ostentar sua excelência, que realmente existia. Porém, se cotejada em juízo hoje em dia, com a plena eficácia do Código de Defesa do Consumidor, teria de cumprir a promessa e devolver mercadorias quando o consumidor declarasse, com razoável argumentação, não ter ficado satisfeito e querer o seu dinheiro de volta.

Propaganda enganosa é proibida, e o que é prometido tem de ser cumprido. Veja um exemplo que ficou famoso no Brasil na história ilustrativa ao final deste capítulo.

Proteção contratual: quando duas ou mais pessoas assinam um acordo ou um formulário com cláusulas redigidas por uma só delas, está formado um contrato, em que ela assume obrigações. O Código protege o consumidor quando as cláusulas do contrato não são cumpridas ou quando são prejudiciais ao consumidor. Nesses casos, as cláusulas podem ser anuladas ou modificadas por um juiz. E tem mais: o contrato não obriga o consumidor se este não toma conhecimento do que nele está escrito.

Indenização: quando for prejudicado, o consumidor tem o direito de ser indenizado por quem lhe vendeu o produto ou lhe prestou o serviço, inclusive por danos morais, decorrendo daí ação judicial ou reparação justa e acordada sem fase judicial.

Acesso à justiça: o consumidor que tiver seus direitos violados pode recorrer à justiça e pedir ao juiz que ordene que o fornecedor respeite seus direitos.

Facilitação da defesa dos seus direitos: o Código de Defesa do Consumidor facilitou a defesa dos direitos do consumidor, permitindo até mesmo que possa ser invertido o ônus de provar os fatos que lhe forem desfavoráveis, cabendo ao fornecedor, portanto, tal prova.

Qualidade dos serviços públicos: o Código de Defesa do Consumidor também visa assegurar a prestação de serviços públicos de qualidade, assim como o bom atendimento do consumidor pelos órgãos públicos ou empresas concessionárias desses serviços.

9.2 – Os Serviços de Atendimento ao Consumidor (SACs)

Eis que as empresas e órgãos públicos, observando como a lei foi tão bem elaborada no sentido de poder alcançá-los e abrangê-los, tiveram que aprimorar seus centros de atendimento ao cliente, e foram surgindo, em forma mais organizada, Serviços de Atendimento ao Cliente, que hoje praticamente todos têm e fazem questão de organizar.

Geralmente os rótulos de produtos, as bulas, os invólucros e os sites de prestadores de serviço contêm indicação de como se dirigir aos respectivos Serviços de Atendimento ao Consumidor (SACs), por telefone ou pela internet, para obter informações sobre como utilizar corretamente os produtos e serviços.

Os órgãos públicos, entidades públicas, serviços de eletricidade, água e esgoto, secretarias de estados e prefeituras e entidades financeiras igualmente têm atendimento que pode ser acessado sobre serviços que prestam ou produtos que oferecem. A energia elétrica, por exemplo, fornecida pelas companhias de eletricidade, é um produto fornecido aos consumidores, envolvendo também a prestação de muitos serviços de instalação, de reparos de rede, de reparos em casas de consumidores. O mesmo vale para os serviços de água e esgoto e de telefonia.

Surgiram os *call centers*, que dão emprego a muita gente e que pretendem resolver as dúvidas de clientes e consumidores. Por vezes, tais centros têm mais de vinte atendentes (os grandes). O problema, entretanto, é a espera infindável ouvindo musiquinhas de fundo. E quando atendem a chamada, nem sempre o atendimento é bom e resolve nosso problema. Estão tentando aperfeiçoar tal atendimento, e alguns centros pedem que permaneçamos na linha para darmos notas ao atendimento, desejando saber se foi bom e se sua dúvida ou problema foi solucionado.

Acresça-se por verdadeiro que estão insistindo cada vez mais para obtermos e fazermos todas as informações e operações online, pelo computador ou celular.

E houve muitos progressos. A Eletropaulo, por exemplo, já identifica o telefone de onde ocorre a chamada, depois o número de registro da instalação no imóvel, se o problema é da região ou de serviços de manutenção de rede que está realizando e a que horas deve retornar a energia. Se ligarmos uma segunda vez, identificam que já ligamos e repetem a informação ou dão uma nova posição, se houver.

É sempre recomendável tentar solucionar os problemas primeiro por telefone ou, caso possível, pela internet. Assim evita-se um desgaste maior (inclusive financeiro) e transtornos que outros meios causariam, além, é claro, de economizar seu tempo. Claro, se atenderam bem à sua chamada ou a internet corresponder.

Sobre os sites de atendimento das empresas e órgãos públicos ou entidades diversas, basta digitar em um mecanismo de busca o nome do órgão ou produto, e você encontrará o endereço eletrônico em forma www.nome.com ou www.nome.com.br (se for no Brasil). Já existe um excelente perfil de atendimento. Outra dica é só colocar o nome da empresa no próprio navegador da internet, e o Google ou outro site de buscas já indicará o endereço e irá direcioná-lo ao SAC correspondente.

Geralmente os SACs por telefone ou dos sites, via mensagens ou chats — conversas online — resolvem, sim, seus problemas (se forem bons canais de recepção e tiverem bom atendimento, com poderes suficientes para direcionar seu pedido ou sua reclamação). Eles devem dar instruções adequadas, indicando prazo para a solução e mostrando-se capazes de resolver no prazo adequado e prometido.

Mas, se não conseguir resolver com eles, recorra ao Procon (a seguir descrito), aos órgãos de mediação e ao juízo de pequenas causas ou juízo comum, este por último, de preferência, para não esgotar totalmente suas opções anteriores e mais diretas.

Você deve reclamar! Você pode e deve mandar mensagens às empresas e órgãos, porque assim se busca o aprimoramento de atendimento aos clientes e consumidores. Se não der certo ou você sabe que nada mais farão, recorra aos órgãos indicados a seguir.

Procon

Em primeiro lugar você deve consultar o Código de Defesa do Consumidor, ou pedir a alguém que o consulte para você, para ver o que se aplica ao seu caso. O Código está disponível na internet e em grande parte dos estabelecimentos comerciais e prestadores de serviço do país, ajudando muito no enquadramento de seu caso.

Procure por telefone os Procons (Programa de Proteção e Defesa do Consumidor), ou vá até eles quando só o telefone não bastar para resolver o problema. Frise-se: o que foi informado anteriormente não significa que você possa ir diretamente aos Procons. É seu direito, mas não é a regra.

Se for um abuso muito forte em valor ou perecimento de bens, ou até risco pessoal, faça também um BO. E quando for caso que mereça, vá a um advogado especialista em Direito do Consumidor. Leve provas, documentos, conte-lhe o caso, para poderem ser até exigidos danos materiais e morais, conforme for o direcionamento da questão.

Não se satisfaça enquanto não tiver sua reclamação atendida. Lembre-se de que, pela Lei do Consumidor, a presunção muitas vezes é a de que você tem razão, e cabe ao fornecedor provar que você está errado. Se não provar, ele terá de reparar o erro.

Atenção: recorra para sanar o que está diferente em peso ou em quantidade. Como alternativa, consuma outros produtos que, ao contrário, ofereçam até mais por menos, e mesmo assim reclame nos pontos de venda ou de prestação de serviço. Esse procedimento acabará fazendo a diferença e certamente chegará aos responsáveis pela produção e/ou serviços pertinentes, que notarão diminuição de suas vendas e poderão melhorar a qualidade, porque você agiu, buscando o melhor, buscando o seu direito.

Ingressos para espetáculos artísticos ou esportivos, passeios ou viagens

Se você compra ingressos para tais finalidades, pagando à vista ou a prazo, e não consegue a prestação do serviço, você tem direito ao reembolso do que pagou à vista e o cancelamento de dívida a vencer que ainda possua junto ao prestador de serviço e/ou cartão de crédito que tenha usado para obter a prestação do serviço.

Isso se torna simples se a empresa colocar à sua disposição o serviço de outra forma que o satisfaça. Mas se não for satisfatória a forma, você não está obrigado a aceitá-la, continuando a ter direito ao ressarcimento do que pagou.

Se causou a você perdas e danos, você deve pleitear judicialmente seus direitos. Os Procons estaduais podem ajudá-lo muito nisso. Lógico que estádios esportivos, clubes esportivos, teatros, companhias aéreas, companhias de ônibus sempre devem ser acessados, e muitas vezes resolvem o problema.

Quem compra ingressos corretamente, para locais e serviços existentes (não quem compra sem cuidado o que não existe), é um consumidor que merece respeito e tem direito total aos reparos e a tudo que possa sanar a quebra de serviços.

JUIZADOS ESPECIAIS CÍVEIS OU JUIZADOS DE PEQUENAS CAUSAS

Os juizados de pequenas causas são muito procurados por consumidores, presididos por juízes de Direito, mas com rito mais rápido, mais ágil e teoricamente chegando a um julgamento muito mais rapidamente do que a justiça dita comum, e em geral se localizam em prédios ou salas distintas do juizado cível comum. Podem funcionar, portanto, em prédios só para eles, ou dentro dos próprios fóruns de cidades menores, ou até não existir em comarcas pequenas, daí tendo-se de se recorrer à justiça normal ou buscar-se comarcas vizinhas que tenham competência jurisdicional sobre seu município.

Pode ser que o próprio Procon o oriente a ir ao juizado, ou você pode ir diretamente, avaliando o tipo de abuso, a forma e a importância do abuso que você sofreu e a facilidade de acesso em sua cidade. Também pesa na escolha a velocidade de resolver o caso em seu município em que haja experiência de que tudo possa ser resolvido em no máximo 90 dias e você veja que nada vai conseguir nesse prazo pelo SAC e pelo Procon.

Esse juizado provém do Artigo 98 da Constituição promulgada em 1988, mas sua efetiva implantação se consumou após a Lei Federal nº 9.099, de 26 de setembro de 1995. Em São Paulo, e em outras cidades grandes por semelhança, as ações contra a Telefônica ou órgão de telefonia, Embratel, Sabesp ou companhia de água referente ao local de seu abastecimento, Eletropaulo ou companhia de luz, o interessado deve dirigir-se ao Juizado Especial Cível, localizado em São Paulo, na estação do metrô São Bento. No Rio de Janeiro, o Juizado de Pequenas Causas está na Avenida Erasmo Braga, 5, Palácio da Justiça, Centro. Telefones: (21) 3133-2000 ou (21) 2650-1250.

O Juizado Especial Cível não trata de pleitos inicialmente, só de danos morais e materiais, e nem de ações de família e de infância e juventude.

Quanto à esfera federal, instituíram-se os juizados especiais pela Lei Federal nº 10.259, de 12 de julho de 2001, e só abrangem causas de até 60 salários mínimos (em torno de R$52.800 — mínimo já referido como R$880).

Deve-se buscar a Justiça Federal apenas contra entidades ou órgãos federais, ou em decorrência de contratos ou atividades que sujeitem a causa à jurisdição federal. Quanto a isso, é necessário que se informe no Procon ou no fórum de sua cidade, e o melhor seria já com o advogado, que estudará, esclarecerá e poderá tocar seu caso adequadamente.

Os juizados especiais federais não necessitam de que a decisão contra órgãos federais deva ser reexaminada por instância superior, o que torna a decisão definitiva, e a entidade que perder deve pagar o que for devido em 60 dias a contar da ordem judicial — ofício requisitório, e não o chamado precatório.

Além das pessoas físicas e microempresas, as pequenas empresas também podem demandar como autoras nos juizados especiais federais.

Parece que há certa preocupação com os juizados especiais quanto à duração dos processos lá tratados, porque em certas cidades parecem já não tão rápidos. Informe-se sobre isso quando e se tiver que recorrer a eles, nos próprios juizados, com os servidores, ou mesmo com advogados conhecidos ou até nos Procons, fontes de informação bastante razoáveis. E, lógico, seu advogado poderá discernir e informar melhor sobre o caso.

9.3 — Trânsito e locomoção

É na rua e nas vias públicas que passamos grande parte da nossa vida e onde se dá boa parte da convivência em sociedade. Também é na rua que ocorrem muitos dos problemas diários por desobediência ou falta de conhecimento da lei. Por isso é importante respeitar as leis de trânsito, tanto para motoristas, pedestres e ciclistas, para que a convivência em sociedade seja pacífica e harmoniosa.

O pedestre tem preferência na via pública, ou melhor, merece toda a proteção enquanto está agindo corretamente, atravessando nos locais corretos, respeitando a sinalização, preferindo as faixas de pedestres e passarelas, quando existentes, para não correr riscos. Para evitar maiores transtornos e facilitar sua identificação em casos de emergência, nunca saia de casa sem documento de identidade com foto.

Assim dispõe o Código Brasileiro de Trânsito, em seu Artigo 68:

"Art. 68 — É assegurada ao pedestre a utilização dos passeios ou passagens apropriadas das vias urbanas e dos acostamentos das vias rurais para circulação, podendo a autoridade competente permitir a utilização de parte da calçada para outros fins, desde que não seja prejudicial ao fluxo de pedestres."

Mas o pedestre perde toda a razão se faz travessias ou atos não permitidos, como quando insiste em atravessar as marginais, vias de trânsito rápido, correndo tresloucadamente no meio de veículos ou atravessando de qualquer jeito, esperando que os veículos parem antes de o atropelar.

Também há os que evitam as passarelas para não ter de andar uns cem metros a mais, porque querem atravessar do seu jeito, com pressa e pensando que são mais espertos. Acabam perdendo a razão se qualquer acidente acontecer por essa sua ação imprópria. Serão culpados.

O que dizer então de quem descaradamente atravessa uma via debaixo de uma passarela? Este não só perde a razão, como, se atropelado, pode, se sobreviver e tratar de seus ferimentos, ter de indenizar o proprietário do veículo ao qual tenha causado danos materiais. Por isso é bom que se realce.

Assim diz o Artigo 69 do CBT:

Capítulo IV – DOS PEDESTRES E CONDUTORES DE VEÍCULOS NÃO MOTORIZADOS

Para cruzar a pista de rolamento o pedestre tomará precauções de segurança, levando em conta, principalmente, a visibilidade, a distância e a velocidade dos veículos, utilizando sempre as faixas ou passagens a ele destinadas sempre que estas existirem numa distância de até cinquenta metros dele, observadas as seguintes disposições:

"I — onde não houver faixa ou passagem, o cruzamento da via deverá ser feito em sentido perpendicular ao de seu eixo;

II — para atravessar uma passagem sinalizada para pedestres ou delimitada por marcas sobre a pista:

a) onde houver foco de pedestres, obedecer às indicações das luzes;

b) onde não houver foco de pedestres, aguardar que o semáforo ou o agente de trânsito interrompa o fluxo de veículos;

III — nas interseções e em suas proximidades, onde não existam faixas de travessia, os pedestres devem atravessar a via na continuação da calçada, observadas as seguintes normas:

a) não deverão adentrar na pista sem antes se certificar de que podem fazê-lo sem obstruir o trânsito de veículos;

b) uma vez iniciada a travessia de uma pista, os pedestres não deverão aumentar o seu percurso, demorar-se ou parar sobre ela sem necessidade."

A maneira de o pedestre se deslocar e poder fazer sua travessia segura é explicada nesse artigo com detalhes. Em caso de atropelamento em que o pedestre não tenha tomado todos esses cuidados, o motorista pode não ser considerado culpado, e o pedestre pode não ser indenizado, por exemplo. O que o texto da lei quer dizer, neste caso, é que a prioridade do pedestre deve ser respeitada, mas não é absoluta. Imaginem então o que dizer dos procedimentos que coloquei antes sobre atravessar perigosamente, onde claramente não se pode agir como se fosse o dono da rua ou o ás perfeito da via pública, numa mistura de pretensa coragem e ousadia com ignorância e insensatez.

E então, quando acontecem os acidentes e a pessoa vai ao hospital ou morre, parece que tudo foi meramente acaso e que a culpa foi do motorista. Lógico que há abusos dos motoristas (que também são pedestres quando circulam a pé), mas esse é outro tema.

Pedestre, faça a sua parte e certamente terá vida mais longa e sem acidentes.

CIRCULAR DE BICICLETA EM GRANDES CIDADES

Particularmente em grandes cidades do Brasil, cuidemos para que os direitos e deveres dos ciclistas, bem como o dos motoristas em relação aos ciclistas, sejam conhecidos e respeitados. Mas o que diz o Código Nacional de Trânsito?

"Art. 58 — Nas vias urbanas e nas rurais de pista dupla, a circulação de bicicletas deverá ocorrer, quando não houver ciclovia, ciclofaixa, ou acostamento, ou quando não for possível a utilização destes, nos bordos da pista de rolamento, no mesmo sentido de circulação regulamentado para a via, com preferência sobre os veículos automotores.

Parágrafo único. A autoridade de trânsito com circunscrição sobre a via poderá autorizar a circulação de bicicletas no sentido contrário ao fluxo dos veículos automotores, desde que dotado o trecho com ciclofaixa.

Art. 59 — Desde que autorizado e devidamente sinalizado pelo órgão ou entidade com circunscrição sobre a via, será permitida a circulação de bicicletas nos passeios."

Ou seja, quando não houver ciclovia, ciclofaixa ou acostamento, os ciclistas devem circular no mesmo sentido dos automóveis e respeitar a mesma sinalização e as mesmas regras. Só é permitido ao ciclista andar na contramão caso haja uma ciclofaixa devidamente sinalizada. Muito a propósito o que se vê, mas a aplicação na prática deixa a desejar em muitos locais do Rio ou de São Paulo, que poderiam ter como ajuda um aparelhamento melhor do que existe para permitir melhor circulação e aplicabilidade das normas do Código Brasileiro de Trânsito.

E quanto aos acidentes com ciclistas, estes podem ser tanto vítimas quanto agressores, dependendo de terem atropelado pedestres ou provocado acidentes com outros veículos, ou serem atingidos por pedestres ou veículos de forma criminosa, tudo a ser apurado pela autoridade de trânsito e/ou policial que atenda a ocorrência.

Para indicar problemas referentes a essa circulação de ciclistas nessa questão de culpabilidade, devo mencionar que infelizmente há pedestres adentrando e interagindo ou até atrapalhando a circulação dos ciclistas, mesmo porque não dá para isolar totalmente locais onde as bicicletas passam. Há motocicletas invadindo tais pistas ou locais, pondo em perigo as bicicletas, e como as bicicletas são os mais frágeis meios de transporte, se envolvidas em acidentes, sempre tenderão a provocar graves lesões aos ciclistas.

Você que realmente quer ser ciclista, ao menos guarde em locais seguros o que leva ou porta, não dê carona, para não ficar corresponsável se algo ocorrer, guie devagar, não pare para participar de manifestações ou reuniões e não tente discutir com motociclistas ou motoristas de outros veículos. Já que está em posição mais frágil, deixe sua mágoa ou mesmo revolta de lado.

Não estamos na Suécia, Dinamarca ou coisa que o valha, mas poderíamos pensar em criar uma legislação mais adequada para proteger e favorecer os ciclistas, em locais bem cuidados e seguros, talvez obrigando a terem placas especiais, com regras mais específicas e habilitação, sendo daí uma alternativa muito mais favorável nas cidades grandes como Rio e São Paulo.

CIRCULAR DE MOTOCICLETA

Agora a coisa pega!

Somente em São Paulo, por exemplo, há mais de um milhão de motocicletas! Lógico que é um meio mais rápido de transporte, lógico que é teoricamente o melhor para entregas de volumes não muito grandes, lógico que criaram muitos empregos, e que quase todos utilizam para algo.

Sim, a motocicleta pode ser um meio de transporte ágil, eficiente e aceitável, e de mobilidade muito interessante e rápida (mas sem ultrapassar a velocidade permitida na via).

Mas o que diz o Código Brasileiro de Trânsito sobre as motocicletas?

"*Art. 244 — Conduzir motocicleta, motoneta e ciclomotor:*

I — sem usar capacete de segurança com viseira ou óculos de proteção e vestuário de acordo com as normas e especificações aprovadas pelo CONTRAN;

II — transportando passageiro sem o capacete de segurança, na forma estabelecida no inciso anterior, ou fora do assento suplementar colocado atrás do condutor ou em carro lateral;

III — fazendo malabarismo ou equilibrando-se apenas em uma roda;

IV — com os faróis apagados;

V — transportando criança menor de sete anos ou que não tenha, nas circunstâncias, condições de cuidar de sua própria segurança:

Infração — gravíssima;

Penalidade — multa e suspensão do direito de dirigir;

Medida administrativa — Recolhimento do documento de habilitação;

VI — rebocando outro veículo;

VII — sem segurar o guidom com ambas as mãos, salvo eventualmente para indicação de manobras;

VIII — transportando carga incompatível com suas especificações ou em desacordo com o previsto no § 2º do art. 139-A desta Lei; (Redação dada pela Lei nº 12.2009, de 2009)

IX — efetuando transporte remunerado de mercadorias em desacordo com o previsto no art. 139-A desta Lei ou com as normas que regem a atividade profissional dos mototaxistas: (Incluído pela Lei nº 12.2009, de 2009)

Infração — grave; (Incluído pela Lei nº 12.2009, de 2009)

Penalidade — multa; (Incluído pela Lei nº 12.2009, de 2009)

Medida administrativa — apreensão do veículo para regularização. (Incluído pela Lei nº 12.2009, de 2009)

§ 1º — *Para ciclos aplica-se o disposto nos incisos III, VII e VIII, além de:*

a) conduzir passageiro fora da garupa ou do assento especial a ele destinado;

b) transitar em vias de trânsito rápido ou rodovias, salvo onde houver acostamento ou faixas de rolamento próprias;

c) transportar crianças que não tenham, nas circunstâncias, condições de cuidar de sua própria segurança.

§ 2º — *Aplica-se aos ciclomotores o disposto na alínea b do parágrafo anterior:*

Infração — média;

Penalidade — multa.

§ 3º — *A restrição imposta pelo inciso VI do* **caput** *deste artigo não se aplica às motocicletas e motonetas que tracionem semirreboques especialmente projetados para esse fim e devidamente homologados pelo órgão competente."* (Incluído pela Lei nº 10.517, de 2002)

É muito bom o trabalho de motoboys que exercem dignamente seus serviços, mas estes não podem cometer abusos e muito menos cometê-los em decorrência das ordens que recebem de seus patrões, aí corresponsáveis por acidentes que venham a acontecer.

SEGUROS E ACIDENTES DE TRÂNSITO

Ou você foi o causador ou foi vítima. Você deve ter o seguro obrigatório (DPVAT — Seguro de Danos Pessoais Causados por Veículos Automotores de Vias Terrestres) e pode ou não ter seguro particular.

Você não deve nunca circular sem estar protegido pelo DPVAT, que é de pagamento obrigatório e tem se mostrado muito importante para os brasileiros. Todos sabemos que aqui existe muita imprudência, direção perigosa e falta de respeito às leis de trânsito, sendo o excesso de velocidade e a direção sob efeito de álcool as mais graves. Portanto, se for beber, não dirija, antes mesmo do se for dirigir, não beba. Ora, vamos lá! Na maioria dos casos você sabe muito bem se vai a local onde possivelmente vai beber, e também serve para reforçar o dever de não beber quando sabe que vai dirigir.

O DPVAT se tornou obrigatório com o advento da Lei nº 6.194/74, claramente recepcionada pela Constituição Federal, que estabeleceu o seguro obrigatório e determinou que seja pago pelos proprietários de veículos a fim de custear indenizações por morte, invalidez permanente, parcial ou total, por despesas de assistência médica e também suplementares, nos valores e conforme as regras, por pessoa vitimada.

Todas as vítimas de acidentes de trânsito estão protegidas pelo seguro, sendo elas motoristas, pedestres ou passageiros, no momento do fato ocorrido.

Os valores que tal seguro repara não são muito grandes, e por vezes pode demorar um pouco para que se receba o que é devido, mas vale mais a pena tê-lo do que não ter nada e depois ficar sujeito a situações muito piores derivadas dessa falha. Pague logo no início do ano, quando for pagar o IPVA.

Quem pode também deve fazer seguro facultativo em seguradora de sua confiança, via corretor de seguros, que oferece cobertura em valores que você mesmo escolhe, cujo pagamento pode ser parcelado geralmente em até oito vezes, dependendo da seguradora.

A apólice pertinente cobre valores de danos a veículos, danos pessoais, mesmo custas hospitalares, até os valores contratados. Mas cuidado, porque sempre há um valor de franquia — que não é coberto — e pode corresponder a algo como R$1 mil. Isso quer dizer, se você der uma "batidinha" no carro, cujo conserto seja orçado em R$800, nem adianta procurar a companhia de seguros, porque de nada vai adiantar, ou melhor, até pode prejudicar, porque na renovação eventual de seu seguro, mesmo que por outra seguradora, eles levarão em conta aumentar o valor dos pagamentos do novo seguro, por entenderem que seu risco é maior.

Para deixar claro, quando você utiliza a companhia seguradora, digamos, para ser ressarcido por um conserto no valor de R$3 mil, você terá direito ao reembolso de R$2 mil, porque será deduzido o valor da franquia, que neste caso hipotético é de R$1 mil.

O seguro facultativo é como se fosse um tributo a pagar nas grandes cidades, onde se está exposto a riscos maiores. Assim, a gente faz o seguro por medo de furto ou roubo do veículo, acrescendo-se a segurança de ressarcimento por batidas que por vezes nem foram de sua culpa. Quero dizer que o fazemos por necessidade psicológica de se achar mais protegido e receio de ter de arcar com perdas vultosas de dinheiro.

Recorrer contra multas de trânsito

Lógico, o melhor é não agir em desacordo com as normas e sinalizações de trânsito, mas pode ocorrer que você transgrida a legislação e tais sinais, ou porque quis, ou porque desconhecia normas de trânsito, ou porque não viu a sinalização, ou porque a desobedeceu por ignorância do que estava sinalizado, ou porque foi erroneamente flagrado por motivo incorreto ou medição incorreta, ou por outros motivos. Então pode ser multado no ato ou receber a notificação de autuação em via pública no local informado como o de sua residência.

O que fazer? Sempre recorrer da multa aplicada?

Quando a multa foi corretamente aplicada, portanto, não resultante de erro, sendo o valor relativamente baixo, não sendo infração gravíssima, com pontuação que no seu prontuário não vai levar à perda de mais de dez pontos em um ano, contado da data da infração para trás (hoje, pela legislação em vigor, a perda de mais de vinte pontos leva à perda da CNH), e ainda é dentro de seu perfil de todo ano ter uma ou duas infrações pequenas, eu diria que é perda de tempo e de nada adianta recorrer. Você não ganhará no julgamento do recurso, nem em duas instâncias de julgamento, e perderá tempo e dinheiro, principalmente se não tiver provas a seu favor. O melhor é pagar quando receber o valor correto em intimação que o contenha, e isso até será bom para zerar cadastros de qualquer espécie.

Por outro lado, existe o comportamento de sempre querer recorrer, o que abarrota os órgãos de julgamento, e posso afirmar que não é possível que estudem com todo cuidado tudo o que é apresentado nos recursos, com a grande variedade de ocorrências e detalhes de defesa. Não é possível afirmar que os recursos não são lidos, conforme o caso, mas é muito difícil que sejam analisados com cuidado *todos* os recursos apresentados.

No entanto, se você nunca recebeu uma multa e recebe uma, a seu ver bastante defensável, então você deve recorrer. E se você receber uma multa aplicada erroneamente ou se você nem estava no local da infração, e pode prová-lo, também deve recorrer.

Se você receber num ano multas que farão com que perca a CNH (mais de vinte pontos ou gravíssimas), pode recorrer. Mas há multas que o fazem ter de entregar a CNH antes de ser julgado qualquer recurso. Mas falo de um total de até quarenta pontos por ano.

Dependendo da infração cometida e de suas consequências, o motorista estará cometendo crimes puníveis também pelo Código Penal e poderá, se condenado, ir para a prisão, quando há homicídio doloso ou culposo, lesões corporais ou se a conduta é parte do cometimento simultâneo ou agravante de outros crimes puníveis com prisão.

9.4 — Empréstimos financeiros

Muitas instituições financeiras oferecem empréstimos a aposentados ou empregados de empresas, particularmente, cobrando juros menores e descontando dos salários que os próprios correntistas, aposentados ou não, recebem mensalmente. É o chamado empréstimo consignado.

É uma facilidade e é tentadora. Às vezes parece ser o único remédio para as dificuldades financeiras grandes pelas quais passamos de tempos em tempos.

A liberdade de contratar é sua, a liberdade de estipular juros que você aceita é do banco, mas o fato é que a obrigação de pagar via desconto salarial mensal pode acabar pesando muito (você não está habituado ao desconto sobre valor que usa normalmente para seu orçamento doméstico), e você não tem como escapar.

Busque seu direito de contratar certo, verificando com muito cuidado os juros que serão cobrados e conferindo depois para ver se cobraram certo. E nada de admitir taxas ou tarifas posteriores não combinadas, como desconto que acresça o desconto normal das prestações.

Se sua situação melhorar, depois de alguns meses, veja se pode quitar antecipadamente o débito total, mas com desconto, o que pode resultar em economia sobre o valor que seria pago se continuasse com a obrigação mensal de pagar o empréstimo.

Quanto ao Imposto de Renda sobre os valores recebidos, não se esqueça de que o valor que receber do banco terá de ser declarado na Declaração do Imposto de Renda anual (se estiver obrigado a apresentá-la), como receita tributável, a menos que já tenha sido tributado totalmente na fonte pelo banco, podendo ser deduzida a parcela de juros mensais cobrados nas prestações e qualquer tarifa descontada ou outro imposto eventualmente incidente descontado.

Por ser importante, aproveito este item para realçar um direito referente ao Imposto de Renda, aplicável a quem tiver mais de 65 anos e receber aposentadoria de uma só fonte (INSS). Você tem direito a uma dedução especial, equivalente ao teto de isenção mensal do tributo (portanto, o teto mensal x 12 será o desconto anual permitido quando se apresentar a declaração anual).

No entanto, se houver duas ou mais fontes — como INSS, fundo de pensão e outra aposentadoria, por exemplo, aposentadoria estadual legítima —, a dedução que tem um teto só existe até o limite desse teto, que foi de R$1.707,77 mensais entre janeiro e março de 2015, e de R$1.903,98 de abril até dezembro de 2015 (valores para a declaração de 2016).

O teto de desconto total anual permitido no ano-base de 2015 (declaração de 2016) foi de R$24.403,11, independente da isenção normal para todos os contribuintes.

Realçando quanto ao Imposto de Renda para pessoas físicas: existe uma isenção mensal de valores até um teto para todos os contribuintes. Qualquer contribuinte que recebeu mensalmente até R$1.707,77 entre janeiro a março de 2015 e até R$1.903,98 mensalmente entre abril a dezembro de 2015 esteve isento de Imposto de Renda na Fonte e teve direito à isenção de Imposto de Renda na declaração anual (se é que teve que apresentá-la).

Você pode encontrar a fundamentação jurídica consultando a Lei nº 9.250, de 26 de dezembro de 1995, artigos 4º, inciso VI, e 8º, § 1º, com redação dada pela Lei nº 11.482, de 31 de maio de 2007, alterada pela Lei nº 12.469, de 26 de agosto de 2011, Artigo 3º. Também o Decreto nº 3.000, de 26 de março de 1999 — Regulamento do Imposto sobre a Renda — RIR/1999, Artigo 39, inciso XXXIV. E, por último, a Instrução Normativa RFB nº 1.500, de 29 de outubro de 2014, Artigo 6º, inciso I.

Empréstimos bancários ou de financeiras

Se você tem qualquer empréstimo de banco ou entidade financeira autorizada a emprestar e não está conseguindo pagá-lo por qualquer motivo que seja, não convém simplesmente nada fazer, à espera de que tenha os recursos, à espera de que algo ocorra, sujeitando-se a que seu nome fique "sujo" ou que continue "sujo" na praça. É melhor procurar resolver a situação.

Como? Procure verificar se outro banco ou instituição financeira pode lhe emprestar o dinheiro que está devendo com menor custo — juros, encargos menores. Se pode este outro possibilitar que consiga pagar mensalmente, porque terá uma prestação menor, vá a esse banco, obtenha o dinheiro, quite o outro e fique devendo pagando mensalmente menos (o que você pode aguentar).

É possível também renegociar a dívida. Vá ao banco ou instituição financeira e tente renegociar seu débito em prazo maior, talvez com juros menores ou sem juros, declarando que não tem como pagar e que é melhor que o banco aceite o que pode do que perder tudo. Mas cuidado, o banco pode tomar seus bens (se os tiver) para obter um pagamento (normalmente execução judicial), o que não fará se conseguir obter uma negociação que possa cumprir. Se já está sendo executado, procure obter bens para diminuir ou quitar a dívida, talvez da família, de amigos, enfim, de alguém que o ajude.

Um conselho final sobre empréstimos: ao contrair dívidas sem poder pagar com seu orçamento normal, contrair dívidas em longo prazo (e aqui colocamos o financiamento para compra de automóveis em mais de três anos, quando você pensa que terá de somente pagar a prestação assumida, cuidado. Pense muito antes de fazê-lo, porque, em verdade, além do prazo longo, terá o gasto com combustível, manutenção, IPVA, licenciamento, multas, se ocorrerem, seguro obrigatório ou facultativo, revisões obrigatórias por vezes e com valores altos, pedágios quando viajar, enfim). Se não puder arcar ou puder evitar, EVITE.

Também dívidas com imóveis que comprometam mais de 1/3 de seu orçamento e as que sejam variáveis com parcelas maiores a cada 90, 180 ou 360 dias — CUIDADO! Pode não dar certo.

É melhor viver bem com certa simplicidade do que querer ostentar e contrair dívidas que não poderá pagar.

9.5 — História ilustrativa do capítulo

Quer pagar quanto?

Esta história se refere a quando uma loja famosa, da qual também sou freguês, lançou a frase "Quer pagar quanto?" e restou vencida em debate judicial por cliente que comprou produtos diversos, mesmo eletrodomésticos, pagando somente um real no caixa.

Melhor informando, um advogado chegou na loja e fez uma grande compra de aparelhos eletrodomésticos de primeira geração, tudo que se imagine (isto há menos de cinco anos). Enfim, tudo o que tinha na loja de bom e caro! Só que na hora em que ele foi ao caixa pagar as mercadorias, entregou ao atendente uma nota de um real! O atendente ficou surpreso e perguntou o que ele estava fazendo com a nota de um real na mão, e ele disse: "Não diz a propaganda 'Quer pagar quanto?'. Pois eu quero pagar um real em parcela única, porque não posso pagar mais e nem a prazo. E, por favor, dê-me a nota fiscal completa com todos os itens da compra e o valor total, claro, de um real."

Após os choques de estilo, até com a presença da polícia, sob ameaça de processo judicial por propaganda enganosa, denúncia ao Procon e chamada da imprensa, a compra foi efetuada por um real, e a sábia autoridade policial no local também disse: "O cliente tem razão."

Vejam que o "mocinho" da TV foi bem convincente ao dizer "Quer pagar quanto? Aqui você paga o quanto você pode".

A propaganda mudou radicalmente, e hoje, até por decisão judicial, a Casas Bahia tem, por exemplo, de colocar o valor da compra à vista em destaque maior do que o valor das compras a prazo, porque também isso levava os clientes a prestarem menos atenção ao valor à vista e quase ignorarem esse preço, induzindo ou seduzindo o cliente a ignorar o montante real do gasto a ser efetuado. Ainda sobre essa história, com condenação por dano material no Tribunal Regional do Trabalho do Rio de Janeiro (TRT 1), aconteceu que os dizeres "Quer pagar quanto?" e "Olhou, levou" foram motivos de constrangimento e sofrimento para uma empregada da empresa, que era obrigada a usar um broche com tais dizeres. A atitude da empregadora atraiu uma condenação no valor de R$5 mil por dano moral.

Em sua defesa, a empresa argumentou que os clientes da loja sabiam que as frases e chavões lançados nos broches eram ligados às promoções. Ela alegou, ainda, que o uso de broche fazia parte da política de vendas da empresa, e que ele só era usado quando havia promoção e que seu uso era restrito às dependências da loja.

Mas isso não convenceu o relator da decisão no tribunal, juiz convocado Marcelo Antero de Carvalho, que entendeu que a obrigatoriedade do uso de broches com dizeres que dão margens a comentários desrespeitosos por parte de clientes e terceiros configura violação do patrimônio imaterial do empregado.

De acordo com os autos, as testemunhas confirmaram que eram obrigadas a utilizar os broches porque eles faziam parte do uniforme. Prosseguiu o magistrado destacando que é irrelevante a ocorrência ou não de brincadeiras maliciosas, pois o uso do broche por si só configurava uma exposição da empregada a eventuais reações desrespeitosas de clientes e terceiros.

A 6ª Turma do TRT/RJ apenas reduziu o valor fixado em primeiro grau, no importe equivalente a doze meses da maior remuneração da empregada, que era de aproximadamente R$1 mil. Como argumento, a desproporcionalidade do valor arbitrado pela sentença. Mas isso em nada invalidou a condenação, e os broches com esses dizeres sumiram.

Processo: RO 0142600-21.2008.5.01.0322

Fonte: Tribunal Regional do Trabalho da 1ª Região

Capítulo 10
Direitos autorais

Artigo 5º, inciso XXVII, da CF: *"aos autores pertence o direito exclusivo de utilização, publicação ou reprodução de suas obras, transmissível aos herdeiros pelo tempo que a lei fixar."*

10.1 — Comentários iniciais

Atualmente é muito difícil para os autores proteger como gostariam suas obras, preservando seus direitos autorais. Escreve-se muito, produzem-se muitas obras, mas os meios de comunicação, a mídia, invadem quase que completamente tudo o que é escrito ou falado, todas as ideias, figuras, modos diferentes de expressão artística, músicas, filmes, vídeos, jeitos diferentes de produzir artes plásticas, até modos de exposição, modos de colocação de imagens, e nem sempre o autor é citado ou recebe algo pelo que criou.

Mas, apesar disso, o autor de livros, escritos, músicas, novos produtos ou invenções tem toda a proteção, sim. Não pode, inclusive, haver plágio de músicas, como mostro num item adiante. Assim, coloco a seguir os pontos que entendo serem mais relevantes para sua informação.

10.2 — Buscando seus direitos de autoria — princípios

Primeiro devemos realçar que seus direitos são amparados pelas Leis nº 9.610, de fevereiro de 1998, nº 12.853, de 14 de agosto de 2013, pelo recente regulamento baixado com o Decreto nº 8.469, de 22 de junho de 2015. E internacionalmente o direito existe até na Declaração Universal dos Direitos do Homem.

O Brasil também é signatário de diversos tratados e convenções internacionais que representam o compromisso assumido pelo país perante toda a comunidade internacional de respeitar e proteger os direitos autorais relativos aos diversos tipos de obras intelectuais, tais como a Convenção de Berna (Decreto nº 75.699, de 6 de dezembro de 1975), a Convenção de Roma (Decreto nº 57.125, de 19 de outubro de 1965) e o acordo sobre aspectos dos Direitos de Propriedade Intelectual Relacionados ao Comércio — ADPIC (Decreto nº 1.355, de 30 de dezembro de 1994).

O não pagamento dos direitos autorais é uma violação à lei, e o infrator responderá judicialmente pela utilização não autorizada da obra, ficando sujeito às sanções criminais e civis cabíveis, conforme caput do Artigo 184 do Código Penal Brasileiro e artigos 105 e 109 da Lei Federal nº 9.610/98. Os casos são sempre levados ao judiciário, e o juiz poderá decidir sobre o pagamento de multa equivalente a vinte vezes o valor do débito original.

Primeiro, atenção ao que não é permitido: não se pode reproduzir livros inteiros ou trechos de livros publicados sem autorização do autor; não se pode haver o chamado plágio de músicas, seja de trechos dela ou do todo, quase inteiramente, só mudando seu ritmo, por exemplo; não se pode copiar sem licença ou sem pagamento de direitos autorais escritos públicos espetáculos teatrais, novelas, obras de arte; não se pode retransmitir programas de televisão ou radiodifusão sem licença; não se pode reproduzir nada sem autorização da fonte de pesquisa e/ou pagamento de direitos ao órgão devido, aqui muito comumente ao ECAD (adiante definido), bem como seguindo normas do Ministério da Educação; não se pode copiar ou reproduzir marcas protegidas, patentes e nomes comerciais. Neste último caso, entram em cena o INPI (Instituto Nacional da Propriedade Industrial), as juntas comerciais, para base de apuração, e, em seguida, o Poder Judiciário, a indicar, reparar e fazer mudar as infrações ou crimes.

Ilustro isso supondo que um restaurante tenha o nome de Restaurante Centro do Rio de Janeiro, na Cinelândia, e outro, de outro dono, diria que meio irresponsável, copie com letras artisticamente grifadas, diferentes e coloridas, o mesmo nome Restaurante Centro do Rio, na Avenida Rio Branco (que margeia a Cinelândia, para os que não conhecem). Parece absurdo que ocorra, mas já houve casos semelhantes! Nesses casos, geralmente, só a ação judicial resolve. Veja, por exemplo, a história ilustrativa ao final do capítulo.

Lembro, por oportuno, que não adianta usar as formas mais incríveis da internet para mascarar os direitos de autor. Eles existem e valem da mesma forma. Por outro lado, pode-se, sim, usar obras, escritos, músicas cujo autor não seja conhecido ou que tenham caído em domínio público (quando está esgotado o prazo de proteção de acordo com a legislação específica).

A legislação vem tentando acompanhar as necessidades de proteção e assim mesmo já carece de aperfeiçoamentos, devido ao avanço da internet, programas de computador e meios de difusão cada vez mais fortes e capazes de invasões. No entanto, a genialidade e a competência são aferíveis. Podem ser comparadas aos registros existentes e pode-se perceber, por diversas formas e no devido tempo, quando o pretenso autor não é o autor.

AS LEIS, AS ASSOCIAÇÕES DE PROTEÇÃO E O ECAD

A Lei nº 9.610, de 19 de fevereiro de 1998, com as modificações da Lei nº 12.853/13, regula os direitos autorais, entendendo-se sob esta denominação os direitos de autor e os que lhes são conexos (artigo primeiro).

E o que ela define para proteger?

Embora meio extensa a exposição, penso ser importante conhecê-la, para que se saiba como se enquadra cada criação.

Diz a referida lei em seu Artigo 5º:

"*Para os efeitos desta Lei, considera-se:*

I — publicação — o oferecimento de obra literária, artística ou científica ao conhecimento do público, com o consentimento do autor, ou de qualquer outro titular de direito de autor, por qualquer forma ou processo;

II — transmissão ou emissão — a difusão de sons ou de sons e imagens, por meio de ondas radioelétricas; sinais de satélite; fio, cabo ou outro condutor; meios óticos ou qualquer outro processo eletromagnético;

III — retransmissão — a emissão simultânea da transmissão de uma empresa por outra;

IV — distribuição — a colocação à disposição do público do original ou cópia de obras literárias, artísticas ou científicas, interpretações ou execuções fixadas e fonogramas, mediante a venda, locação ou qualquer outra forma de transferência de propriedade ou posse;

V — comunicação ao público — ato mediante o qual a obra é colocada ao alcance do público, por qualquer meio ou procedimento e que não consista na distribuição de exemplares;

VI — reprodução — a cópia de um ou vários exemplares de uma obra literária, artística ou científica ou de um fonograma, de qualquer forma tangível, incluindo qualquer armazenamento permanente ou temporário por meios eletrônicos ou qualquer outro meio de fixação que venha a ser desenvolvido;

VII — contrafação — a reprodução não autorizada;

VIII — obra:

a) em coautoria — quando é criada em comum, por dois ou mais autores;

b) anônima — quando não se indica o nome do autor, por sua vontade ou por ser desconhecido;

c) pseudônima — quando o autor se oculta sob nome suposto;

d) inédita — a que não haja sido objeto de publicação;

e) póstuma — a que se publique após a morte do autor;

f) originária — a criação primígena (a primeira);

g) derivada — a que, constituindo criação intelectual nova, resulta da transformação de obra originária;

h) coletiva — a criada por iniciativa, organização e responsabilidade de uma pessoa física ou jurídica, que a publica sob seu nome ou marca e que é constituída pela participação de diferentes autores, cujas contribuições se fundem numa criação autônoma;

i) audiovisual — a que resulta da fixação de imagens com ou sem som, que tenha a finalidade de criar, por meio de sua reprodução, a impressão de movimento, independen-

temente dos processos de sua captação, do suporte usado inicial ou posteriormente para fixá-lo, bem como dos meios utilizados para sua veiculação;

IX — fonograma — toda fixação de sons de uma execução ou interpretação ou de outros sons, ou de uma representação de sons que não seja uma fixação incluída em uma obra audiovisual;

X — editor — a pessoa física ou jurídica à qual se atribui o direito exclusivo de reprodução da obra e o dever de divulgá-la, nos limites previstos no contrato de edição;

XI — produtor — a pessoa física ou jurídica que toma a iniciativa e tem a responsabilidade econômica da primeira fixação do fonograma ou da obra audiovisual, qualquer que seja a natureza do suporte utilizado;

XII — radiodifusão — a transmissão sem fio, inclusive por satélites, de sons ou imagens e sons ou das representações desses, para recepção ao público e a transmissão de sinais codificados, quando os meios de decodificação sejam oferecidos ao público pelo organismo de radiodifusão ou com seu consentimento;

XIII — artistas intérpretes ou executantes — todos os atores, cantores, músicos, bailarinos ou outras pessoas que representem um papel, cantem, recitem, declamem, interpretem ou executem em qualquer forma obras literárias ou artísticas ou expressões do folclore;

XIV — titular originário — o autor de obra intelectual, o intérprete, o executante, o produtor fonográfico e as empresas de radiodifusão." (Incluído pela Lei nº 12.853, de 2013)

Já o artigo 7º lista os tipos de obras e conteúdos que são protegidos pela lei.

"Art. 7º — São obras intelectuais protegidas as criações do espírito, expressas por qualquer meio ou fixadas em qualquer suporte, tangível ou intangível, conhecido ou que se invente no futuro, tais como:

I — os textos de obras literárias, artísticas ou científicas;

II — as conferências, alocuções, sermões e outras obras da mesma natureza;

III — as obras dramáticas e dramático-musicais;

IV — as obras coreográficas e pantomímicas, cuja execução cênica se fixe por escrito ou por outra qualquer forma;

V — as composições musicais, tenham ou não letra;

VI — as obras audiovisuais, sonorizadas ou não, inclusive as cinematográficas;

VII — as obras fotográficas e as produzidas por qualquer processo análogo ao da fotografia;

VIII — as obras de desenho, pintura, gravura, escultura, litografia e arte cinética;

IX — as ilustrações, cartas geográficas e outras obras da mesma natureza;

X — os projetos, esboços e obras plásticas concernentes à geografia, engenharia, topografia, arquitetura, paisagismo, cenografia e ciência;

XI — as adaptações, traduções e outras transformações de obras originais, apresentadas como criação intelectual nova;

XII — os programas de computador;

XIII — as coletâneas ou compilações, antologias, enciclopédias, dicionários, bases de dados e outras obras, que, por sua seleção, organização ou disposição de seu conteúdo, constituam uma criação intelectual.

§ 1º — Os programas de computador são objeto de legislação específica, observadas as disposições desta Lei que lhes sejam aplicáveis.

§ 2º — A proteção concedida no inciso XIII não abarca os dados ou materiais em si mesmos e se entende sem prejuízo de quaisquer direitos autorais que subsistam a respeito dos dados ou materiais contidos nas obras.

§ 3º — No domínio das ciências, a proteção recairá sobre a forma literária ou artística, não abrangendo o seu conteúdo científico ou técnico, sem prejuízo dos direitos que protegem os demais campos da propriedade imaterial."

O QUE NÃO É PROTEGIDO

"Art. 8º — Não são objeto de proteção como direitos autorais de que trata esta Lei:

I — as ideias, procedimentos normativos, sistemas, métodos, projetos ou conceitos matemáticos como tais;

II — os esquemas, planos ou regras para realizar atos mentais, jogos ou negócios;

III — os formulários em branco para serem preenchidos por qualquer tipo de informação, científica ou não, e suas instruções;

IV — os textos de tratados ou convenções, leis, decretos, regulamentos, decisões judiciais e demais atos oficiais;

V — as informações de uso comum tais como calendários, agendas, cadastros ou legendas;

VI — os nomes e títulos isolados;

VII — o aproveitamento industrial ou comercial das ideias contidas nas obras."

PROTEÇÃO ESPECÍFICA — ARTE PLÁSTICA E TÍTULO DE OBRA

Há proteção, de acordo com o Artigo 9º, para cópia de obra de arte plástica feita pelo próprio autor, tal qual o seu original.

Também protegida pelo Artigo 10, *"O título da obra, se original e inconfundível com o de obra do mesmo gênero, divulgada anteriormente por outro autor. E o título de publicações periódicas, inclusive jornais, é protegido até um ano após a saída do seu último número, salvo se forem anuais, caso em que esse prazo se elevará a dois anos."*

E quem é o autor de acordo com essa lei?

"*Art. 11 — Autor é a pessoa física criadora de obra literária, artística ou científica.*

Parágrafo único. A proteção concedida ao autor poderá aplicar-se às pessoas jurídicas nos casos previstos nesta Lei.

Art. 12 — Para se identificar como autor, poderá o criador da obra literária, artística ou científica usar de seu nome civil, completo ou abreviado até por suas iniciais, de pseudônimo ou qualquer outro sinal convencional.

Art. 13 — Considera-se autor da obra intelectual, não havendo prova em contrário, aquele que, por uma das modalidades de identificação referidas no artigo anterior, tiver, em conformidade com o uso, indicada ou anunciada essa qualidade na sua utilização.

Art. 14 — É titular de direitos de autor quem adapta, traduz, arranja ou orquestra obra caída no domínio público, não podendo opor-se a outra adaptação, arranjo, orquestração ou tradução, salvo se for cópia da sua.

Art. 15 — A coautoria da obra é atribuída àqueles em cujo nome, pseudônimo ou sinal convencional for utilizada.

§ 1º — Não se considera coautor quem simplesmente auxiliou o autor na produção da obra literária, artística ou científica, revendo-a, atualizando-a, bem como fiscalizando ou dirigindo sua edição ou apresentação por qualquer meio.

§ 2º — Ao coautor, cuja contribuição possa ser utilizada separadamente, são asseguradas todas as faculdades inerentes à sua criação como obra individual, vedada, porém, a utilização que possa acarretar prejuízo à exploração da obra comum.

Art. 16 — São coautores da obra audiovisual o autor do assunto ou argumento literário, musical ou lítero-musical e o diretor.

Parágrafo único. Consideram-se coautores de desenhos animados os que criam os desenhos utilizados na obra audiovisual.

Art. 17 — É assegurada a proteção às participações individuais em obras coletivas.

§ 1º — Qualquer dos participantes, no exercício de seus direitos morais, poderá proibir que se indique ou anuncie seu nome na obra coletiva, sem prejuízo do direito de haver a remuneração contratada.

§ 2º — Cabe ao organizador a titularidade dos direitos patrimoniais sobre o conjunto da obra coletiva.

§ 3º — O contrato com o organizador especificará a contribuição do participante, o prazo para entrega ou realização, a remuneração e demais condições para sua execução."

10.3 — Registro de obra ou criação

Primeiro é bom ressaltar que, é lógico, quem cria tem a proteção legal, mesmo que não registre nada, ao menos no momento em que cria e até certo tempo depois, dependendo de cada espécie de obra ou criação, conforme diz o Artigo 18:

"Art. 18 — A proteção aos direitos de que trata esta Lei independe de registro."

Porém, apesar desse Artigo 18, mostra-se muito recomendável que se registre a obra, para evitar problemas futuros e até apropriações indevidas, infelizmente, porque pessoas ignoram ou usam de propósito sua criação. E o direcionamento para que registre leva em conta o Artigo 19 e o 17 da Lei que o modificou:

"Art. 19 — É facultado ao autor registrar a sua obra no órgão público definido no caput e no § 1º do art. 17 da Lei nº 5.988, de 14 de dezembro de 1973." (Esta lei atualmente está vigente apenas neste artigo 17)

E o que diz esse importante Artigo 17?

"Artigo 17 — Para segurança de seus direitos, o autor da obra intelectual poderá registrá-la, conforme sua natureza, na Biblioteca Nacional, na Escola de Música, na Escola de Belas Artes da Universidade Federal do Rio de Janeiro, no Instituto Nacional do Cinema, ou no Conselho Federal de Engenharia, Arquitetura e Agronomia.

§ 1º — Se a obra for de natureza que comporte registro em mais de um desses órgãos, deverá ser registrada naquele com que tiver maior afinidade."

"Art. 20 — Para os serviços de registro previstos nesta Lei será cobrada retribuição, cujo valor e processo de recolhimento serão estabelecidos por ato do titular do órgão da administração pública federal a que estiver vinculado o registro das obras intelectuais."

Há muitos outros órgãos vinculados ao Ministério da Educação, e as músicas têm a ver com o ECAD, de que tratamos mais adiante.

Para obter o registro basta procurar os órgãos citados, e no site do Ministério da Educação podem ser encontradas instruções detalhadas de como fazê-lo. Basicamente, você terá que preencher o formulário adequado, apresentar documentos de identidade, descrever e fazer a apresentação adequada do que produziu e pagar por guia ou no banco a tarifa devida. Pode ser que seja necessário que se pague anualmente, ou em prazo menor, complementos, para continuar gozando de sua proteção, além de prestar as informações solicitadas e responder a questionário eventual sobre sua criação.

Você deverá receber o comprovante de registro, e isso o habilitará a receber remuneração se alguém utilizar sua criação e te dará base para questionar até em juízo quem eventualmente copie ou usurpe sua criação sem autorização.

Cópia perfeita ou não, caso não seja autorizado, permitirá que você pleiteie seus direitos junto àqueles órgãos, que ou notificarão o infrator ou até ajudarão ou servirão de apoio para a Ação Judicial pertinente, que pode resultar em Liminar ou Antecipação de Tutela para determinar a imediata cessação ou a busca judicial de bem.

Existe, ainda, um *registro público em juntas comerciais* quanto às empresas e seu nome comercial e aspectos protegidos e sigilosos de contrato social, nos tabelionatos públicos, em entidades consulares, quando for o caso, e finalmente, e muito importante também, no Instituto Nacional da Propriedade Industrial — INPI, quanto a marcas, patentes e desenhos ou modelos industriais.

Você também poderá indicar ou ter a proteção por meio da Câmara Brasileira do Livro, de órgãos nacionais e internacionais de registro específico de obras científicas, de órgãos de saúde sobre formas de tratamento de doenças, de descobertas científicas, e de entidades da imprensa sobre revistas e periódicos ou artigos específicos. Enfim, dependendo de cada campo de criação das atividades sociais existentes, ou a serem reconhecidas conforme avanço dos campos de criação humana, para proteger a autoria da criação valiosa e caracterizadora de novidades e valores diferentes, merecendo proteção, sempre haverá um órgão de proteção para atendê-lo.

Há também associações independentes de autores, e podem existir outras no futuro, desde que sejam autorizadas e regulamentadas pela administração pública, obedecendo aos ditames de legislação específica.

A esse respeito, há normas importantes e já existentes no Artigo 97 e seguintes da Lei n° 9610/98, com as modificações feitas pela Lei n° 12.853/13.

10.4 – O ECAD

O ECAD (Escritório Central de Arrecadação e Distribuição) é uma instituição privada, sem fins lucrativos, instituída pela Lei n° 5.988/73 e mantida pelas leis federais n° 9.610/98 e n° 12.853/13, cujo objetivo é arrecadar os direitos autorais de cada música tocada em execução pública no Brasil, seja ela nacional ou estrangeira. O dinheiro deve, então, ir para os artistas.

Entretanto, penso dever revelar, desde logo, que, apesar de tão importante para os artistas, o ECAD foi e ainda é alvo de CPIs do Congresso, por suposto desvio de dinheiro arrecadado, sendo outra entidade que pode ter contraído esse vírus de corrupção de nossos dias.

Segundo descrição em seu site oficial, o ECAD "visa centralizar a arrecadação e distribuição dos direitos autorais de execução pública musical, [...] e dispõe de um dos mais avançados modelos de arrecadação e distribuição de direitos autorais de execução pública musical do mundo".

Ainda de acordo com o site oficial, a instituição possui um amplo cadastro informatizado, no qual reúne mais de seis milhões de músicas catalogadas, por meio do qual notifica os chamados usuários de música (todos aqueles que reproduzem publicamente as canções), que são mais de 500 mil no cadastro do ECAD. A estrutura do órgão é composta por sete associações de gestão coletiva musical, que representam milhares de titulares de obras musicais (compositores, intérpretes, músicos, editores nacionais e estrangeiros e produtores fonográficos) filiados a elas. Tamanho alcance anunciado torna a tarefa complexa, o que implica em dificuldade para o controle exato e livre de possibilidades de desvios e erros na compilação de dados e atribuições de valores e percentuais, como alguns artistas, por vezes, reclamam.

Possui, ainda, 38 unidades arrecadadoras próprias localizadas nas principais capitais e regiões do país, 42 escritórios de advocacia terceirizados e 61 agências credenciadas que atuam especialmente no interior do país. Esses dados podem variar um pouco, de tempos em tempos, porque essa estrutura não é fácil de ser mantida e há influências regionais sobre as agências e sobre a contratação de advogados. Por mês, o ECAD diz emitir aproximadamente 88 mil boletos bancários de cobrança de direitos autorais.

A empresa afirma que a arrecadação de direitos autorais aumentou significativamente nos últimos anos, graças ao aprimoramento das ferramentas de controle, ao aumento da capilaridade do ECAD (com maior presença no interior dos estados) e à conscientização dos usuários. Quando você se associa ao ECAD, esse Órgão passa a representá-lo na defesa de seus direitos autorais.

10.5 — E o plágio?

Uma das coisas mais difíceis de identificar hoje em dia é a ocorrência do chamado plágio musical. Uma música é tão semelhante à outra, que é por vezes árdua a tarefa de identificá-las, até podendo fundamentar a posição de que a outra foi usada para garantir maior vendagem, mais sucesso, mais identificação com o público.

Plágio musical é a cópia de partes ou de toda uma música, alterando-se o ritmo. Pode ser também a cópia de oito compassos iniciais de uma música ou do refrão, pode ser cópia de parte forte da letra com música diferente, pode ser cópia quase integral, com instrumentos completamente diferentes, tudo isso e ainda mais, conforme o caso prático.

Enfim, plágio é se aproveitar das notas musicais ou letra de uma música, copiando e reproduzindo publicamente para obter vantagem econômica, visibilidade, notoriedade, às custas do sucesso de outrem.

Então, como efetivamente proteger e o que proteger por meio do ECAD?

Como no caso de todos os tipos de autoria, você deve procurar o órgão, com todos os documentos pessoais exigidos, e deve apresentar sua criação. Então você pagará o que for estipulado, obterá o registro, e, em consequência, o ECAD passará a controlá-lo. Claro, você também controla o ECAD, conforme puder, e recebe seus direitos da forma como for estipulado.

Caso deseje mais informações sobre o assunto, os direitos de exploração das músicas estão discriminados e classificados no site oficial do ECAD (www.ecad.org.br).

Os direitos patrimoniais do autor perduram, em geral, por 70 anos, contados de 1º de janeiro do ano subsequente ao de seu falecimento, aplicável tal direito às obras póstumas, anônimas ou pseudônimas, audiovisuais ou fotográficas. Vencido esse prazo, as obras passam a ser de domínio público.

10.6 — LIMITAÇÕES AOS DIREITOS AUTORAIS

Existem ações ou formas de reprodução ou tipos de criação que não são consideradas ofensas aos seus direitos autorais, conforme o exposto no Artigo 46 da lei.

"Art. 46 — *Não constitui ofensa aos direitos autorais:*

I — a reprodução:

a) na imprensa diária ou periódica, de notícia ou de artigo informativo, publicado em diários ou periódicos, com a menção do nome do autor, se assinados, e da publicação de onde foram transcritos;

b) em diários ou periódicos, de discursos pronunciados em reuniões públicas de qualquer natureza;

c) de retratos, ou de outra forma de representação da imagem, feitos sob encomenda, quando realizada pelo proprietário do objeto encomendado, não havendo a oposição da pessoa neles representada ou de seus herdeiros;

d) de obras literárias, artísticas ou científicas, para uso exclusivo de deficientes visuais, sempre que a reprodução, sem fins comerciais, seja feita mediante o sistema Braille ou outro procedimento em qualquer suporte para esses destinatários;

II — a reprodução, em um só exemplar de pequenos trechos, para uso privado do copista, desde que feita por este, sem intuito de lucro;

III — a citação em livros, jornais, revistas ou qualquer outro meio de comunicação, de passagens de qualquer obra, para fins de estudo, crítica ou polêmica, na medida justificada para o fim a atingir, indicando-se o nome do autor e a origem da obra;

IV — o apanhado de lições em estabelecimentos de ensino por aqueles a quem elas se dirigem, vedada sua publicação, integral ou parcial, sem autorização prévia e expressa de quem as ministrou;

V — a utilização de obras literárias, artísticas ou científicas, fonogramas e transmissão de rádio e televisão em estabelecimentos comerciais, exclusivamente para demonstração à clientela, desde que esses estabelecimentos comercializem os suportes ou equipamentos que permitam a sua utilização;

VI — a representação teatral e a execução musical, quando realizadas no recesso familiar ou, para fins exclusivamente didáticos, nos estabelecimentos de ensino, não havendo em qualquer caso intuito de lucro;

VII — a utilização de obras literárias, artísticas ou científicas para produzir prova judiciária ou administrativa;

VIII — a reprodução, em quaisquer obras, de pequenos trechos de obras preexistentes, de qualquer natureza, ou de obra integral, quando de artes plásticas, sempre que a repro-

dução em si não seja o objetivo principal da obra nova e que não prejudique a exploração normal da obra reproduzida nem cause um prejuízo injustificado aos legítimos interesses dos autores.

Art. 47 — São livres as paráfrases e paródias que não forem verdadeiras reproduções da obra originária nem lhe implicarem descrédito.

Art. 48 — As obras situadas permanentemente em logradouros públicos podem ser representadas livremente, por meio de pinturas, desenhos, fotografias e procedimentos audiovisuais."

DA EDIÇÃO

Principalmente aplicável a livros. A lei diz que:

*"Através do contrato de **edição**, o editor fica autorizado, em caráter de exclusividade, a publicá-la e a explorá-la pelo prazo e condições pactuadas com o autor.*

O autor obrigar-se à feitura da obra literária, artística ou científica em cuja publicação e divulgação se empenha o editor. Pode o contrato se aplicar a uma só edição, a não ser que haja cláusula expressa em contrário e no silêncio do contrato, considera-se que cada edição se constitui de três mil exemplares.

O editor é que fixa o preço da venda, sem, todavia, poder elevá-lo a ponto de embaraçar a venda, circulação da obra, que deverá ser editada preferencialmente em dois anos da celebração do contrato.

O autor tem o direito de fazer, nas edições sucessivas de suas obras, as emendas e alterações que bem lhe aprouver, desde não prejudique os interesses, reputação ou responsabilidade do editor."

Ou seja, tudo depende do contrato. Uma editora, por meio do contrato, recebe a permissão do autor da obra de publicar, comercializar e explorar tal obra de acordo com os termos previstos desse contrato firmado entre as partes. Ao editor também cabe, de acordo com o texto acima, definir o preço de venda de acordo com o bom senso. Ou seja, a ele não é permitido, por quaisquer motivos, aumentar muito o preço para dificultar ou impedir que o livro seja vendido.

AS SANÇÕES CIVIS

Existem sanções, penas, para quem reproduz ou utiliza fraudulentamente obra de um autor. Também é punido quem vende, oculta, adquire, distribui, possui em depósito ou utiliza obra ou fonograma resultado de fraude, para obter ganho ou qualquer tipo de vantagem ou lucro, para si ou para outra pessoa.

Você também não pode transmitir ou retransmitir de forma irregular ou sem permissão obras artísticas, literárias e científicas. Tal infração pode sujeitá-lo, por exemplo, a condenação por perdas e danos, incluídos solidariamente os empresários e arrendatários de espetáculos.

10.7 — Marcas e patentes

Para ter exclusividade sobre o nome de um serviço ou produto, ou ainda um logotipo que o identifique, você precisa registrar uma *marca*, com criatividade e de seu gosto e com probabilidade de ser bem aceita por seus clientes.

O Instituto Nacional da Propriedade Industrial — INPI é o órgão que identifica as marcas, em uma classificação compatível com a internacional, e sua proteção fica para a classe delimitada. Você pode pleitear que a marca seja colocada em outras classes para protegê-la totalmente, pagando por classe, geralmente de forma anual.

Existem marcas ditas notórias ou impedidas de serem repetidas, como Coca-Cola, McDonald's, Antarctica, GM, Ford, Havaianas, entre tantas outras.

O INPI foi criado em 1970 e é uma autarquia federal vinculada ao Ministério da Indústria, Comércio Exterior e Serviços, responsável pelo aperfeiçoamento, disseminação e gestão do sistema brasileiro de concessão e garantia de direitos de propriedade intelectual para a indústria, conforme estabelecido pela Lei nº 5648, de 11 de dezembro de 1970.

Quem quer ter direito à exclusividade de nome e/ou figuração, atribuídos a seu produto ou serviço, tem de registrá-lo no INPI, cuja sede fica no Rio de Janeiro.

A legislação que rege os direitos e obrigações relativos à Propriedade Industrial é a Lei nº 9.279, de 14 de maio de 1996, com suas atualizações. E o regimento interno atual do INPI veio por meio da Portaria nº 149, de 15 de maio de 2013. Em tudo se obedece também a importante Convenção da União de Paris.

A proteção ao direito de patente também é feita através do INPI. Há modalidades diferentes de patentes, que podem valer não apenas para objetos de uso prático, como também para melhorias no uso ou fabricação, desde que fique comprovada a novidade e criatividade do seu invento.

Há algumas categorias de patentes: Desenho Industrial, Identificação Geográfica, Programa de Computador, Topografia de Circuitos, Transferência de Tecnologia, e Informação Tecnológica. Você pode se informar melhor sobre cada uma no site do próprio INPI, em http://www.inpi.gov.br/pedidos-em-etapas/entenda.

Cabe aqui um comentário: quanto mais o Brasil for inovador tecnológico, quanto mais absorvermos tecnologia para mudarmos seu conteúdo e daí inovarmos para melhor, mais o país se desenvolverá.

10.8 — Sumário para ajudar a busca de seus direitos

Certifique-se de que sua obra se classifica nas normas legais explanadas, sendo protegida pelo direito à propriedade intelectual ou artística. Lembrando que daí surge o direito à remuneração, ao reconhecimento de talentos, de se saber quem foi o autor real e a proteção de quem vive da profissão de autor.

Sempre haverá um embate entre até quanto e até quando realmente deva ser protegido e sobre o que seria melhor deixar ou partilhar para tornar conhecido o que se produz intelectualmente — onde se impõe só o direito e onde o bom senso manda.

Por isso, busque, sim, o reconhecimento da autoria, para que seja recompensada sua autoria. Mas reflita se deve evitar totalmente, em determinados casos, a divulgação, a cópia, se isto for bem-feito e acabar não prejudicando, porque em certos casos até há citação de proveniência e adequação. A busca pelos direitos também deve ser pensada e avaliada em termos de utilidade e real dano.

O autor, de qualquer forma, pode pleitear reparações como perdas e danos ou a exigência de ter divulgado adequadamente seu nome ligado ao que produziu, conferindo-lhe a autoria e os direitos de autor, como forem possíveis aplicar.

Você sempre pode notificar, avisar, conseguir um reconhecimento que lhe seja satisfatório, ou pode se chegar à conclusão de que não vale a pena brigar. Então, se realmente necessário, após refletir, procure todas as ações judiciais compatíveis, mas com especialistas em direito autoral, com advogados bons em processos, com entidades protetoras de direitos autorais, até com processos criminais, administrativos, enfim, conforme o direcionamento que lhe derem os especialistas e advogados.

Quanto a exercer esse direito, lembre-se: sozinho você não vai muito longe, porque o assunto é polêmico e existem muitas justificativas dos reprodutores. Por exemplo, a 8ª Câmara de Direito Privado do Tribunal de Justiça de São Paulo decidiu manter decisão de primeira instância de juiz singular condenando a Associação Museu Afro Brasil, Emanoel Araújo, a Imprensa Oficial do estado de São Paulo e a Fundação Odebrecht, por ter entendido que violaram os direitos autorais do fotógrafo italiano Lamberto Scipioni. O motivo da condenação foi o fato de o artista ter autorizado o uso de 100 fotografias em um determinado livro, mas ocorre que as fotografias foram usadas em diversas outras obras, e até em eventos como exposições. Foram condenados a indenizar danos morais e materiais em aproximadamente R$200 mil.

10.9 — História ilustrativa do capítulo

A Imobiliária Roberto Carlos[*]

Você conhece Roberto Carlos? Sim, o dono da famosa Imobiliária Roberto Carlos! Não conhece? Você pensa que deve haver algum engano meu? Se você se chamasse Roberto Carlos da Silva e tivesse um bar e pusesse o nome de Bar Roberto Carlos da Silva, você acha que seria correto? Bem, existe um corretor de imóveis chamado Roberto Carlos

---

[*] Fonte: http://emais.estadao.com.br/noticias/gente,roberto-carlos-processa-corretor-roberto-carlos-por-usar-o-nome-proprio,10000051053.

Vieira que possui uma Imobiliária em Vila Velha, no Espírito Santo, e a chamou de Imobiliária Roberto Carlos. Agora o que aconteceu de fato?

O cantor de mesmo nome alega que possui, desde 2011, uma incorporadora chamada Emoções, e desde 2009 registrou a marca "Roberto Carlos" no ramo imobiliário. Por meio da Editora Musical Amigos Ltda., ele moveu processo judicial com pedido de concessão de uma liminar para que Vieira suspendesse imediatamente o uso do nome "Roberto Carlos" em seus meios de divulgação, como site e cartões telefônicos, sob pena de multa diária de R$1 mil.

O Instituto Nacional da Propriedade Industrial é o órgão no Brasil que registra, portanto, torna válida uma marca. E o faz nessas "classes" conforme os tipos de produtos ou serviços que tal marca visa proteger.

Se você abre uma fábrica de pneus, por exemplo, criando a marca "Bom de Curva", se esta for original, sem cópia de outra e realmente combinar com sua utilização, você terá a exclusividade de usar seus pneus "Bom de Curva", sem que ninguém mais possa usar por todo o tempo de proteção à marca "Bom de Curva", sob pena de cometer diversas infrações cíveis e até criminais, se for o caso.

Quanto a serviços, se você quer proteção para a marca "Descanso Eterno" para sua rede de hotéis, você irá ao INPI e pedirá a exclusividade desta marca para seus hotéis "Descanso Eterno". O INPI aceita suas escolhas de marca. Até registra o "Descanso Eterno" para seus clientes a serem hospedados.

Voltando à empresa do Roberto famoso, diz ela possuir o registro do nome, e como tem uma incorporadora, a Emoções, pode pedir para que não usem a marca "Roberto Carlos" no ramo imobiliário. O mesmo poderia ser feito no ramo artístico, por exemplo. Parece que o Roberto famoso não quer viver "emoções" no ramo imobiliário.

Desta forma, para os advogados do cantor, uma imobiliária paraibana e uma capixaba estariam fazendo uso indevido da marca, também no ramo imobiliário, com o objetivo de angariar clientes. Os advogados do Roberto cantor sugeriram aos homônimos que mudassem o nome das empresas que usassem o nome do "rei".

Em sua defesa, o advogado do Roberto Carlos corretor (não o cantor) declarou que seu cliente trabalhava como pessoa física desde meados de 2006, ou seja, antes da criação da Emoções, e não possuía empresa constituída. Por conta do impasse, o corretor teve de fechar o escritório, e embora seu telefone esteja no nome próprio, não pode divulgá-lo. Ainda teve que parar de trabalhar, e passou a fazer bicos para sobreviver. Suas três filhas, que cursavam faculdade particular, tiveram que parar o curso, por falta de dinheiro. Como se não bastasse, o xará do "rei" pôs o apartamento à venda para poder pagar as dívidas.

A assessoria do cantor afirmou que quem está processando Vieira é a empresa detentora dos direitos da marca, e não o cantor Roberto Carlos como pessoa física. A primeira notificação sobre o processo movido pela empresa do cantor aconteceu em maio de 2014.

O advogado do cantor Roberto Carlos disse que tentou notificá-lo de forma amigável, mas Roberto Carlos Vieira não retornou as tentativas de contato. "O corretor de imóveis de Vila Velha não está impedido de usar o seu nome civil, o nome completo dele. A ação não aceita que ele use a marca 'Roberto Carlos'. O nome completo não teria problemas. Não estamos interessados no dinheiro da multa diária que foi imposta, apenas queremos preservar a marca registrada. Queremos que o corretor tenha sucesso na área, mas que use o próprio nome e não a expressão de marca", explicou.

Roberto pensa, ainda, em reverter a situação e entrar com um processo por danos morais após o encerramento do caso. Segundo o advogado do dono do estabelecimento, foi protocolada uma ação de danos morais, cujo valor não foi estipulado, contra o xará famoso. O objetivo é fazer com que o empresário seja ressarcido pelos prejuízos que teve depois que descobriu ter sido processado pelo cantor. Quanto à base legal para tais perdas e danos, posso dizer que vêm amparadas desde a própria Constituição Federal, que diz no seu Artigo 5º, inciso X:

"X — são invioláveis a intimidade, a vida privada, a honra e a imagem das pessoas, assegurado o direito a indenização pelo dano material ou moral decorrente de sua violação."

O Código Civil, quando fala na obrigação de indenizar, diz:

"Art. 186 — Aquele que, por ação ou omissão voluntária, negligência ou imprudência, violar direito e causar dano a outrem, ainda que exclusivamente moral, comete ato ilícito.

Art. 187 — Também comete ato ilícito o titular de um direito que, ao exercê-lo, excede manifestamente os limites impostos pelo seu fim econômico ou social, pela boa-fé ou pelos bons costumes.

Art. 927 — Aquele que, por ato ilícito (arts. 186 e 187), causar dano a outrem, fica obrigado a repará-lo.

Parágrafo único. Haverá obrigação de reparar o dano, independentemente de culpa, nos casos especificados em lei, ou quando a atividade normalmente desenvolvida pelo autor do dano implicar, por sua natureza, risco para os direitos de outrem."

E finalmente:

"Art. 935 — A responsabilidade civil é independente da criminal, não se podendo questionar mais sobre a existência do fato, ou sobre quem seja o seu autor, quando estas questões se acharem decididas no juízo criminal."

Até o momento em que este livro foi escrito, o processo ainda estava em fase de recurso na 15ª Vara Cível de São Paulo, movido pela Editora Musical Amigos Ltda., pertencente ao cantor.

Por outro lado, para você ver como é o mundo, Roberto Carlos já foi acusado e também processado por plágio, na música "O careta", que seria cópia de "Loucuras de amor", de autoria do compositor Sebastião Braga. A disputa ocorreu ao longo dos anos 1990, e Roberto Carlos foi considerado culpado.

Um caso semelhante ocorreu na cidade de Conde, na Paraíba, quando uma empresa do setor imobiliário que também possuía o nome de Roberto Carlos foi alvo de um processo parecido. Na ocasião, porém, a justiça considerou o caso como improcedente. O Tribunal de Justiça de São Paulo (2ª instância da justiça paulista), em dezembro de 2015, decidiu que a ação movida era improcedente e entendeu que a expressão "Roberto Carlos" no nome da empresa paraibana não estaria sendo usada de forma indevida, uma vez que a empresa não se utilizou dos sinais gráficos da marca para causar confusão aos clientes e fornecedores: "A originalidade, como característica básica de uma marca, não está limitada a um vocábulo, mas abrange todo um conjunto gráfico", explicou o desembargador Fontes Barbosa. Com isso, a empresa do cantor foi condenada a pagar as custas, despesas processuais e honorários advocatícios de 10% do valor da causa.

Ou seja, por ora, o paraibano ganhou e pode usar seu nome em sua empresa. Mas a história não acabará aí se o cantor recorrer ao Superior Tribunal de Justiça, o que, em meu modo de ver, dificilmente mudará algo, e o desfecho será o mesmo de São Paulo.

Como se pode notar, esse é um terreno espinhoso, no qual os dois lados podem ser considerados "certos", de acordo com a interpretação que se queira fazer. Todas as variáveis precisam ser avaliadas, e a justiça, como podemos observar nestes casos e em todos os outros, não deve se basear somente na letra fria da lei, mas sim usar o texto da lei como guia, sempre aliado ao bom senso e à completa avaliação do contexto — aplicar corretamente a lei ao fato concreto.

Capítulo 11

Direito de recorrer à Justiça

Artigo 5º, inciso XXXV, da CF: *"a lei não excluirá da apreciação do Poder Judiciário lesão ou ameaça a direito."*

Artigo 5º, inciso LXXVIII, da CF: *"A todos, no âmbito judicial e administrativo, são assegurados a razoável duração do processo e os meios que garantam a celeridade de sua tramitação."*

11.1 — Comentários iniciais

Você tem direito a buscar seus direitos na justiça!

Toda nação organizada quer preservar a harmonia e um salutar convívio social, o que implica proporcionar pleno exercício de direitos fundamentais que reconhece a seus cidadãos em seu território. O país quer assegurar que tal propósito seja cumprido e respeitado.

Isso implica que todos devam poder recorrer a um organismo público que regularize os abusos, verifique a razão dos clamores, aplicando a lei aos fatos concretos, ajustando os desequilíbrios, e determine afinal o correto exercício de direitos e obrigações, não raro até após fortes litígios, controvérsias, até uma decisão final. E é muito ruim se esta demora, porque, como dizem, justiça tardia dá a sensação de não haver justiça.

Aliás, é por isso que por vezes o Poder Judiciário determina a prisão temporária de algumas pessoas que estão obstruindo a justiça, já que, soltas, elas podem mudar provas em seu desfavor e continuam a delinquir.

Recorrer à Justiça, em tese, é recorrer a um poder independente e capaz, imparcial e sem mácula de favorecimento, que possa equilibrar litigantes, ponderar sobre a ordem de exercício de atos e atividades relacionadas ao processo e que pode julgar quem deva ter razão e de que forma ou como é correto cumprir suas decisões, determinando atos e atividades individuais e sociais decorrentes, inclusive aplicando as sanções e penalidades que a sentença ou acórdão ou determinação intercorrente comande executar.

Você deve entender que é esse o poder da justiça que deve ser aplicado, de tal forma que possibilite equilibrar normas aos fins maiores de um Estado de Direito, ou quaisquer regras que lhe devam ser submetidas, assegurando a correção de padrões sociais, padrões morais e de ética social, justamente impedindo a agressão às leis, aos bons costumes e à vida em sociedade.

O Poder Judiciário é fundamental como um dos três Poderes que sustentam nosso regime democrático, ao lado do Poder Executivo e do Legislativo, e é necessário que os três sejam independentes e harmônicos. Não pode um ser subordinado ao outro, mas devem conviver da forma como a Constituição prevê, sem subjugar as funções do outro.

11.2 — A CELERIDADE DA TRAMITAÇÃO

O termo "celeridade" pode parecer estranho aos que não estão acostumados ao "juridiquês", mas é um termo muito comum e usado para se referir ao tempo de duração ideal/adequado a cada caso, ou seja, à razoável duração de um processo.

No entanto, existe uma brutal diferença no Poder Judiciário entre o que deveria ser e o que é. Justiça tardia não é justiça. Nesse sentido, temos de admitir que não temos os meios que garantam justiça em tempo correto no Brasil. Só temos celeridade em poucos casos, e muitas vezes *dependendo de quem solicita a atuação do Judiciário*.

Como fazer então para que seja cumprido o preceito constitucional de que a duração do processo seja a mais célere possível? O que é uma duração razoável para que busque eficazmente seus direitos?

A razoável duração do processo deveria ser de no máximo três anos, se a decisão demandasse três instâncias (três estágios decisórios até o final): juiz de 1ª Instância, Tribunal de Justiça Estadual (2ª Instância) — este quando há recurso referente ao julgamento de 1ª Instância, — e uma 3ª Instância (STJ ou STF), quando há recurso cabível contra decisão de 2ª Instância.

Porém, atualmente, esse caminho demora às vezes mais de dez ou vinte anos, e às vezes nunca realmente termina.

Em consequência, se você entrar na justiça contra alguém ou pleiteando direitos, infelizmente não espere uma resolução em curto prazo. Isso talvez ocorra em certos casos de pedido de liminar ou tutela antecipada, mas não é regra e nem cabe na maioria dos casos. Você pode conseguir, sim, se fizer um acordo judicial que o satisfaça.

Portanto, primeira dica: um bom acordo é melhor, se lhe for conveniente e satisfizer o mínimo suficiente, conforme seu caso.

Você pensa que o problema está em Tribunais Superiores? Não necessariamente. Eles até estão procurando colaborar e incentivar a celeridade processual.

Eis alguns prazos razoáveis em processos que se possam resolver em dinheiro, ou em bens que possam ser atribuídos, ou obrigações de fazer ou não fazer, ou até mesmo, dependendo do caso, de questões de família:

De seis a nove meses para obtermos uma decisão de 1ª Instância proferida após a data de distribuição do processo e bastante consistente e facilitadora para propiciar segurança após proferida. Mas é preferível que seja tentado com mais ênfase o famoso "acordo judicial" ou que se insista bastante na concordância de poder encaminhar o caso para árbitros, evitando-se quanto possível o retorno a outra fase judicial.

Um ano em 2ª Instância, considerando e dando justo valor a ela, que é colegiada, mais representativa e já revisora, devendo ser cuidadosamente elaborada, até para diminuir a possibilidade de ida à Instância Superior. Para tanto, ajudam muito, lógico, decisões inequívocas, com ementas (sumários) claramente elaboradas e conferidas, buscando-se a coerência com decisões de outros tribunais.

Mais de um ano se tiver que ir para a 3ª Instância — o Superior Tribunal de Justiça (STJ) e o Supremo Tribunal Federal (STF).

Portanto, incluindo publicações e tudo o mais, duração de três anos, no máximo. Impossível? Não penso dessa forma.

Se não tomarmos cuidado, acontecerá logo uma celeridade eletrônica forçada, sem um controle exigível de atos e fatos, porque, na prática, alguns cartórios têm de se defender, uma vez que ninguém mais aguenta a quantidade de processos existentes nos fóruns.

E assim como a Previdência Social está buscando reformas das regras para os benefícios, a fim de não se tornar impossível seu pagamento, o mesmo ocorrerá com a impossibilidade de julgamento das pendências judiciais que não seriam julgadas em 1ª Instância em menos de dez anos. Não há processo que ande celeremente com a quantidade de recursos judiciais e com o sistema processual vigente, e o novo Código de Processo em nada contribuiu efetivamente para tal finalidade.

Existem milhões de processos judiciais no país, em grande parte por culpa da nossa "cultura processualística". Se algo ocorre por fato ou ato de alguém ou uma empresa, já em nós vem a ideia: "Vou processá-lo, vou entrar em juízo." Será que não é possível ir mais à arbitragem, ao acordo, ao menos muito mais em 1ª Instância?

Surgiu o processo eletrônico de hoje (Pje), que está em fase de adaptação, mas com muitos problemas, inclusive pelo fato de haver a convivência dos processos antigos com novos casos e incompatibilidade de coleta perfeita e consistente de dados de todos os processos.

11.3 — Outra modalidade de justiça: mediação, conciliação e arbitragem

A mediação, a conciliação e a resolução de conflitos são formas de negociação e pacificação de relações sociais entre partes que se encontram em diferentes contendas, diferenças de interpretação de leis e até de costumes. Não é só recorrendo ao Poder Judiciário que resolvemos nossas contendas ou diferenças. A justiça não é somente entrar com um processo judicial e obter uma sentença inteiramente favorável ao seu direito. Nossa justiça, infelizmente, vive abarrotada de processos nos fóruns, que não têm recursos físicos e humanos para dar a necessária fluência aos processos judiciais. Mesmo com a implantação dos processos eletrônicos, com petições feitas e apresentadas por mídia, o número de processos judiciais avança em milhões.

Os funcionários fazem o que podem, na medida de suas forças, mas ficam extenuados frente a uma situação que frequentemente é a de que, em média geral, para cada processo resolvido, dois entram.

A mediação e/ou a conciliação são uma tentativa de respeitar os direitos das partes litigantes, que, no ardor de sua batalha ou convencimento de que estão do lado certo, não identificam formas alternativas e muitas vezes válidas de resolver seus conflitos.

Em vez de estar submetido a um juiz, existe o mediador, que trabalhará muito na missão os pontos de atrito, as discordâncias, os desentendimentos e as possibilidades e caminhos para identificar as probabilidades de primeiro aproximar mais as partes, seguindo-se a condução de caminhos que possam levar a um acordo mínimo ou maior, dependendo do tipo de conflito.

O sim ou não de uma possível decisão judicial podem não ser duas posições inconciliáveis, mesmo porque ainda dependem da forma e do tempo em que serão buscados, além da própria evolução dos acontecimentos e fatos sociais, fatos e mudanças no país e modificação essencial ou de vontade das próprias partes litigantes. Decorrido certo tempo após a entrada do processo judicial, até as partes podem ver modificado algum detalhe ou condição importante para assegurar o desenvolvimento do processo, inclusive a morte, para pessoas físicas, ou a falência, para pessoas jurídicas. Até mesmo o pedido formulado em uma moeda pode dever ser convertido para outra, conforme as mudanças econômicas do país.

Seu direito existe, mas pondere que há custas judiciais e advocatícias mesmo à parte contrária, se vencer. E como dissemos, leve em conta a potencial demora do seu caso, conforme o andamento que existe em seu estado e nos tribunais superiores. Saiba que existe um Centro Brasileiro de Mediação e Arbitragem e outras entidades privadas que podem ser pesquisados e fornecer subsídios para mais detalhes.

Não é sempre que o resultado de uma conciliação é magnífico, mas certamente terá sido discutido mais informalmente e com melhor conhecimento do que pensam os litigantes.

E existe também a arbitragem. O Poder Judiciário está e pode estar abarrotado de processos judiciais a tal ponto que devo frisar existirem órgãos alternativos sérios para resolver conflitos, as câmaras de arbitragem, os vários órgãos de mediação de muitas entidades que resolvem conflitos no país, quer sejam de natureza comercial, societária, até tributária, ou que sejam pendências familiares, interpessoais, enfim, para governar o que for estipulado entre partes previamente, quando fazem um contrato. E mesmo depois de ocorrido o conflito, pode-se decidir entregar a um órgão de arbitragem a resolução da pendência, por identificar que será melhor e mais rápido. Assim, pode o assunto ir parar em câmaras do comércio, em entidades civis com fins não lucrativos e até lucrativos, que atuem para ajudar a resolver conflitos, incluindo-se os serviços sociais da indústria ou comércio e tantos outros, dependendo do caso.

A própria justiça está se estruturando para criar câmaras e seções de arbitragem, em um esforço enorme para resolver litígios com decisões que se apliquem a vários casos, e está tentando incentivar a mediação, esclarecer às partes como podem se compor cada uma abrindo mão de certos direitos ou evitando recursos, pela maior aceitação de decisões que, embora teoricamente possam ser revertidas, demandarão custos e tempo, que será mais longo do que poderia beneficiar às partes.

Existe um órgão governamental, a Câmara de Conciliação e Arbitragem da Administração Federal (CCAF), cuja estrutura está no Decreto nº 7.392, de 13 de dezembro de 2010, com alterações do Decreto nº 7.526, de 15 de julho de 2011.

E o que faz essa câmara? Veja a seguir o que está contido em Lei:

"a) Avalia a admissibilidade dos pedidos de resolução de conflitos, por meio de conciliação, no âmbito da Advocacia-Geral da União e para tanto, requisita aos órgãos e entidades da Administração Pública Federal informações para ser possível sua atuação.

b) Age resolvendo, por meio de conciliação, as controvérsias entre os órgãos da Administração Pública Federal, também entre esses e a Administração Pública dos Estados, do Distrito Federal, e dos Municípios.

c) Também supre o Foro Judicial, buscando a solução de conflitos, quando os recebe dos Ministros dos Tribunais Superiores e demais membros do Judiciário, ou ajuda os órgãos de direção superior que atuam no contencioso judicial para chegar às soluções mais certas possíveis.

d) Tenta, quando possível, promover e agilizar a celebração de um tipo de um Termo de Ajustamento de Conduta, em casos submetidos a esse procedimento de conciliação.

e) Por outro lado, pode propor ao Consultor-Geral da União que realize arbitragem de controvérsias não solucionadas por conciliação, também orientando e até supervisionando as atividades de conciliação em casos das Consultorias Jurídicas nos Estados."

Portanto, o processo de arbitragem é muito mais simples. Em vez de entrar com processos judiciais, entrega-se a questão para ser conduzida por um árbitro escolhido pelas partes, que o elegem competente para resolver o conflito e emitir decisão de mérito.

A arbitragem apresenta muitas vantagens em relação ao processo judicial, tais como o fato de ser mais informal e menos sujeita a organogramas de andamento. A decisão é definitiva — sem recurso. Os árbitros devem ser escolhidos entre peritos e conhecedores profundos da matéria em debate, podem decidir com mais rapidez. Tudo é sigiloso e não publicável em jornais, e há menos sentimentos de belicosidade entre as partes. No entanto, a arbitragem só aceita casos em que se discute algo patrimonial e livre de qualquer ato ou situação que o impeça de estar disponível.

ARBITRAGEM E A SUA LEI BÁSICA BRASILEIRA

A Lei nº 9.307, de 23 de setembro de 1996, com as modificações da Lei nº 13.129, de 2015, tem os seguintes dispositivos que penso conveniente realçar:

"Art. 1º — *As pessoas capazes de contratar poderão valer-se da arbitragem para dirimir litígios relativos a direitos patrimoniais disponíveis.*

A administração pública direta e indireta poderá utilizar-se da arbitragem para dirimir conflitos relativos a direitos patrimoniais disponíveis.

§ 2º — A autoridade ou o órgão competente da administração pública direta para a celebração de convenção de arbitragem é a mesma para a realização de acordos ou transações."

Depois a lei fala sobre os tipos de arbitragem, sobre a possibilidade de escolha de regras de direito que valerão na arbitragem e o que não deva ser levado em conta, observando-se até as leis e costumes do local onde se cumprirá a resolução do litígio.

Vale a pena discriminar alguns artigos:

"Art. 3º — *As partes interessadas podem submeter a solução de seus litígios ao juízo arbitral mediante convenção de arbitragem, assim entendida a cláusula compromissória e o compromisso arbitral.*

Art. 4º — *A cláusula compromissória é a convenção através da qual as partes em um contrato comprometem-se a submeter à arbitragem os litígios que possam vir a surgir, relativamente a tal contrato.*

§ 1º — A cláusula compromissória deve ser estipulada por escrito, podendo estar inserta no próprio contrato ou em documento apartado que a ele se refira.

§ 2º — Nos contratos de adesão, a cláusula compromissória só terá eficácia se o aderente tomar a iniciativa de instituir a arbitragem ou concordar, expressamente, com a sua instituição, desde que por escrito em documento anexo ou em negrito, com a assinatura ou visto especialmente para essa cláusula."

Acabamos de falar nestes dois artigos de arbitragem quando há contratos celebrados.

Pulo os artigos 6º a 8º, sobre contratos e arbitragem, porque são mais específicos para os advogados que forem tratar de seu caso.

Depois estão artigos sobre o compromisso arbitral, que aqui cito, porque você pode constatar como se forma a submissão do seu litígio à arbitragem:

"*Art. 9º — O compromisso arbitral é a convenção através da qual as partes submetem um litígio à arbitragem de uma ou mais pessoas, podendo ser judicial ou extrajudicial.*

§ 1º — O compromisso arbitral judicial celebrar-se-á por termo nos autos, perante o juízo ou tribunal, onde tem curso a demanda.

§ 2º — O compromisso arbitral extrajudicial será celebrado por escrito particular, assinado por duas testemunhas, ou por instrumento público.

Art. 10 — Constará, obrigatoriamente, do compromisso arbitral:

I — o nome, profissão, estado civil e domicílio das partes;

II — o nome, profissão e domicílio do árbitro, ou dos árbitros, ou, se for o caso, a identificação da entidade à qual as partes delegaram a indicação de árbitros;

III — a matéria que será objeto da arbitragem; e

IV — o lugar em que será proferida a sentença arbitral.

Art. 11 — Poderá, ainda, o compromisso arbitral conter:

I — local, ou locais, onde se desenvolverá a arbitragem;

II — a autorização para que o árbitro ou os árbitros julguem por equidade, se assim for convencionado pelas partes;

III — o prazo para apresentação da sentença arbitral;

IV — a indicação da lei nacional ou das regras corporativas aplicáveis à arbitragem, quando assim convencionarem as partes;

V — a declaração da responsabilidade pelo pagamento dos honorários e das despesas com a arbitragem; e

VI — a fixação dos honorários do árbitro, ou dos árbitros."

O nosso Código de Processo Civil contém muitos dispositivos que se referem à arbitragem e/ou a ela se aplicam, mas são a parte formal e executória da arbitragem, com ritos e ordenamentos para seu funcionamento, principalmente a partir do Judiciário, ou com este envolvido, não influenciando na decisão precípua e/ou na explicação do que seja a arbitragem. A seguir, listo os artigos para os que desejarem consultar: 3º, 42, 68, 69, 189, 237, 260, 267, 268, 345, 346, 347, 348, 349, 350, 495, 529, 972, 973, 974, 975, 976, 977, 1025 e 1075, todos do CPC.

11.4 — A ESTRUTURA DO PODER JUDICIÁRIO TRADICIONAL

Voltando ao nosso Poder Judiciário tradicional, ao qual podemos recorrer para apreciar qualquer lesão ou ameaça ao direito, de forma ordenada: há os juízes de 1ª Instância — em geral em cada comarca e de acordo com o número de habitantes (importância de ocorrência maior ou menor de assuntos a serem potencialmente apreciados) —, a 2ª Instância, correspondendo ao reexame da decisão proferida (sentença), quando uma ou ambas as partes envolvidas apelarem aos tribunais de justiça dos estados, e a 3ª Instância (quando puder haver recurso da decisão de 2ª Instância), motivada em geral por conflitos de decisões de mesmo nível ou de nível superior — o Superior Tribunal de Justiça —, e há ainda o Recurso Extraordinário ao Supremo Tribunal Federal, quando basicamente houver alegação de ofensa ou clara ofensa à Constituição Federal. E o STF também julga *habeas corpus* para, por exemplo, decidir sobre soltura de presos ou medidas correlatas, ou julga em uma única instância crimes atribuídos a pessoas com foro privilegiado.

Foro privilegiado existe, mas é errado!

Presidentes, governadores, deputados, senadores, entre outros, têm direito a serem julgados pelos tribunais superiores. Nunca deveria existir foro privilegiado para ninguém, mesmo por entendimento a preservar maior segurança jurídica para certas funções, porque todos são iguais perante a lei, e, portanto, o Poder Judiciário, mesmo em instâncias inferiores, deve saber julgar com a devida cautela as causas envolvendo pessoas de vulto na sociedade. Os juízes de grau inferior nem poderiam se tornar juízes se não fossem competentes para julgar pessoas importantes, além de sempre haver recurso possível das decisões de instância inferior. E deve-se considerar, ainda, que sempre poderia haver artigos na Constituição tratando de casos dessa natureza, *sem concessão de foro privilegiado*, mas criando alternativas para salvaguardar as instituições, no caso de haver ações judiciais contra essas importantes figuras políticas ou de poderes da República, em nível de equilíbrio e de validade de atos praticados pelos réus, ou quem os possa praticar, bem como prazos de atuação e validade de mandatos, aplicáveis a todos os políticos ou ocupantes de cargos públicos de relevo, mesmo sem serem filiados a partidos políticos.

Recursos e recursos e recursos! Evidente que há um arcabouço de muitos recursos e incidentes processuais no Brasil, os quais retardam muito os processos judiciais, não pelo que sejam, mas pela forma burocrática, procrastinatória, mau uso e muitas vezes impossibilidade de terem sua apreciação prolatada em tempo razoável.

Na tentativa de proteger o direito de defesa a todo custo, muitas vezes a justiça tarda muito, ou nem é feita. É uma situação complexa: por um lado, os mais abastados, valendo-se da presunção de inocência até julgamento final do qual já não caiba mais recurso, são por vezes agraciados com a impunidade ou com a demora e tiram vantagem disso, conseguindo uma situação favorável, durante este longo tempo. Pode ser até que a pena prescreva (não mais seja aplicável).

Por outro lado, o princípio da presunção de inocência, até trânsito em julgado de decisão da qual já não caiba mais recurso, ajuda, e muito, os menos afortunados, e até os abandonados na cadeia, por vezes injustamente, porque permite ação de advogados que ainda podem fazer rever o caso com recursos, ou mesmo por meio de *habeas corpus* ou outras ações cabíveis, retirando da cadeia ou de situações injustas gente humilde e inocente e/ou cuja culpa não foi provada, pois erros judiciários ocorrem, assim como reversão de jurisprudência, ou a famosa prescrição da pena (neste caso beneficiando o réu).

O mau uso da lei, a falta de aparelhamento judiciário ou interpretações tardias ou equivocadas permitem que ocorram injustiças, gerando a sensação de impunidade ou de precariedade do sistema tardio para reparar injustiças e sanar erros de julgamento.

Por isso é fundamental mudar a legislação, com o reaparelhamento do sistema judiciário, o que não é fácil, mas precisa ser feito. Se preciso, até a Constituição também deve ser mudada nesses pontos, para corrigir os excessos e distorções, com força grande de Lei Magna.

Outro escândalo ocorre pontualmente quanto aos processos de falências e até recuperações judiciais, que estão demorando até 40 anos ou nem terminam, fazendo com que os credores trabalhistas, que têm preferência para receber seus créditos, morrem antes de recebê-los ou nunca recebam nada. E ainda se vê o INSS tomar tudo o que resta da massa falida, o que está errado, pois o INSS não é mais importante do que os trabalhadores contribuintes que ficaram na miséria ou vão morrer com a falta do dinheiro encaminhado ao instituto.

11.5 — O que fazer na prática

Contrate um advogado, de preferência conhecedor da área relativa ao objeto dos direitos a serem pleiteados. Só o advogado pode entrar com ações judiciais no fórum, com raras exceções. Ele saberá se há ou houve realmente lesão a direito ou descumprimento de obrigação passível de dever ser cumprida. Como informado, normalmente só ele pode entrar em juízo e definir o que se há de fazer, o que pode ser feito, quanto custará, inclusive fixando seus honorários, contratados de forma clara.

Cuidado com a procuração que você dará a ele! Em geral ela deve dar poderes suficientes a ele, mas para a finalidade que você deseja. O modelo muitas vezes é do tipo procuração *ad judicia* (para o fórum) *et extra* (para transacionar em juízo e mesmo fora dele, por exemplo, em repartições públicas), mas deve apresentar ao final a informação "especialmente ou especificamente para", ou seja, não para tudo o que se refira a sua pessoa ou negócios, mas para agir em seu nome, de todas as formas aplicáveis a seu caso, para propor determinados tipos de ações de indenização, de perdas e danos, ação declaratória, mandado de segurança contra a Fazenda Pública, ação executiva, ou defesa criminal em processos criminais. Enfim, o advogado deverá lhe explicar os termos sobre o que será escrito nessa Procuração, justificando sua redação.

Existem advogados dativos que servem à justiça gratuitamente, e também um promotor de justiça pode examinar o caso para você e direcionar a prestação jurisdicional, inclusive indicando advogados, quando puder fazê-lo e conhecê-los, ou se caracterizada sua situação como passível de ação pelo próprio Ministério Público. Também existem entidades acadêmicas, sindicatos, órgãos públicos e privados que oferecem assistência jurídica e perante o fórum em atividades diversas.

Existem também os juizados de pequenas causas, em diversos fóruns de grandes cidades ou em outras (vale a pena conferir), bem como juízos arbitrais e juízes itinerantes, que podem resolver o caso e até evitar que as partes recorram ao judiciário, se concordarem, isto significando ter sido alcançado o objetivo de não sobrecarregá-lo.

Embora nada possa evitar que se recorra ao judiciário, porque é preceito constitucional, é provável que aos poucos esse "assédio" diminua devido à boa prestação de serviços dos outros órgãos conciliatórios e decisórios que estão surgindo e se afirmando, modificando-se assim a cultura e costume da população, talvez aceitando-se mais os juízos conciliatórios, arbitrais e de terceiros de boa fé.

Nunca pense em fazer justiça com as próprias mãos ou que você sempre sabe o que fazer. Você pode ter ideia, pode ser um fato repetitivo, mas leis mudam, entendimentos judiciais mudam, então é essencial a presença de um profissional de direito, que tenha competência estabelecida e provada, porque este terá competência para trilhar o melhor caminho.

Por exemplo, se você foi ofendido, ou pensa que o foi, e ficou indignado, transtornado. Cuidado: encontrar e saber confirmar em que ponto e quanto as informações se mostram fidedignas e esclarecedoras pode ser tarefa difícil. Você precisará de ajuda.

Como no caso de nos fazermos de médicos e lermos as bulas de medicamentos. Mesmo que leiamos tudo o que é divulgado na internet sobre determinadas moléstias, e saibamos os remédios indicados, o que fazem em geral nesses casos, só o médico e, dependendo do caso, só o especialista pode conduzir o doente à sua cura. Mesmo porque não existem doenças iguais em tudo. Só o médico pode identificar cada caso e só ele sabe como tratá-lo. O que para uns é cura, para outros é morte.

Sempre é bom tomar muito cuidado com os falsos advogados. Consulte os sites da OAB e os meios jurídicos de sua cidade.

11.6 — JURISPRUDÊNCIA

A própria justiça comum confirmou a arbitragem como meio de solução de conflitos em várias ocasiões, quando já estava prevista em cláusula de compromisso entre as partes. Assim julgou a 3ª turma do Superior Tribunal de Justiça, extinguindo processo judicial entre a Ambev e uma distribuidora de bebidas do Piauí.

Afirmou que *"questões relacionadas à existência de cláusula compromissória válida para fundamentar a instauração do Juízo arbitral devem ser resolvidas, com primazia, por ele, e não pelo Poder Judiciário".*

O Superior Tribunal de Justiça determinou a validade de cláusula contratual que determinava recorrer-se à arbitragem para que fossem resolvidos quaisquer conflitos, contra decisão do Tribunal de Justiça do Piauí, que a obrigava a manter a Distribuidora do Piauí, ignorando cláusula arbitral.

A empresa piauiense queria que continuasse a vigorar um contrato celebrado com a Ambev em 1992. A Ambev, no processo judicial, declarou que o Poder Judiciário era incompetente para julgar a questão porque as partes contratantes fixaram que se tivessem divergências teriam de recorrer à arbitragem.

Foi, porém, decidido pelo Superior Tribunal de Justiça que: *"Cuidando-se de cláusula compromissória cheia, na qual foi eleito o órgão convencional de solução do conflito, deve haver a instauração do Juízo arbitral diretamente, sem passagem necessária pelo Judiciário."*

E houve decisão unânime dando provimento ao recurso da Ambev, reconhecendo que era o juízo arbitral o competente para resolver a questão, e não a justiça piauiense (isto tudo pode ser verificado através do Recurso Especial de nº 1.602.696 STJ).

11.7 — História ilustrativa do capítulo

Ruy Barbosa e a "arbitragem" de honorários

Certa vez, Ruy Barbosa, já muito famoso e morando em Botafogo, à Rua São Clemente, 134, no Rio de Janeiro, teve um problema nos encanamentos de sua casa e chamou um profissional indicado para consertar o que o incomodava no banheiro e na cozinha.

A tal casa, famosa até hoje, pode ser visitada por qualquer pessoa. E realmente vale a pena a visita — você vai se sentir bem e entender melhor o grande brasileiro.

O prestador de serviço começou o conserto, que demandou certo tempo e trabalho, e enquanto executava algumas manobras e acertos, estava perto de Ruy.

Ciente do notável saber do advogado, perguntou a ele sobre questão de família pela qual estava passando e que o perturbava muito, tendo dialogado por bastante tempo para tirar todas as suas dúvidas e saber qual o melhor meio de evitar um prejuízo maior e se cercar de cuidados para não ter aborrecimentos futuros — jurídicos e principalmente materiais.

Ruy, verificando que o homem necessitava realmente de esclarecimentos, acedeu em procurar esclarecê-lo. O serviço do homem depois se estendeu por mais uma hora e foi terminado.

Ruy então lhe perguntou quanto lhe devia. O homem, sabendo que Ruy era abastado e figura nacional, cobrou-lhe algo como três vezes mais do que seria o correto para seus serviços.

Percebendo o que acontecia, Ruy lhe disse: "Muito bem. Devo-lhe 'tantos' mil reis. Entretanto, costumo advogar quando necessário, para meus clientes, como sabe. Considerando que o senhor obteve uma resposta bastante esclarecedora para suas consultas, usando a base horária que cobro em minhas consultas, *arbitro* meus honorários em valor duas vezes esses 'tantos' mil reis. Dando-lhe um desconto para *conciliação*, por me ter consertado adequadamente minha casa, não vou lhe cobrar a diferença entre o valor de meus honorários menos o valor de seu serviço, e estamos quites."

Levantando-se, sem dizer uma palavra, o homem saiu apressado e assustado e nunca mais foi visto por Ruy Barbosa. Naquele tempo já existia a versão carioca do tentar levar vantagem em tudo, mas um arbitramento e uma conciliação resolveram o problema.

Capítulo 12

Direito adquirido, ato jurídico perfeito e coisa julgada

Artigo 5º, inciso XXXVI, da CF: *"A lei não prejudicará o direito adquirido, o ato jurídico perfeito e a coisa julgada."*

Quanto à Lei de Introdução ao Código Civil:

"Art. 6º — A Lei em vigor terá efeito imediato e geral, respeitados o ato jurídico perfeito, o direito adquirido e a coisa julgada. (Redação dada pela Lei nº 3.238, de 1957)

§ 1º — Reputa-se ato jurídico perfeito o já consumado segundo a lei vigente ao tempo em que se efetuou. (Incluído pela Lei nº 3.238, de 1957)

§ 2º — Consideram-se adquiridos assim os direitos que o seu titular, ou alguém por ele, possa exercer, como aqueles cujo começo do exercício tenha termo pré-fixo, ou condição preestabelecida inalterável, a arbítrio de outrem. (Incluído pela Lei nº 3.238, de 1957)

§ 3º — Chama-se coisa julgada ou caso julgado a decisão judicial de que já não caiba recurso." (Incluído pela Lei nº 3.238, de 1957)

12.1 — Comentários iniciais

Como buscar seus direitos, se um direito, por vezes adquirido com enorme dificuldade, puder ser revogado, anulado, extinto por uma lei qualquer, ignorando-se tudo o que ocorreu para simplesmente derrubá-lo e sem motivo que o justifique?

Buscar seus direitos é atividade para quem sabe que os direitos adquiridos têm de ser respeitados e os defende como quem acredita firmemente em sua legitimidade. Essa é a postura que você deve ter se tem certeza de que seu direito é válido.

Você exerce assim seu papel a serviço da segurança jurídica — situação essencial de uma sociedade que vive sob o império das leis, e não sob o império da desordem e do mando nefasto de poderes ilegítimos.

Por isso, não pode algum legislador de repente revogar seu direito adquirido, como ocorre em algumas ditaduras usurpadoras dos poderes da nação a seu comando, decidindo qual direito deve ser extinto e qual pode permanecer.

A causa de defesa do direito adquirido também contém o conceito de que representa a expressão de realização de lutas, sonhos, ideais que convergem para que haja o equilíbrio social e jurídico, a necessária estabilidade social, geradora de ordem, progresso, atitudes e atividades lastreadas na lei e no respeito ao cidadão.

Porém, existem circunstâncias de força maior, guerras, errôneo exercício do direito adquirido, ou perigo ao meio social, bem delimitadas pelo Poder Legislativo competente, que podem justificar a exceção ao respeito de tal direito adquirido.

Daí se promulgam, por um bem maior ou estado de iminente perigo social, leis que invadem o direito adquirido, ou o Poder Executivo vê-se obrigado a agir sem respeitar o direito adquirido.

Um exemplo de descumprimento de direito adquirido existente: direito não respeitado de pagamento devido de funcionários públicos estaduais, em meses em que não há recursos para os cofres públicos o fazerem; o uso de terras adquiridas a justo título e boa-fé e com registro, por parte do Estado, por vezes durante meses, em casos de calamidade pública ou guerra; o toque de recolher impedindo o direito de ir e vir em momentos de calamidade ou guerra; o não pagamento de dívidas a quem tem o direito de recebê-las, no prazo correto e nos valores exatos, por empresa quando em fase de recuperação judicial ou falência; o exercício de direito de fazer testamento válido ou de condução de seus negócios, por pessoa declarada interdita (pessoa fora do uso de suas faculdades mentais), ou sob pressão ou impacto de violência ou ameaça; a impossibilidade de exercício pleno de diversos direitos durante a decretação formal de estado de emergência ou de sítio.

Sempre se deve recorrer à justiça para sanar dúvidas, ou declarar a real existência de direito que prevalece ou não face à nova lei ou situação de emergência.

Busque sempre na justiça, ou órgãos públicos pertinentes, o direito a ver preservada sua integridade física em trabalhos insalubres ou perigosos, conforme Acordo Coletivo de Trabalho ou regras acordadas com a empresa, o direito a julgamento correto ou apuração correta dos fatos na forma como foi acordada com a justiça ou com as partes do processo, com defesa assegurada, para que não haja injustiça e se mantenha o funcionamento de nossa democracia, que pretende ser a de um país civilizado.

Enfatizo bastante o seguinte aspecto: quem tem seus direitos reconhecidos deve tê-los adquirido legitimamente, de acordo com a Constituição, com a legislação vigente, ou por meio de contratos válidos, por documentos legítimos que os outorgaram, por meio de registros inequívocos, enfim, por meios insofismáveis e claros.

Quanto à volta do exercício de direito interrompido, isso se dá dependendo de qual for a causa de sua interrupção. E quando volta à normalidade o ambiente ou a situação que impedia seu exercício, tal exercício deve ser continuado, reequilibrando-se a situação anteriormente amparada.

Por exemplo, se uma pessoa recebia por exploração de água em sua propriedade um determinado valor, porém, após algum tempo houve uma guerra no local e este teve de ser ocupado por tropas em luta para defender o país, inclusive retirando a água para os soldados, terminada a guerra e voltando a propriedade ao seu dono, pode ser retomado o direito e o recebimento do dinheiro antes contratado, conforme o contrato celebrado.

Também a aposentadoria de um trabalhador concedida regularmente, com pagamentos mensais, cujo pagamento tenha sido suspenso por suspeita de fraude durante dois anos, uma vez provada a inexistência de fraude e a legitimidade dos pagamentos a serem feitos, isso enseja o pagamento do que não foi recebido, com correção monetária, e a continuidade de pagamentos deve ser feita considerando-se os calculados com base no que deve ser atualizado ao tempo presente, pós-suspensão.

12.2 — Ato jurídico perfeito

Quando você pratica um ato jurídico com todos os requisitos exigíveis, de livre vontade caracterizada, com efeitos protegidos pelo Direito, lícitos mesmo ao fim a que se destina, ele deve ser prestigiado como perfeito.

É, por exemplo, a celebração por escritura pública, em cartório de notas, de venda de um imóvel seu, com pessoas capazes, firma reconhecida e objeto válido.

O ato jurídico perfeito, portanto, em primeiro exame, remete à forma de sua prática. Garantindo-se a forma do ato, evita-se que haja insegurança jurídica, para que não possa ser declarado inválido posteriormente.

Também se busca preservá-lo de efeitos ou instabilidade de sua celebração face ao advento de nova lei que só projeta seus efeitos para o futuro.

O ato jurídico perfeito é perfeito, mesmo sujeito a termo ou condição, como o pagamento futuro de prestações em dinheiro.

Não é possível mudar esse ato, pois isso implicaria invalidação de cláusula pétrea da Constituição Federal. É uma diretriz que o Estado tem de garantir a estabilidade nas relações jurídicas.

Reforçando: admitimos que há ato jurídico perfeito quando se resolvem pendências, quando se regularizam e se exercitam direitos legalmente amparados, quando um contrato é celebrado entre partes capazes e tem objeto válido, quando se praticam atos em cartório cível ou judicial, em juízo, todos considerados válidos no momento, contendo as formalidades legais, por pessoas competentes e indicando claramente o que expressam.

Apesar de rotularmos atos jurídicos como perfeitos, isso não significa que serão eternamente perfeitos, principalmente se as condições sociais, as bases constitucionais ou as modificações fáticas tornarem impossível sua continuidade.

12.3 — A COISA JULGADA

Quando o Poder Judiciário decide definitivamente uma causa ou matéria, sem que caiba qualquer recurso às partes, diz-se que a matéria "transitou em julgado".

Deve ser obedecida totalmente, ou com as consequências declaratórias do resultado a cumprir, ou obrigando determinados comportamentos ou ações a serem tomadas, ou de cunho condenatório, quanto a pagamento de numerário, pena privativa de liberdade, determinantes de estado civil, enfim, seja qual for o teor decidido.

Você deve cumprir a decisão transitada em julgado. E se for advogado, deve providenciar seu cumprimento pelo seu cliente.

Normalmente você é avisado por seu advogado, que acompanhou o processo, de que uma ação transitou em julgado. Se acontecer de não estar com advogado contratado quando ocorrer o trânsito em julgado, você ou receberá uma notificação da autoridade competente, ou poderá pedir a outro advogado que o informe, ou pode solicitar uma autoridade do Ministério Público que o auxiliará a saber.

Independente do caso, a decisão do Supremo Tribunal Federal é definitiva e transita em julgado porque é nossa mais alta corte de justiça.

Porém, por vezes o processo judicial tem decisão em instância inferior e não há recurso da decisão por vários motivos, ou até houve recurso, mas não foi recebido, porque foi apresentado fora de prazo (além do prazo previsto no ordenamento processual). Nesses dois casos, a ação termina e transita em julgado. Não cabe mais recurso sobre tal matéria, só sobre matéria diferente, se esta puder de alguma forma auxiliar a perda anterior.

Por exemplo, você acionou alguém para obter pagamento de um título de crédito somente, deixando outro título fora da ação. A decisão foi desfavorável porque esse título está incorretamente preenchido, portanto, com sentença desfavorável. O recurso infelizmente foi apresentado fora de prazo, e a decisão transitou em julgado — muito mal para seus interesses. Então você tomou o título de crédito que não foi utilizado, com valor diferente e corretamente preenchido, e moveu outra ação judicial (provavelmente com outro advogado), e então a sentença lhe foi favorável e o processo prosperou.

Existe ainda uma ação chamada rescisória, que trata de modificar a ação transitada em julgado, em determinados casos específicos, enumerados do Código de Processo Civil (artigos 966 a 975).

Comecemos com o enunciado do artigo 966, que embasa tal possibilidade:

"Art. 966 — A decisão de mérito, transitada em julgado, pode ser rescindida quando:

I — se verificar que foi proferida por força de prevaricação, concussão ou corrupção do juiz;

(O juiz retarda ou deixa de praticar ato por interesse pessoal, ou exige vantagem indevida ou se corrompeu ou praticou corrupção para proferir a decisão.)

II — *for proferida por juiz impedido ou por juízo absolutamente incompetente;*

III — *resultar de dolo ou coação da parte vencedora em detrimento da parte vencida ou, ainda, de simulação ou colusão entre as partes, a fim de fraudar a lei;*

(Colusão — conluio — acerto entre as partes para confundir, dar ao caso outra essência.)

IV — *ofender a coisa julgada;*

V — *violar manifestamente norma jurídica;*

VI — *for fundada em prova cuja falsidade tenha sido apurada em processo criminal ou venha a ser demonstrada na própria ação rescisória;*

VII — *obtiver o autor, posteriormente ao trânsito em julgado, prova nova cuja existência ignorava ou de que não pôde fazer uso, capaz, por si só, de lhe assegurar pronunciamento favorável;*

VIII — *for fundada em erro de fato verificável do exame dos autos."*

Existem os parágrafos 1º a 5º desse artigo explicitando detalhes sobre esses incisos. E continua, com o artigo 967:

"Art. 967 — Têm legitimidade para propor a ação rescisória:

I — *quem foi parte no processo ou o seu sucessor a título universal ou singular;*

II — *o terceiro juridicamente interessado;*

III — *o Ministério Público:*

a) se não foi ouvido no processo em que lhe era obrigatória a intervenção;

b) quando a decisão rescindenda é o efeito de simulação ou de colusão das partes, a fim de fraudar a lei;

c) em outros casos em que se imponha sua atuação;

IV — *aquele que não foi ouvido no processo em que lhe era obrigatória a intervenção."*

"Art. 969 — A propositura da ação rescisória não impede o cumprimento da decisão rescindenda, ressalvada a concessão de tutela provisória."

"Art. 972 — Se os fatos alegados pelas partes dependerem de prova, o relator poderá delegar a competência ao órgão que proferiu a decisão rescindenda, fixando prazo de 1 (um) a 3 (três) meses para a devolução dos autos."

"Art. 975 — O direito à rescisão se extingue em 2 (dois) anos contados do trânsito em julgado da última decisão proferida no processo.

§ 2º — Se fundada a ação no inciso VII do art. 966, o termo inicial do prazo será a data de descoberta da prova nova, observado o prazo máximo de 5 (cinco) anos, contado do trânsito em julgado da última decisão proferida no processo."

Isso tudo sobre a ação rescisória mostra que a coisa julgada pode ser modificada ou completamente alterada com o uso desse remédio jurídico válido. Mas, convenhamos, é muito difícil que ocorra no dia a dia.

Ou seja, você tem de respeitar totalmente a coisa julgada de início. Somente se houver algo contido nesse artigo 966 do Código de Processo Civil poderá ser intentada a ação rescisória. E lembre-se: não há certeza ou probabilidade de que prospere.

Depois do que foi dissertado anteriormente, em consequência, lute para que sejam respeitados o ato jurídico perfeito referente à sua situação jurídica, a seu contrato, bem como aquilo que já foi julgado favoravelmente em definitivo, que lhe beneficie, sem caber mais qualquer recurso. Mas também aceite os efeitos da coisa julgada, se lhe forem negativos, porque é o justo preço que pagamos para vivermos em uma sociedade equilibrada.

Busque ajuda de quem o possa auxiliar, provar ou facilitar suas ações e de seus advogados na luta pela prevalência do que restou explanado neste capítulo.

12.4 — História ilustrativa do capítulo

Dirijo meu olhar para o famoso caso que foi conhecido como "mensalão", que é coisa julgada, com condenação de políticos de partidos diversos, de empresários e altos executivos de empresas e pessoas ligadas ao que foi investigado.

Os políticos e os acusados de desvio de dinheiro que foram condenados no mensalão dizem que foram perseguidos, que foram humilhados, que a decisão foi política, mas quem foi condenado e assim entender pode tentar buscar seus direitos da forma que for válida e possível juridicamente/judicialmente.

O juiz do Supremo Tribunal Federal, Joaquim Barbosa, que foi também presidente do órgão, ilustre jurista, não compactuou com o que entendeu como atitudes incorretas e foi o relator do processo.

Penso que essa "coisa julgada" tão importante na história do Brasil merece registro.

Quem se interessar pela íntegra da decisão pode conferi-la no Diário Oficial da União, em 22 de abril de 2013 — o próprio acórdão da chamada MP 470, com todos os condenados e alguns absolvidos, e a ementa (sumário da decisão).

Houve condenação por motivos diversos, tais como formação de quadrilha, corrupção ativa e passiva, lavagem de dinheiro, peculato, evasão de divisas e gestão fraudulenta de deputados federais de diversos partidos, ex-ministro, de ex-tesoureiros de diversos partidos, publicitários, empresários importantes de companhias nacionais, diretores e executivos de bancos, gerentes executivos, advogados e sócios de corretoras de valores.

DIREITO ADQUIRIDO, ATO JURÍDICO PERFEITO E COISA JULGADA

A seguir realço um sumário da extensa ementa da decisão do Supremo Tribunal Federal, para dar a ideia ao leitor do que foi decidido, ou seja, transitado em julgado.

Da página 49 do Diário da Justiça da União de n° 74/2013 — edição de segunda-feira, dia 22 de abril de 2013 —, destaco, apenas para citar os crimes, uma parte da decisão:

"O extenso material probatório, sobretudo quando apreciado de forma contextualizada, demonstrou a existência de uma associação estável e organizada, cujos membros agiam com divisão de tarefas, visando à prática de delitos, como crimes contra a administração pública e o sistema financeiro nacional, além de lavagem de dinheiro."

DENÚNCIA.1. CORRUPÇÃO PASSIVA. CORRUPÇÃO ATIVA. PECULATO. LAVAGEM DE DINHEIRO. AÇÃO PENAL JULGADA PARCIALMENTE PROCEDENTE.

1. Restou comprovado o pagamento de vantagem indevida ao então... da Câmara dos Deputados, por parte dos sócios da agência de publicidade...

Condenação do réu [...], pela prática do delito descrito no artigo 317 do Código Penal (corrupção passiva), e dos réus [...], pela prática do crime tipificado no artigo 333 do Código Penal (corrupção ativa).

2. [...] os réus corruptores receberam recursos públicos em volume incompatível com os ínfimos serviços prestados, [...]

Caracterizado um dos crimes de peculato (art. 312 do CP) [...]

3. Contratação, pela Câmara dos Deputados, de empresa de consultoria que, um mês antes, fora responsável pela propaganda eleitoral pessoal do réu [...]

4. Caracteriza o crime de lavagem de dinheiro o recebimento de dinheiro em espécie, que o réu sabia ser de origem criminosa, [...] Condenação do réu [...] pela prática do delito descrito no art. 1°, V e VI, da Lei 9.613/98, [...]

Apropriação indevida de valores pertencentes ao Banco [...], denominados "bônus de volume", devolvidos por empresas contratadas pelo Banco, a título de desconto à entidade pública contratante [...] Crime de peculato comprovado.

A íntegra dessa decisão está disponível na internet como "mensalão" ou MP 470, ou outros títulos parecidos. O leitor pode ler aqui uma decisão que constituiu *coisa julgada* em relação aos fatos de que tratou, entre as partes e nas circunstâncias em que decidiu, bem como, e principalmente porque foi proferida pelo Supremo Tribunal Federal — última instância no Brasil do Poder Judiciário e da qual não cabe mais recurso.

Mas caberia algo para definir melhor a aplicação concreta do que foi decidido, talvez a forma de aplicar as penas?

Foram propostos pelos advogados de alguns réus os chamados embargos, declaratórios ou infringentes, justamente para esclarecer detalhes das penas aplicáveis e circunstâncias de cumprimento do conteúdo penal, sendo que em 2014, ao que se saiba, em maioria foram indeferidos, mas ajudaram a esclarecer um pouco mais o que gerava dúvidas, inclusive para os advogados dos réus.

Houve coisa julgada total, pela imutabilidade da sentença, tendo força de lei nos limites da lide e das questões decididas, a teor do artigo 468 do Código de Processo Civil, tornando preclusa (interditada) a possibilidade de se desenrolarem quaisquer outros atos processuais que pudessem alterar a decisão de mérito nessa relação processual.

Não mais havia recursos disponíveis sobre a parte essencial da decisão, nem ordinários ou extraordinários, o que a tornou imutável.

E quanto à possibilidade daquela ação rescisória do julgado de que falamos anteriormente? Nem sequer foi tentada, porque não se vislumbrou a possibilidade de intentá-la, bastando olhar o artigo 966 do Código de Processo Civil retro citado para chegar-se à sua não aplicabilidade.

Reforçando a importância do Supremo Tribunal Federal como poder independente, ele sempre teve figuras ilustres e competentes — celeiro de grandes juristas, de competência reconhecida internacionalmente, não raro convidados para palestras e participações em outros países.

Dizia Ruy, em 1914, sobre o Supremo Tribunal Federal:

"Ante as disposições constitucionais cujo texto faz do Supremo Tribunal Federal o juízo de última instância, nos pleitos onde se arguirem de inconstitucionalidade atos presidenciais ou legislativos, esse tribunal é o árbitro final dessas questões; esse tribunal é, em tais questões, o juiz exclusivo da sua competência mesma, esse tribunal não pode estar sujeito, nos seus membros, à responsabilidade criminal por decisões proferidas no exercício de semelhante autoridade; esse tribunal, nas sentenças que em nome desta autoridade pronunciar, tem o mais absoluto direito a vê-las acatadas e observadas pelos outros."

E ainda veja o cenário em que ele estava (não é semelhante ao que vivemos?):

"Com o reinado sistemático e ostentoso da incompetência cessaram todos os estímulos ao trabalho, ao mérito e à honra. A política invadiu as regiões divinas da justiça, para a submeter aos ditames das facções. Rota a cadeia da sujeição à lei, campeia dissoluta a irresponsabilidade. Firmada a impunidade universal dos prepotentes, corrompeu-se a fidelidade na administração do erário. Abertas as portas do erário à invasão de todas as cobiças, baixamos da malversação à penúria, da penúria ao descrédito, do descrédito à bancarrota."

"Todas estas calamidades se reduzem à inobservância da lei, e têm na inobservância da lei a sua causa imediata."

Esse discurso foi proferido pelo conselheiro Ruy Barbosa no Instituto dos Advogados, ao tomar posse do cargo de presidente, em 19 de novembro de 1914, e foi transcrito da *Revista do Supremo Tribunal*, vol. 2, 2ª pt., ago/dez 1914, p. 393-414. Confronto de texto realizado com *O Imparcial* de 28 de novembro de 1914.

Capítulo 13
Tortura, tráfico ilícito, terrorismo e crimes hediondos

Artigo 5º, inciso XLIII, da CF: *"A lei considerará crimes inafiançáveis e insuscetíveis de graça ou anistia a prática da tortura, o tráfico ilícito de entorpecentes e drogas afins, o terrorismo e os definidos como crimes hediondos, por eles respondendo os mandantes, os executores e os que, podendo evitá-los, se omitirem."*

13.1 — Busque seus direitos básicos em meio a crimes hediondos

O que fazer quando você estiver exposto, ou na possibilidade de sê-lo, a crimes hediondos? Hediondo: um crime extremamente cruel, e também os definidos como tal, por lei, incluindo-se a tortura, o estupro e o terrorismo.

O tráfico de drogas aparece com o mesmo tratamento do crime hediondo no Artigo 2º da lei definidora de crimes hediondos (adiante descrita). Ele é tratado como hediondo quanto à impossibilidade de anistia, graça, indulto e fiança, com pena em regime fechado. E demora muito para que o preso tenha a progressão do cumprimento da pena, isto se for demonstrado poder ser concedida.

Você tem direito à paz. Você tem direito à segurança e quer gozar de liberdade pacífica e plena, como já vimos. É seu direito como cidadão, garantido pela Carta Magna. Mas isso não é obtido usualmente por ações judiciais ou atos jurídicos.

Trato então, primeiro, do item segurança, ainda que brevemente, para em seguida irmos aos crimes hediondos.

Como prevenir

Hoje em dia nossa preocupação com a segurança é muito grande, já que vivenciamos assaltos, sequestros e roubos espetaculares. E para confirmar a veracidade dessa "onda" de criminalidade e insegurança crescentes, basta ligar a televisão e acompanhar os noticiários isentos de sensacionalismo.

Números do Sistema Nacional de Informações de Segurança Pública, Prisionais e Sobre Drogas (Sinesp), do Ministério da Justiça, mostram que o Brasil teve em média 143 assassinatos por dia em 2014, e em 2013 o número total de homicídios dolosos foi de 50.806 em todo o país*.

Como agir e se informar

- Tome conhecimento de fatos e notícias que possam instruí-lo sobre o que se passa e onde realmente pode ir para buscar seus direitos quanto ao tipo de segurança que esteja sob ameaça.
- Escolha os meios de deslocamento mais seguros para chegar aos locais onde tenha de adquirir, manter ou modificar direitos, sejam eles trabalhistas, de propriedade, previdenciários e outros que exijam tal deslocamento, e planeje chegar com antecedência.
- Ajude a polícia quando e como puder para que os mandados de prisão possam ser cumpridos, particularmente com informações no disque denúncia ou a policiais que pedirem informações sobre o paradeiro de criminosos foragidos.
- Ajude na segurança dos professores, porque eles são canais de ensinamentos de segurança contra os procedimentos dos bandidos.
- Não pare seu carro em qualquer lugar, não ande na rua falando ao celular (de preferência vá a lugar seguro para fazê-lo), não abra o portão automático de sua casa (se tiver um) sem verificar a segurança de poder fazê-lo, não ande com valores que lhe façam falta (valor elevado para você) ou joias e escolha sempre o percurso mais seguro.

Agora, quanto aos crimes hediondos, tráfico de drogas e tratados em mesmo nível de rigor, o que fazer para tentar anular/diminuir/proteger-se quanto a prática desses atos criminosos?

Proporcione ou ajude a promover a educação familiar sadia, transmissora de bom caráter, honestidade e dignidade. Faça tudo o que puder para a boa educação de nível nas escolas. Auxilie em tudo que puder os professores bem-intencionados, participe durante o período escolar das atividades escolares e lute para o incremento e bom uso dos recursos orçamentários para tais finalidades.

Você que tem família e tem filhos, mostre/demonstre seu amor, brandura e sabedoria nos contatos domésticos, vigie o que está sendo visto ou falado em casa, seja proativo e acompanhe atentamente a vida escolar e as amizades de seus filhos, participe tanto quanto possível de suas atividades, selecione e proporcione atividades sadias e incentive a prática de esportes.

Apregoe, diga claramente em casa, no trabalho e onde tiver oportunidade, que só se tem a paz social, portanto, sendo honesto e sem violência. Também ter religião e acreditar em Deus ajuda muito a alargar os horizontes pacificadores da sociedade. Se não for religioso, tudo bem, mas igualmente ensine esses valores e

---

* Fonte:http://g1.globo.com/politica/noticia/2015/07/brasil-teve-em-media-143-assassinatos-por-dia-em-2014.html. Acesso em: 20/06/2016.)

bons costumes que aqui cito. Por favor, não seja contrário a que seus filhos participem de boas atividades religiosas.

Alguns dirão que não têm tempo para fazer essas coisas, que estão pouco em contato com a família. Bem, procure ser ao menos qualitativamente presente, da forma como puder, mas procure saber tudo o que puder sobre sua família. Comunique-se da forma como puder.

OUTROS PONTOS DE COMBATE E DEFESA

Combate

Se puder e entender que a punição está pequena demais contra os que praticam crimes hediondos, então contribua para que se legisle a favor do aumento da pena para tais crimes e/ou que se retire benefícios que ainda existem, na dosimetria e cumprimento das penas a que forem condenados.

Ajuda muito também contribuir e influir para que psiquiatras e conselhos penitenciários, às voltas com criminosos ou inimputáveis portadores de moléstias mentais, atuem de modo que tais criminosos possam ser segregados da sociedade, permanecendo em hospitais ou clínicas adequadas, ou nos presídios, se forem criminosos sem problemas mentais.

Quanto ao uso de drogas, deve-se buscar diminuir sensivelmente seu consumo e uso, bem como sua propagação, ou elas podem acabar engolindo a civilização, inibindo a possibilidade de aplicação de normas sociais sadias, destruindo parcialmente o funcionamento desejado do Estado.

O maior combate é referente àquele do início do capítulo, quanto à educação, família e propagação de ideias e relacionamentos ofertados em substituição às drogas.

Quanto aos terroristas ou praticantes de outras coisas hediondas, eles existem devido ao não combate, à sociedade não estar aparelhada, não ter tempo. Então é fácil que alguém se sinta atraído pela situação até ilusória, mas bem vendida, de que algo é melhor ou *preenche mais a vida do lado de lá do que a do lado de cá.*

Ressaltando por relevante: você pode se tornar coautor do crime se ajudar conscientemente de qualquer forma que possa ocorrer ou facilitar a ocorrência. E, lógico, será incriminado como mandante se mandar alguém praticar a violência ou ato hediondo, seja qual for.

Defesa

Em relação à defesa dos acusados injustamente, sem provas, sem flagrante e/ou com provas forjadas, deve-se buscar obter um esclarecimento junto às autoridades policiais que atenderam ou agiram no caso, ou às que podem contribuir para mudar as circunstâncias, avaliação e perícia do ocorrido, além de testemunhas oculares ou que mudem a situação ou o testemunho falso.

Isso significa procurar profissionais médicos, advogados, para ajudarem a esclarecer e corrigir os fatos hediondos imputados falsamente a você ou a alguém.

O mesmo se você não corrompeu ou não foi corrompido e está sendo acusado de tal prática. Os caminhos são semelhantes: testemunhas oculares, provas a seu favor, apontamento de falsidade de provas em desfavor e pedir socorro às autoridades, advogados, médicos ou peritos.

Quanto aos viciados em drogas que não são traficantes, seu dever, se e quando puder, é tentar tirá-los do vício usando os meios referidos, mas os meios de que você dispuser em cada caso específico, numa infinidade de situações que aqui não se pode discutir. Mas tente fazer algo de bom ou procurar alguém que o possa fazer.

Isolar o drogado do traficante é um complexo de ações de difícil obtenção, além de ser perigoso. Se tentar, busque fazê-lo com ajuda adequada, e não sozinho.

Muito importante: DENUNCIE, de forma honesta e direta, mesmo sem se identificar, tudo o que souber sobre a existência de torturas, centros de distribuição de drogas, existência de terroristas ou preparação de atos terroristas em domicílios, escolas, prisões, entidades de qualquer natureza.

13.2 — Os crimes hediondos e a eles equiparados

Afinal, o que são esses crimes hediondos os quais tanto ofendem a paz, a estabilidade e a segurança, ou seja, que ofendem esses seus direitos?

A sua definição melhor está na Lei nº 8.072, de 25 de julho de 1990, que dispõe:

"Art. 1º — São considerados hediondos os seguintes crimes, todos tipificados no Código Penal, consumados ou tentados:

I — homicídio (art. 121), quando praticado em atividade típica de grupo de extermínio, ainda que cometido por um só agente, e homicídio qualificado (art. 121, § 2º, incisos I, II, III, IV, V, VI e VII);"

Aqui não é só matar, mas matar em grupos de extermínio de pessoas de determinadas características opostas aos dos matadores, por política, religião, raça, e todos os homicídios, mediante paga ou promessa de recompensa, ou por outro motivo torpe, por motivo fútil, com emprego de veneno, fogo, explosivo, asfixia, tortura ou outro meio insidioso ou cruel, ou de que possa resultar perigo comum, à traição, de emboscada, ou mediante dissimulação ou outro recurso que dificulte ou torne impossível a defesa do ofendido e, finalmente, para assegurar a execução, a ocultação, a impunidade ou vantagem de outro crime.

"I-A — *lesão corporal dolosa de natureza gravíssima (art. 129, § 2º) e lesão corporal seguida de morte (art. 129, § 3º), quando praticadas contra autoridade ou agente descrito nos artigos 142 e 144 da Constituição Federal, integrantes do sistema prisional e da Força Nacional de Segurança Pública, no exercício da função ou em decorrência dela, ou contra seu cônjuge, companheiro ou parente consanguíneo até terceiro grau, em razão dessa condição;"*

Ferir alguém propositalmente de maneira bastante grave (não é dar um tapa forte no rosto), resultando em morte, é considerado crime hediondo. Mas não é só. Também estão abrangidos os atos contra carcereiros, agentes penitenciários, forças de segurança em serviço e ainda contra cônjuge, companheiro ou parente dessas pessoas citadas.

"II — *latrocínio (art. 157, § 3º, in fine);*

(Roubo seguido de morte)

III — *extorsão qualificada pela morte (art. 158, § 2º);*

IV — *extorsão mediante sequestro e na forma qualificada (art. 159, caput, e §§ 1º, 2º e 3º);*

V — *estupro (art. 213, caput e §§ 1º e 2º);*

VI — *estupro de vulnerável (art. 217-A, caput e §§ 1º, 2º, 3º e 4º);*

VII — *epidemia com resultado morte (art. 267, § 1º)"*

(Infectar pessoas provocando a morte delas)

VII-B — *falsificação, corrupção, adulteração ou alteração de produto destinado a fins terapêuticos ou medicinais (art. 273, caput e § 1º, § 1º-A e § 1º-B, com a redação dada pela Lei nº 9.677, de 2 de julho de 1998).*

VIII — *favorecimento da prostituição ou de outra forma de exploração sexual de criança ou adolescente ou de vulnerável (art. 218-B, caput, e §§ 1º e 2º).*

(Vulnerável é aquele que, por exemplo, tem retardamento ou doença mental que não o permita entender o que se passa.)

Parágrafo único. Considera-se também hediondo o crime de genocídio previsto nos arts 1º, 2º e 3º da Lei nº 2.889 de outubro de 1956, tentado ou consumado."

(Genocídio: extermínio proposital, parcial ou total, de uma comunidade, grupo étnico, racial ou religioso.)

"*Art. 2º — Os crimes hediondos, a prática da tortura, o tráfico ilícito de entorpecentes e drogas afins e o terrorismo são insuscetíveis de:*

I — *anistia, graça e indulto;*

II — *fiança.*

§ 1º — A pena por crime previsto neste artigo será cumprida inicialmente em regime fechado."

Fala-se depois sobre os cumprimentos das penas, conforme a progressão e caso individual de cada condenado.

"Art. 3º — A União manterá estabelecimentos penais, de segurança máxima, destinados ao cumprimento de penas impostas a condenados de alta periculosidade, cuja permanência em presídios estaduais ponha em risco a ordem ou incolumidade pública."

Um estágio terrível antes de alguns homicídios e da produção de lesões corporais gravíssimas é sem dúvida a prática de tortura. E é bom salientar que no Brasil houve, sim, muitas torturas durante o regime militar iniciado em 1964.

13.3 — Torturas: comentários para meditação

Fala-se do holocausto de seis milhões de judeus durante a Segunda Guerra Mundial. Esses todos e muitos mais que não foram mortos, foram torturados. Muitos nos campos de concentração de Auschwitz-Birkelau e Dachau.

Há torturas físicas nas prisões, mas também fora delas, quando pessoas são feitas reféns e submetidas a maus-tratos, que chegam à morte em alguns casos. E há pais desnaturados que mantêm em cativeiro filhos e filhas por muito tempo, cometendo barbaridades ou simplesmente aproveitando-se sexualmente deles.

Como diagnosticar pessoas que podem realizar torturas antes que elas tenham a oportunidade de fazê-lo? O que dizer então do que acontece na Síria, no Iraque, no Líbano, na Palestina, no norte da África, nas ditaduras centro-africanas, nas prisões de tantos outros países? Perguntas de difícil resposta, ou de difícil resposta curta.

O terrorismo nunca pode ser admitido, porque agride, mata, viola o direito pleno à vida, o direito de viver em paz e acreditar em valores de cada núcleo social.

Hoje existem armas que impactam muitas áreas em torno do local em que são detonadas e que causam a perda de muitas vidas. Quem produz e vende armas para os grupos terroristas, para os torturadores, para os conflitos gerados pelo poder? Quem vende, quem contrabandeia armas poderosas, quem abastece os bandidos com metralhadoras, rifles poderosos, e quem controla o estoque de armas nucleares?

Aqui a resposta é muito mais difícil.

13.4 — História ilustrativa do capítulo

Interrogatórios da Gestapo, polícia secreta do Estado nazista

Ela era incumbida de investigar e obter confissões de prisioneiros, mesmo com torturas (não só na Alemanha, como em toda a Europa ocupada durante a Segunda Guerra Mundial).

O indivíduo era colocado num banco central, embaixo de uma forte luz, evitando-se que pudesse se movimentar ou sair, com corda manejável em volta do pescoço, para evitar que sua cabeça pudesse cair e desviar do foco da "entrevista".

Perguntavam-se quais as ligações que o torturado tinha com a inteligência aliada, quais eram seus contatos, de que armas dispunha, onde estava etc.

Sem respostas obtidas, eram desferidos tapas, choques nas mãos, pisões...

Novamente as mesmas perguntas, agora repetidas umas cinco vezes, com alternância de luzes de lanternas potentíssimas no rosto, com abertura de pálpebras à força, cuspidas, xingamentos e tapas alternados de lados diferentes.

Se o torturado ainda se negasse a responder, então perguntavam qual o nome e nacionalidade dele, e obtinham respostas a essas perguntas genéricas. No entanto, era uma tática para fazê-lo falar sobre coisas que ele responderia para depois atiçar a fala nas perguntas difíceis de responder.

E ainda asfixiavam os "entrevistados" colocando sacos cobrindo sua cabeça, para que obtivessem mais respostas a seus questionamentos.

Chega? Isso variava de prisioneiro para prisioneiro, todo os dias, para certos presos importantes, que tinham mais a falar e que, muitas vezes, infelizmente, morriam após longos dias de torturas, sem nada dizer, o que era uma lástima para os torturadores.

Capítulo 14

Direitos sociais

"Art. 6º — São direitos sociais a educação, a saúde, a alimentação, o trabalho, a moradia, o lazer, a segurança, a previdência social, a proteção à maternidade e à infância, a assistência aos desamparados, na forma desta Constituição."

14.1 — Comentários iniciais e busca de direitos sociais

Aqui falo dos direitos sociais, conforme indicados especificamente na ordem do artigo 6º. Buscar esses seus direitos sociais constitucionais é um exercício diário, às vezes simples, conforme você possa exercê-los de imediato, outras vezes complexo em sua forma de obtê-los.

Os complexos geralmente só se alcançam com ações judiciais, atuação de órgãos públicos ou manifestações pacíficas para sensibilizar os poderes que possam concedê-los.

Esses direitos complexos devem ser buscados com coerência, sabedoria, sensibilizando uma "boa vontade política", aquela que realmente busca colher os anseios e necessidades do povo e transformá-los em leis, culminando em parâmetros ou ações concretas que permitam serem alcançados.

Essa boa vontade política, se perceber que não pode conceder os direitos buscados, deve ser transparente aos que os buscam, informando claramente por que não são possíveis, e então cabe cessar a busca, por concordar que realmente não é possível, ou insistir se a explicação não for convincente, até obtê-los ou até realmente nada mais ser realizável.

Devo mencionar que praticam a má política os que você percebe só desejarem o exercício do poder em si, prometendo o que não se pode ou que não será cumprido. Identifique, busque meios de identificar os que são formados na arte de iludir a sociedade, os que buscam freneticamente o poder para si e/ou seu grupo e os que mentem mascarando como cumprido o que não foi.

No Brasil, se esses direitos sociais fossem perseguidos com seriedade e boa gestão de recursos, a Constituição teria sido cumprida, principalmente nos primeiros anos de sua promulgação (1988–1998, por exemplo), e não seria letra morta só para servir de moldura em quadros nas paredes.

14.2 – Direito à educação

Será apenas o nome de um direito ou, na prática, um "semidireito" (existe "semidireito"?)? Ou é realmente um direito pleno que deve estar disponível com possibilidade de ser exercido por todos os brasileiros?

A educação é um direito constitucional. É um bem maior que constitui expressão válida do próprio pensamento do povo e da formação de sua cultura, podendo servir muito melhor o que for bem-educado à sociedade e ao país.

É dever do Estado e direito de todos ter acesso à educação. Crianças têm de ser alfabetizadas para não acontecer, como em nossos dias, de chegarem ao 4º ano do Ensino Fundamental sem saber escrever de forma inteligível, sem poder transmitir nada de positivo, fora do celular ou computador.

Precisam aprender a ser realmente o que devemos ser: brasileiros competentes e trabalhadores, com direitos e obrigações. Não queremos ser criminosos, nem enganadores, nem cidadãos incompetentes, e temos direito ao saber, temos o direito de aprender.

Se você concorda com essa importância, exija-a, porque a educação, mais do que nunca, é a única mola propulsora de um país, que faz diferença para enriquecer nossa nação e o próprio meio em que os educandos se desenvolvem. Por que será que a Coreia do Sul, por exemplo, passou de longe o Brasil em capacidades, fabrica carros em quantidade que até chegam em grande número a nós, vários produtos de qualidade e está tão bem organizada? Educação de altíssima qualidade é a resposta. E é até covardia falar do Japão. E não é porque eles têm territórios menores. A China, a Rússia, os Estados Unidos e o Canadá são melhores do que nós em educação e territorialmente maiores do que o Brasil.

O professor é aquele que realmente pratica, quando se entrega de coração a tal tarefa, o exercício de um sacerdócio. E ele pode mudar vidas e recuperar o sentido de vida de pessoas. Valorize o professor e seja você mesmo também o professor de seus filhos. Nas escolas deles, envolva-se em projetos educacionais. Exija níveis melhores na educação.

Lute para que professores não sejam agredidos, que possam ter ânimo para desenvolver seu trabalho com a intensidade desejada e com conteúdo que se deseja, podendo ajudar especialmente os diferentes tipos de alunos e de desenvolvimento intelectual.

Exija investimentos de quantidade e qualidade em educação, com gestão adequada de recursos, o que não temos na maioria dos estados. E nada de alunos passarem para outros níveis sem ter notas de aprovação (a sociedade depois desaprova os falsamente aprovados).

Lembre-se de que com uma educação melhor, formamos melhores cidadãos e profissionais, que poderão produzir mais e melhor, o que contribuirá, consequentemente, para o crescimento do país em todas as outras áreas, inclusive na economia.

14.3 — Direito à alimentação

É quase um absurdo que se tenha de mencionar esse direito como necessário numa Constituição. Quem não come e não bebe água morre.

Você tem o direito de exigir que o Poder Público evite que alimentos deteriorados ou não sadios sejam entregues, comercializados ou produzidos para serem consumidos pela população. Denuncie sempre.

Os filhos de pais separados têm direito a uma pensão alimentícia. Esse é praticamente um dos únicos casos em que a dívida a ser paga constitui motivo para prisão.

E todos têm o direito e o dever de denunciar a existência de produtos que não estão bons para consumo.

Hoje se procuram alimentos sadios, pois há uma consciência geral de que é necessário manter a saúde por meio de maior consumo de vegetais, produtos sem muita gordura, uso moderado de sal ou sódio nos produtos industrializados e consumo de frutas saudáveis e leite ou soja de qualidade.

Toda família tem o direito de alimentar-se adequadamente. Mas como, com o valor atual do salário mínimo?

A inflação corrói os salários e qualquer tipo de bolsa-auxílio às famílias. Por isso, é importante criar mecanismos integrais em nível nacional que permitam cada vez mais abrangência e inclusão de cidadãos no atingimento de seus direitos.

14.4 — Direito ao trabalho

O trabalho é um direito, mas também um dever. Não me refiro ao direito de ser empregado, mas ao dever de produzir, de acrescentar à sociedade, de ser empreendedor, de fazer algo que não o torne um peso à sociedade.

Ressalte-se, obviamente, que não se pleiteia o direito de trabalhar quando você está doente, quando a mulher está cuidando de seu bebê recém-nascido, quando há motivos de força maior, enfim, incapacidades, daí o direito a ser socorrido ou amparado pelo Estado, conforme a lei determinar e até quando e quanto o Estado poder fazê-lo.

O que visa a Constituição é assegurar o direito ao trabalho a todos, assim recebendo seu salário a fim de poder viver com dignidade. Mas há pessoas que desejam ter seu negócio próprio, não querendo ser empregados, e há outras que estudam durante muitos anos, preparando-se melhor para poderem viver mais realizadas e terem a possibilidade de viver com mais recursos.

Independente do caso, tudo depende da economia do país, e quando ela está mal, quando a cadeia produtiva, as fábricas, o comércio e os serviços não estão crescendo como o devido para o equilíbrio social, diminuem os empregos, porque diminuem a produção e o comércio. Daí procurem-se efetivar pactos sociais para a criação de trabalhos em obras e serviços públicos essenciais.

Essa deterioração da economia de um país causa uma forte recessão por um determinado período. Muitos estabelecimentos param, deixam de existir, vão à falência, entram em recuperação judicial, e com isso a crise social se acentua, como ocorreu nos Estados Unidos, em 1929, e no mundo todo, em 2008 e nos anos seguintes.

14.5 — Direito ao lazer

Há pessoas que dizem que o direito ao lazer não é um direito e que não deveria fazer parte de uma Constituição. Sabe-se, porém, que tudo precisa de descanso. Até na Bíblia consta que Deus fez o que existe e descansou no 7º dia.

O homem não é uma máquina, e mesmo que fosse, máquinas não podem trabalhar continuamente sem manutenções, trocas ou modificações de tempos em tempos, o que, óbvio, exige uma parada. Nenhum mecanismo dura eternamente na forma como é construído e com a mesma potência e eficiência.

Há direito, sim, ao lazer, para poder se refazer. Ora, o homem tem de descansar. Repousar pelo sono, ter intervalo entre jornadas de trabalho. Por isso, de tempos em tempos (a cada um ano no Brasil), há o direito de férias.

Além disso, todos têm direito ao lazer em locais públicos, em teatros, cinemas, jogos esportivos, em clubes, em academias, tudo para ter melhor qualidade de vida, para melhorar suas habilidades e capacidades do seu corpo e para que aja, opere e sirva a si próprio e à comunidade em que vive.

14.6 — Direito à Previdência Social

O que é direito à Previdência Social? Previdência (no latim *praevidentia*) tem a ver com prevenir, providenciar com antecipação, e "social" implica prevenir e já providenciar medidas que concedam benefícios sociais aos que necessitarem por incapacitação, doença ou velhice.

Existe o Ministério da Previdência e Assistência Social (MPAS), e por meio deste temos os direitos inspirados na própria Constituição Federal.

O MPAS é "uma instituição pública, que tem como objetivo reconhecer e conceder direitos aos seus segurados, por meio da transferência de renda, a fim de substituir a renda do trabalhador contribuinte, quando este perde a capacidade de trabalho, seja por doença, invalidez, idade avançada, morte e desemprego involuntário, ou mesmo na maternidade e se for entregue à reclusão".

Busque seu seguro social, que visa garantir ao trabalhador e aos seus dependentes um amparo quando ocorre a perda permanente ou temporária de sua renda, ou, no caso de morte, para seus dependentes ou beneficiários.

O sistema previdenciário engloba uma grande massa de recursos e obrigações, e para que ele continue a funcionar, é necessário que cada participante contribua com parte de sua renda durante sua vida ativa. É assim que funciona: você contribui para que todos e você, quando precisarem, possam ter um benefício.

A aposentadoria por tempo de serviço é concedida porque você já trabalhou um certo número de anos e/ou atingiu uma certa idade, em geral com outras regras concomitantes. Então, é feito o cálculo do que você receberá mensalmente até sua morte. Também incluídos seus dependentes neste último caso (da morte).

Aqueles que continuam a trabalhar mesmo depois de aposentados, devem evitar contribuir, pois não é certo pagar após sair do "universo previdenciário de contribuições".

A desaposentação, remédio contra isso, é pedir um novo valor (reajustado) de aposentadoria, por continuar tendo de contribuir mesmo já sendo aposentado. Ela foi rejeitada pelo Supremo Tribunal Federal, mas o assunto ainda não terminou e, quer pelo Poder Legislativo, na Reforma da Previdência ou em lei específica, quer por esclarecimentos do próprio Supremo, voltará a ser discutido e pode ser um direito seu futuro, ainda que sob outro nome ou forma de solicitar.

A ideia correta do programa de aposentadoria é que o trabalhador ativo de hoje financia os inativos, e posteriormente aqueles serão financiados por trabalhadores ativos quando chegarem à inatividade. Só que o número de aposentados cresce, crescerá ainda mais, então provavelmente a aposentadoria será atingida por quem tiver 65 anos ou mais e contribuições durante 35 anos[*]. Isso se não for ainda pior! O que parece reservar o futuro é o incentivo a Fundos de Pensão privados, aos quais o Governo concederia isenções que os fizessem em grande parte substituir a Previdência Pública.

Direitos dos funcionários públicos no Regime Próprio de Previdência Social (RPPS)

Dispõe o Artigo 40 da Constituição Federal, na redação dada pela Emenda Constitucional 41/2003:

"Art. 40 — Aos servidores titulares de cargos efetivos da União, dos Estados, do Distrito Federal e dos Municípios, incluídas suas autarquias e fundações, é assegurado regime

---

[*] No momento em que este livro está sendo escrito, está em discussão a Reforma da Previdência no Congresso Nacional, que pretende modificar estes parâmetros.

de previdência de caráter contributivo e solidário, mediante contribuição do respectivo ente público, dos servidores ativos e inativos e dos pensionistas, observados critérios que preservem o equilíbrio financeiro e atuarial e o disposto neste artigo."

Desde já se diga que os funcionários públicos recebem, em geral, mais que os aposentados da iniciativa privada, porque, na maioria dos casos, se aposentam com o que estão ganhando enquanto trabalham, na maioria dos casos.

Aqui, portanto, falamos do que é assegurado pela Previdência aos funcionários públicos.

Esse artigo é o principal fundamento do Regime Próprio de Previdência Social. Os servidores que integram esse regime podem ser titulares de aposentadoria compulsória, aos 70 anos de idade, ou voluntária, se atendidos requisitos afeitos à idade ou ao tempo de contribuição.

REGIME GERAL DE PREVIDÊNCIA SOCIAL (RGPS) —
TODOS OS NÃO FUNCIONÁRIOS PÚBLICOS

Tal regime, para todos os outros trabalhadores brasileiros, tem como fundamento o Artigo 201 da Constituição Federal, que dispõe:

"Art. 201 — A previdência social será organizada sob a forma de regime geral, de caráter contributivo e de filiação obrigatória, observados critérios que preservem o equilíbrio financeiro e atuarial, e atenderá, nos termos da lei, a: (Redação dada pela Emenda Constitucional nº 20, de 1998)

I — cobertura dos eventos de doença, invalidez, morte e idade avançada;

II — proteção à maternidade, especialmente à gestante;

III — proteção ao trabalhador em situação de desemprego involuntário;

IV — salário-família e auxílio-reclusão para os dependentes dos segurados de baixa renda;

V — pensão por morte do segurado, homem ou mulher, ao cônjuge ou companheiro e dependentes, observado o disposto no § 2º do artigo."

São quatro as aposentadorias concedidas pelo RGPS e administradas pelo Instituto Nacional do Seguro Social, que é uma autarquia vinculada ao Ministério da Previdência Social. São elas: aposentadoria por idade, por tempo de contribuição (antiga *por tempo de serviço*), por invalidez e especial.

Finalizando, defendo que os jovens tenham desde cedo um plano de previdência privado, da empresa onde trabalham, ou de entidades financeiras, depositando para 30 anos à frente, porque creio que o país e todo o mundo não vão mais suportar conceder aposentadorias e certamente incentivarão os planos de previdência abertos ou fechados, como objetivos para seus cidadãos, inclusive concedendo isenções fiscais, para atrair as pessoas que sejam precavidas para o futuro.

Se você tem perto de 30 anos e não aderiu a qualquer plano de previdência por meio de entidades financeiras ou empresas, você está atrasado. Você pode pensar coisas como "serei rico até lá e não vou precisar", "viverei menos de 60 anos", "trabalharei sempre e ganharei sempre para me sustentar, ou alguém me sustentará". Cuidado com essas premissas ou falsas ilusões!

14.7 — Direito dos desamparados, na forma da Constituição

Logo me ocorrem direitos dos órfãos e viúvas, os quais, particularmente em dificuldades, merecem o cuidado especial da lei, muitas vezes provenientes do Ministério Público, dos juizados de menores, dos juízes de direito e do Poder Publico Executivo, a quem devem recorrer para auferir justos direitos e proteção específica.

Lute para que tais direitos sejam cumpridos e tente fazer tudo o que puder e que constitua ajuda aos desamparados.

Preste atenção aos movimentos sociais e religiosos que ajudam os desamparados e contribua como puder. Muitas vezes é difícil realizar ações concretas, mas ao menos tente. Se você chegar a viver até ficar velho, quererá recursos, carinho e atenção. A não ser que morra antes, mas é isso que você quer? Morrer antes de ficar velho? E se ficar doente, você preferiria estar abandonado ou bem atendido?

Apenas para exemplificar possíveis situações que podem ocorrer quanto ao uso das palavras "piedade", "compaixão" e "misericórdia":

Alguém pode chegar a você e dizer "Piedade, senhor. Estou com muito frio, sinto-me mal, roubaram-me tudo, inclusive meu casaco", "Tem compaixão de mim, senhor. Estou sofrendo e não tenho nada para me aliviar", ou "Tem misericórdia de mim, vizinho. Estou só, não tenho forças nem para me levantar. Minha família me abandonou. Deitei-me aqui para que eu espere a morte".

Tente fazer o que puder, quando puder, que constitua ajuda aos desamparados, ou chame logo quem puder ajudar ou socorrer, incluindo-se a polícia e os órgãos públicos relacionados aos fatos. Buscar pelo cumprimento dos direitos sociais é ser cidadão de verdade, é contribuir para que o país progrida, que a sociedade se aperfeiçoe e se eleve em valores e cultura.

14.8 — História ilustrativa do capítulo

O lar de D. Filó

D. Filó era a filha única do Sr. Vicente e D. Viviane. Uma tia achou-a parecida com ela e passou a chamá-la de D. Filó, e, sem querer, o apelido "pegou". Formou-se em boa escola estadual do interior (naquele tempo existia) e depois fez Magistério e uma especialização em Sociologia.

Seu pai, advogado, e sua mãe, costureira, lhe deram excelente educação familiar. Foi acostumada a tratar com carinho a todos, mesmo os mais humildes.

Estava noiva de um fazendeiro da cidade. Num dia de enorme tempestade, Vicente estava na fazenda do noivo da filha, onde tinha ido tratar de uns registros imobiliários deste último. Estavam correndo para a casa sede da fazenda, para escapar da chuva, quando infelizmente um raio os acertou e os matou.

A dor e o desenlace trágico foram enormes e teriam sido causa de depressão para muitos, mas não para Filó e sua mãe.

Após o enterro e os arranjos de vida que tiveram de fazer com coragem e força, ela dedicou-se a lecionar no ensino médio, e a mãe continuou costurando para freguesas de longa data. Um dia, estava Filó dando aula de Português para 35 alunos, e uma menina de cor, sabidamente órfã, perguntou-lhe chamando-a de lado e baixando a cabeça, de repente:

— D. Filó, qual a diferença real entre uma casa para órfãos, como a em que vivo, e um lar de verdade, com pai e mãe? É que eu me sinto insegura às vezes e quando falo com outros colegas, eles me falam como é lá com seus pais, como conversam e à noite muitas vezes até ficam muito tempo sendo consolados ou aprendendo como se comportar, recebem beijos e abraços e como os pais tomam conta de coisas ou os ajudam em muitas situações. Eu não tenho isso d. Filó, então fico triste...

D. Filó abraçou-a e comoveu-se ao notar a profundidade da questão de intransponível resposta imediata. Pensou quanto ela havia sido feliz e respondeu:

— Bem, você pode contar comigo quando quiser, para qualquer situação difícil ou até para abraçá-la quando estiver triste, querendo desabafar algo ou sentir falta desse diálogo. Um lar é muito bom, mas quando não temos um ideal, a gente ouve o que for bom, de colegas, e recorre a pessoas como eu, que sempre podem ajudá-la.

Mas não parou por aí. D. Filó passou a meditar se não devia fazer algo a respeito e como fazer. Os desafios, riscos e exigências legais e burocráticas para materializar algo em socorro dos menos afortunados eram imensos.

D. Filó passou a aconselhar e ser o melhor refúgio possível para seus alunos que necessitassem. Mas queria mais: procurou em sua Igreja pessoas que trabalhavam com a juventude, pastorais de contato com menores carentes, consultou a Prefeitura e o Fórum local a respeito dos processos tramitando sobre menores, guarda de menores, menores infratores, menores abandonados, processos referentes a mães acusadas de aborto ilegal.

Duas pessoas abastadas, conhecendo quem era ela e o que fazia na escola, resolveram ajudá-la e perguntaram se aceitava receber uma casa em um bairro de classe média da cidade, desde que com a finalidade de recolher, encaminhar, educar e prover menores desde nascituros até os 14 anos.

D. Filó sentiu, ao receber aquela oferta, o famoso "frio na barriga" e disse que responderia no dia seguinte.

Foi à Igreja, orou em frente à imagem da Virgem Maria (sua devoção favorita) e silenciou. Depois de uma meia hora, sentiu uma sensação forte do tipo "Vá em frente, filha!".

No dia seguinte, aceitou a proposta. Então os advogados, contadores, a Prefeitura e o Serviço Social foram providenciando a regularização perante todos os Órgãos Públicos, o Estatuto do "Lar D. Filó", e foram contratadas três funcionárias para serem pagas pelas beneméritas.

Para não alongar mais a história, o Lar d. Filó se expandiu para outro imóvel, recebeu de início 20 crianças, e tem sempre 40 morando na instituição, com direito a frequentarem a escola pública onde Filó ainda dá aula.

Sua mãe foi responsável, com amigas, pela confecção de todo tipo de roupa (até fraldas especiais), mesmo toalhas.

O lema da instituição ainda é "Amor incondicional — disciplina por igual — todos somos um!".

Vocês vão me dizer que isto não existe? Bem, fico por aqui sem mais detalhes, mas informo aos mais céticos: minha madrinha de batismo teve MUITO a ver com isso, deu certo, eu sei onde fica, mas um dia talvez eu conte tudo melhor, em outro livro.

Capítulo 15
Direitos Trabalhistas

"Art. 7º — São direitos dos trabalhadores urbanos e rurais, além de outros que visem à melhoria de sua condição social.

I — relação de emprego protegida contra despedida arbitrária ou sem justa causa nos termos de lei complementar, que preverá indenização compensatória, dentre outros direitos."

15.1 – A importância da Carteira Profissional

O trabalhador brasileiro, empregado ou desempregado, para ter os inúmeros direitos que a Constituição e a Consolidação das Leis do Trabalho (CLT) concedem, além do fato de poder ver indicados os fatos importantes de sua vida laboral, necessita em primeiro lugar tirar sua Carteira Profissional, que tem foto identificadora, sua digital e todos os espaços e folhas para registrar o exercício e a anotação desses direitos, bem como fatos relevantes à sua aplicabilidade. É um "diário" de sua vida. É sua "Carteira de Identidade Profissional".

A carteira garante muito mais facilidade e aplicabilidade de toda a gama de direitos da legislação trabalhista, além daquilo que os sindicatos de sua categoria deliberarem em acordos coletivos de trabalho ou dissídios coletivos.

As empresas sérias e formalmente em ordem não aceitam trabalhadores sem a carteira, pois é contra a lei trabalhar sem carteira assinada, em relação a você e a seu patrão. É ilegal, pode produzir inúmeras fraudes e sepultar, antes de nascidos, inúmeros direitos.

Tudo estando certo, você tem direito ao salário mínimo, jornada dentro dos padrões legais, em turnos de revezamento ou jornada diária de oito horas de trabalho, em geral, com folgas semanais conforme a lei prevê, intervalos para almoço e férias anuais. Se não tiver carteira, teoricamente você está fora desse universo, porque está contribuindo com empresas e pessoas que estão fora da legalidade, ou que não querem pagar os encargos trabalhistas, ou é escravo para trabalhar em que, como e onde ordenarem seu trabalho, em desacordo com a lei e ainda sem proteção à sua saúde.

A carteira o conecta ao sistema nacional de empregados cadastrados, identificando-o e sendo garantia até para futura aposentadoria. Também quando ocorrem greves, ela permite identificar sua posição em movimentos e pode defendê-lo, se não participou ou sobre quanto tempo participou, definindo a aplicabilidade de decisões judiciais a respeito.

Na carteira, aliás, estão descritos muitos de seus direitos trabalhistas, o que contribui para que tome conhecimento e possa consultar muitos desses direitos. Qualquer código de conduta ou regulamento de trabalho das empresas pode ser confrontado com o que diz sua carteira profissional, e não prevalecerá se ferir a Constituição ou as normas trabalhistas.

15.2 – Inciso I: a proteção

Para que se realize esse direito à sadia relação de emprego, tal relação realmente tem de ser respeitosa, de lado a lado, mas conferindo ao empregado, parte mais fraca, uma proteção que equilibre o poder do empregador de dispensar o empregado quando bem entender.

Escolheu então o legislador dizer que não pode haver despedida a qualquer tempo, sem a mínima satisfação, como se a relação empregatícia fosse um jogo de quem pode mais, para que haja segurança social no trabalho, não sujeitando o empregado à despedida sem causa sem nada haver de compensação correspondente ao ato de despedir.

Como os patrões brasileiros esperam que os empregados executem bem e com habilidade seu trabalho, a estes últimos é lícito e seu direito de contar com remunerações dignas e indenização, quando demitidos sem justa causa.

Se for despedido. O empregado tem direito ao saldo de salário porventura ainda devido, a aviso prévio de 30 dias, ou compensação equivalente, mais o 13º salário proporcional, férias proporcionais e complemento ao FGTS de 40% do que estiver depositado em seu nome. Esses direitos seguem regras e são proporcionais conforme o tempo de serviço.

Há sempre um período de experiência de 45 a 90 dias para a aplicabilidade dessas regras, mas você recebe e assina o Termo de Experiência, que é anotado em sua carteira profissional.

Ocorrendo despedida por justa causa (se você cometer algum ato grave ou incidir em três fatos infracionais em determinado período), perde-se os direitos relativos à demissão sem justa causa.

15.3 – Inciso II: seguro-desemprego

Quando a economia ou a situação da empresa está frágil, há um desequilíbrio que quase força os empregadores a despedir os empregados, porque se veem sem condições de mantê-los, tendo de diminuir drasticamente seus custos para não falirem.

Ocorre, entretanto, que às vezes o empregado (parte mais frágil na relação trabalhista) é despedido sem justa causa, mesmo estando a empresa em situação normal, pelos motivos mais diversos, desde alegada incompetência para a função, falhas, troca de tecnologias, troca de direção e negócios etc. E pode ocorrer de essa pessoa ficar sem emprego por um bom tempo, dependendo do local onde está, dos motivos alegados, do mercado e do tipo de trabalho em que labora.

Para esses casos, existe o direito ao chamado seguro-desemprego, que o pode amparar pelo tempo em que estiver desempregado, ou ao menos em parte dele.

Você tem direito a solicitar do Governo Federal o salário que é determinado pela lei, contribuindo-se assim para que não fique em situação muito difícil, por um determinado tempo, até que encontre outro emprego ou outra atividade lucrativa, o que constitui mecanismo social de importância grande, particularmente aos que ganham salários mais baixos. Mas o benefício é para todos, claro.

Você se lembra de que falei da importância da carteira profissional e ter os documentos em ordem para se fazer jus aos seus direitos?

Pois bem, segundo a Caixa Econômica Federal, para ter direito ao benefício do seguro-desemprego, você deve apresentar os seguintes documentos:

— Documento de identificação, preferencialmente Carteira de Identidade

— CTPS — Carteira de Trabalho e Previdência Social, independent do modelo

— Documento de identificação de inscrição no PIS/PASEP

— Requerimento de seguro-desemprego e comunicação de dispensa gerado pelo empregador no Portal Mais Emprego

— TRCT — Termo de Rescisão do Contrato de Trabalho, com o código 01 ou 03 ou 88, devidamente homologado, para os contratos superiores a um ano de trabalho, ou Termo de Quitação de Rescisão do Contrato de Trabalho (acompanha o TRCT) nas rescisões de contrato de trabalho com menos de um ano de serviço, ou Termo de Homologação de Rescisão do Contrato de Trabalho (acompanha o TRCT) nas rescisões de contrato de trabalho com mais de um ano de serviço

— Documentos de levantamento dos depósitos no FGTS ou extrato comprobatório dos depósitos

— CPF

Se você tiver conta poupança (013) ou conta Caixa Fácil (023), a parcela será creditada automaticamente em sua conta. O benefício pode ser retirado em qualquer unidade lotérica, correspondente Caixa Aqui, no autoatendimento da Caixa, mediante uso do Cartão do Cidadão, com senha cadastrada, ou ainda nas Agências da Caixa.

Você tem direito ao seguro-desemprego se é trabalhador formal e doméstico em virtude da dispensa sem justa causa, inclusive dispensa indireta.

Importante a questão de dispensa indireta.

O que é?

É o que está disposto no Artigo 483 da Consolidação das Leis do Trabalho:

"Art. 483 — O empregado poderá considerar rescindido o contrato e pleitear a devida indenização quando:

a) forem exigidos serviços superiores às suas forças, defesos por lei, contrários aos bons costumes, ou alheios ao contrato;

b) for tratado pelo empregador ou por seus superiores hierárquicos com rigor excessivo;

c) correr perigo manifesto de mal considerável;

d) não cumprir o empregador as obrigações do contrato;

e) praticar o empregador ou seus prepostos, contra ele ou pessoas de sua família, ato lesivo da honra e boa fama;

f) o empregador ou seus prepostos ofenderem-no fisicamente, salvo em caso de legítima defesa, própria ou de outrem;

g) o empregador reduzir o seu trabalho, sendo este por peça ou tarefa, de forma a afetar sensivelmente a importância dos salários.

§ 1º — O empregado poderá suspender a prestação dos serviços ou rescindir o contrato, quando tiver de desempenhar obrigações legais, incompatíveis com a continuação do serviço.

§ 2º — No caso de morte do empregador constituído em empresa individual, é facultado ao empregado rescindir o contrato de trabalho.

§ 3º — Nas hipóteses das letras d e g, poderá o empregado pleitear a rescisão de seu contrato de trabalho e o pagamento das respectivas indenizações, permanecendo ou não no serviço até final decisão do processo." (Incluído pela Lei nº 4.825, de 5.11.1965)

Ainda de caráter econômico a considerar, a empresa que desconta do salário do trabalhador o valor relativo ao vale-transporte, mas não o entrega, fica sujeita à condenação pela via da rescisão indireta, como também ao pagamento de indenização por danos morais.

Ainda se deve cogitar como casos enquadráveis as revistas íntimas visuais, que geram comentários constrangedores, e as discriminações homofóbicas, levando à rescisão indireta e provável obrigação do pagamento de indenização por danos morais.

E você também terá direito ao seguro-desemprego nos seguintes casos:

"— Se é trabalhador formal com contrato de trabalho suspenso em virtude de participação em curso ou programa de qualificação profissional oferecido pelo empregador;

— Se você é pescador profissional durante o período do defeso (não possibilidade de pesca ou parcial possibilidade em geral precária);

— *Se você trabalhador foi resgatado da condição semelhante à de escravo."*

Na Caixa Econômica Federal será calculado o valor das parcelas, pela média dos salários dos últimos três meses anteriores à demissão. Para o pescador artesanal, empregado doméstico e o trabalhador resgatado, o valor é de um salário mínimo. O seguro-desemprego é um benefício pessoal e só pode ser pago diretamente ao beneficiário, com exceção das seguintes situações:

- morte do segurado, quando serão pagas aos sucessores parcelas vencidas até a data do óbito;
- grave moléstia do segurado, quando serão pagas parcelas vencidas ao seu curador legalmente designado ou representante legal;
- moléstia contagiosa ou impossibilidade de locomoção, quando serão pagas parcelas vencidas ao procurador;
- ausência civil, quando serão pagas parcelas vencidas ao curador designado pelo juiz;
- beneficiário preso, quando as parcelas vencidas serão pagas por meio de procuração.

15.4 — Fundo de garantia por tempo de serviço (FGTS)

O fundo de garantia por tempo de serviço foi instituído pela Lei nº 5.107, de 13 de setembro de 1966, e hoje é regido pela Lei nº 8.036, de 11 de maio de 1990.

Quando você trabalha normalmente e registrado para empresas ou entes empregadores de qualquer espécie, inclusive públicos, uma parcela de seu salário (8%) é depositada todo mês em conta especial pelo empregador. Até o 13º salário implica na obrigação desse depósito, bem como horas extras.

O tempo de serviço vai passando, e o montante em sua conta específica vai crescendo. Isso resulta em que, a cada ano, o empregado fica com praticamente um salário-mês à sua disposição, para ser usado quando da despedida sem justa causa, ou na compra de casa própria, tudo na forma da legislação ordinária, e em outros momentos, quando o governo permitir.

Quando o empregado é despedido sem justa causa e tem, digamos, oito anos de serviço, o empregador tem de depositar mais 40% de tudo o que estiver na conta do empregado, o que significa que, teoricamente, se não utilizou o fundo para outras finalidades, ele teria no fundo oito salários (maiores que o original, porque deve ter sido atualizado durante seu período laboral na empresa) e mais 40% sobre isto, o que significa mais 3,2 salários (total aproximado de 11,2 salários).

Portanto, o trabalhador com FGTS sempre é socorrido, ao menos quando é despedido sem justa causa, por um montante que lhe assegura um período de estabilidade até encontrar outro emprego ou empreender negócio por conta própria.

Esse talvez seja o maior benefício construído no Brasil para os trabalhadores, inclusive praticamente obrigando os empregadores a registrarem os empregados.

Poucos países têm mecanismo parecido com esse, que é combatido por muitos economistas como custo desnecessário ao Brasil. Entretanto, enquanto o Brasil não oferecer melhores condições econômicas e sociais, há necessidade de proteger, no que for possível, a posição mais fraca do empregado e, principalmente, daquele que fica desempregado.

15.5 – Salário mínimo

Para os trabalhadores que prestam serviços a empregador continuamente, com vínculo laboral, é garantido salário não inferior a um mínimo, fixado em lei federal, nacionalmente unificado, que deveria ser capaz de atender as suas necessidades vitais básicas e às de sua família, com moradia, alimentação, educação, saúde, lazer, vestuário, higiene, transporte e previdência social, com reajustes periódicos que lhe preservem o poder aquisitivo, sendo vedada sua vinculação para qualquer fim.

Cada estado é livre para fixar um montante maior em seu território, atingindo os que residem nos respectivos estados. E já falamos sobre a questão de que o salário mínimo anualmente fixado não é suficiente para propiciar o atendimento das necessidades vitais básicas do trabalhador.

Segundo o DIEESE (Departamento Intersindical de Estatística e Estudos Socioeconômicos), o salário mínimo vigente, por exemplo, em setembro de 2016, de R$880, deveria ser de R$4.013,08! Quanto a isso, melhor não comentar, porque sabe o leitor como isso o afeta.

O governo sempre afirmou que o salário mínimo está sendo corrigido aos poucos, com concessões de aumento real anual. Dirá que não pode conceder um salário mínimo maior porque senão o país "quebra".

É verdade que agora, de uma só vez, é impossível. Mas então talvez devesse mudar de nome, ou ser simplesmente salário-base de referência. Principalmente porque o salário mínimo de servidores públicos em Brasília é bem mais alto. E o que dizer do "salário mínimo" dos deputados, senadores, por exemplo?

E tem mais: os aposentados que ganham mais que o salário mínimo (mas não muito mais) recebem um reajuste só pela inflação, que é fixada a cada ano de uma forma, conforme convém ao governo.

Esses são os primeiros direitos que julguei interessante comentar, para já ser inteligível o teor dos que vêm depois, porque obedecem a essa mesma linha de prestigiar certos direitos trabalhistas já incorporados ao "universo trabalhista brasileiro".

Inclusive são objeto de leis específicas ou tratados por leis específicas, de tal sorte que não os realço tanto quanto na exposição que fiz sobre os direitos fundamentais do Artigo 5º, inclusive porque é deste que retiram seu próprio nascedouro jurídico, quanto a inúmeras situações e regalias que explicitam e buscam cumprir as finalidades do Artigo 5º da Constituição.

Dessa forma, vêm depois os direitos previstos nos outros incisos, merecendo para mim um realce aos seguintes:

VI — *irredutibilidade do salário, salvo o disposto em convenção ou acordo coletivo* (ninguém pode reduzir o salário do trabalhador em mesma relação trabalhista);

VII — *garantia de salário, nunca inferior ao mínimo, para os que percebem remuneração variável;*

VIII — *décimo terceiro salário com base na remuneração integral ou no valor da aposentadoria;*

XI — *participação nos lucros, ou resultados, desvinculada da remuneração, e, excepcionalmente, participação na gestão da empresa, conforme definido em lei;*

XIII — *duração do trabalho normal não superior a oito horas diárias e quarenta e quatro semanais, facultada a compensação de horários e a redução da jornada, mediante acordo ou convenção coletiva de trabalho;*

XV — *repouso semanal remunerado, preferencialmente aos domingos;*

XVII — *gozo de férias anuais remuneradas com, pelo menos, um terço a mais do que o salário normal;*

XVIII — *licença à gestante, sem prejuízo do emprego e do salário, com a duração de cento e vinte dias;*

XIX — *licença-paternidade, nos termos fixados em lei;*

XXII — *redução dos riscos inerentes ao trabalho, por meio de normas de saúde, higiene e segurança;*

XXIII — *adicional de remuneração para as atividades penosas, insalubres ou perigosas, na forma da lei;*

XXIV — *aposentadoria;*

XXX — *proibição de diferença de salários, de exercício de funções e de critério de admissão por motivo de sexo, idade, cor ou estado civil;*

XXXIII — *proibição de trabalho noturno, perigoso ou insalubre a menores de dezoito e de qualquer trabalho a menores de dezesseis anos, salvo na condição de aprendiz, a partir de quatorze anos;*

Parágrafo único. São assegurados à categoria dos trabalhadores domésticos os direitos previstos nos incisos IV, VI, VII, VIII, X, XIII, XV, XVI, XVII, XVIII, XIX, XXI, XXII, XXIV, XXVI, XXX, XXXI e XXXIII e, atendidas as condições estabelecidas em lei e observada a simplificação do cumprimento das obrigações tributárias, principais e acessórias, decorrentes da relação de trabalho e suas peculiaridades, os previstos nos incisos I, II, III, IX, XII, XXV e XXVIII, bem como a sua integração à previdência social.

15.6 — Recursos necessários para pagar e respeitar tais direitos

O Governo questionará como obter recursos para dar conta de todos os direitos concedidos aos trabalhadores. Ou, como gosta de declarar a Fazenda Nacional, "qual é o tamanho do Estado que desejam?". Com isso, dizem que precisam arrecadar mais... e mais... conforme o cumprimento dos direitos exigíveis, portanto obrigando o Estado a gastar mais.

O Governo não fala explicitamente como podem ser cortados os gastos públicos com uma administração efetiva e enxuta, com gente competente, mesmo porque perderia incontáveis votos dos funcionários públicos. Também deveriam existir sistemas transparentes de fato, não como os que existem hoje, que deixam brechas para aposição de contas genéricas e duvidosas, que acobertam desperdícios e erros de identificação e conexão, até através de contrapartidas aumentadoras artificiais de receitas que não são receitas, e sim perdas (contabilidade artificial e ardilosa).

Transparência que propicie a qualquer cidadão que se interessar poder acessar e ver desde o momento da arrecadação dos recursos públicos, até a última extremidade do local, e/ou das pessoas que tocaram no dinheiro público, nos recursos públicos, com indicação de CNPJ e CPF de todos os envolvidos. Ainda com prestação de contas anual ao povo, verdadeiro dono dos recursos que ele mesmo paga ao Governo. Que se determinem muito bem, com notas explicativas, trimestrais ou semestrais, de preferência que sejam elaboradas por auditorias externas e independentes contratadas, obviamente com parecer também da Controladoria Geral da União, a respeito, assim permitindo ao público conhecer tudo o que for de seu interesse.

Buscar seus direitos desse Artigo 7º é conhecê-los bem, verificar que sejam aplicados, reclamar quando não executados ou quando faltarem com seu cumprimento, em geral na Justiça do Trabalho. Mas, muito mais do que isso, buscá-los conscientemente, com clareza, com sabedoria, no tempo certo, sem ódios ou violências, mas com firmeza. Lutar por eles mesmo junto a qualquer repartição governamental ou juízo competente.

Por isso é importantíssimo eleger bem seus representantes no Poder Legislativo, no Poder Executivo, nas associações, nos bairros e cidades, e lutar pelos seus direitos com responsabilidade.

15.7 — História ilustrativa do capítulo

Muitas vezes em minha vida profissional deparei-me com reclamações trabalhistas em que eram pleiteados salários maiores do que os que estavam sendo pagos. Na maioria das vezes o motivo era uma mudança de parâmetros dos níveis de salário atribuível a cargos específicos, daí resultando situações de prejuízo para o funcionário. Para exemplificar, digamos que o especialista em manutenção de máquinas passava a ser denominado supervisor de máquinas simplesmente, já que o cargo especialista foi eliminado, e agora o supervisor passou a verificar apenas um terço das máquinas pelas quais era responsável, por melhor controle operacional da empresa.

A empresa então elegia um horário menos carregado de tarefas para o empregado, dava-lhe folgas mais interessantes durante a semana, mas passava a pagar menor salário, explicando-lhe que ele tinha menos trabalho, estava em situação mais favorável e que poderia no futuro ascender a um cargo de chefia, com salário maior.

Isso é proibido. É contrário à Constituição Federal — Artigo 7°, inciso VI, que citamos neste capítulo.

A empresa pode ter modificações de produção ou internas que sejam benéficas ao seu funcionamento, pode discutir em convenções coletivas de trabalho o assunto com o sindicato dos trabalhadores, anualmente, e então quem sabe obter as autorizações necessárias para algumas modificações.

Duvido que o sindicato vá concordar com reduções salariais, a não ser que sejam bem explicadas, justificadas ou para evitar desemprego em massa.

No entanto, de forma definitiva padrão, o patrão não pode nunca reduzir o salário do empregado, ainda que o salário seja o resultado de vários fatores ou a soma de várias tarefas. Ou seja, quem é empregado e recebe todo mês R$1.500 não pode nunca passar a receber R$1.400, seja qual for a composição de valores que a empresa tenha para demonstrar o pagamento. Exceção a acordo com o sindicato ou justiça para propiciar o não fechamento da empresa ou livrá-la de impossibilidade de pagar os salários, devidamente demonstrada e acordada com os órgãos competentes para proteger os direitos dos empregados. O que vale é o total pago todo mês, que não pode ser reduzido, só pode ser aumentado, quando assim for para ocorrer. Ou então a empresa resolva o problema demitindo o empregado, mas com o pagamento de tudo o que lhe for devido pela dispensa.

Capítulo 16

Constituição atual e indicação de mudanças aos artigos 1º a 7º

16.1 – Comentários iniciais

Adiante será transcrita a redação atual da Constituição em caracteres normais, e as proposições para alterá-la estarão em itálico. Assim, você terá a redação atual e as modificações, ou seja, o que eu proporia para ser a nova redação dos artigos 1º a 7º da Constituição, se tivesse o poder de alterá-la e promulgá-la, o que sei que pode não agradar a muitos, como é normal acontecer e acontece no nosso país e em tantos outros quando se quer discutir a redação de Constituição. E também, em geral, quem tem o poder é contrário a mudanças que lhe desfavoreçam.

Em muitos países, como o foi em nosso próprio país em tempos de ditadura, a Constituição é "enfiada goela abaixo" e pronto. Ora, eu redigiria a minha versão dos artigos 1º a 7º imediatamente, se tivesse poder para fazê-lo. Julgo minha proposta melhor para o Brasil do que a que temos. Implicaria mudanças na verdade da maior parte do texto integral, para não haver choques com o início que mudo (o qual é sua parte mais importante). Bem, mãos à obra, porque acontecerá ser necessário fazê-lo um dia, espero que o mais breve possível, mesmo que seja diferente do que proponho.

Não dá para continuar assim, nem quanto ao regime republicano típico, nem quanto aos tributos, nem quanto à política e representantes do povo, nem quanto às normas penais, nem quanto a competências, nem quanto aos poderes constituídos, nem quanto à Previdência Social.

Lógico que isso pressupõe uma Assembleia Nacional Constituinte e/ou a composição de forças, tendências majoritárias, acordo social, desejo de fazer o melhor, de esquecerem-se as rixas e inimizades pessoais e pelo poder, em certos locais e certos assuntos, para que se forme legitimamente essa assembleia, aceita por todos.

Às vezes, não concordar com a redação, mas render-se em nome da paz social e do bem maior, requer a audácia de Ulysses Guimarães, com a força dos poderosos que deixassem suas posições uma vez na vida para o bem do Brasil — coisa difícil, porém não impossível.

Queremos ou não o bem do Brasil, a pujança econômica com real distribuição de renda, a paz social com a oportunidade visível aos olhos até das crianças, dos jovens, dos desanimados, dos investidores, dos que realmente amam este país? E o combate à criminalidade, conjugado a educação familiar e escolar de alta qualidade?

Até os Estados Unidos, terra de preconceitos antigos contra os negros, incrivelmente elegeram seu presidente negro, Barack Obama, fato até objeto de livro — até porque em 1920/30 isso era considerado loucura pela maioria do povo americano. Ocorre que, quando foi eleito presidente, Obama mostrou que os contrários à eleição de um negro não eram mais a maioria do povo norte-americano.

Exprimir meu pensamento aqui é uma tentativa de contribuir para direcionar a melhoria de nosso país. Proponho o parlamentarismo, não de qualquer jeito, como já foi objeto de plebiscito anterior, mas obrigatoriamente acompanhado de melhores estruturas e regras eletivas de representantes do povo, com melhor participação deste na condução de assuntos nacionais e regionais.

Talvez ainda se queira salvar o presidencialismo, como é nos Estados Unidos, por exemplo. Contudo, aqui está difícil entregar o poder a um presidente, com muitas atribuições, querendo o poder sem discernimento e a qualquer custo, sempre priorizando um projeto de poder, ou um projeto de partido ou coalizão que o elegeu. Seria imprescindível que o eleito tivesse um projeto de país em médio e longo prazo, mesmo que posteriormente tenha de passar o poder a outro, de outra corrente partidária, mas que muito mantivesse os bons projetos de longo prazo.

Importante: chega dessa loucura de número de partidos mantidos com dinheiro público. Seriam só cinco partidos no máximo com tal benefício de custeio, tendendo, na prática, a serem apenas os dois maiores, um do tipo mais socialista (sem ser comunista) e outro mais liberal democrata, cada um com ideais bem definidos e projetos de país bem definidos, publicados expressamente, para o povo poder identificar em cada um o que realmente prefere, o que quer para o país.

Mais três partidos poderiam existir agregando certos valores mais acentuadamente que os outros (como ter ênfase específica ao meio ambiente, ou a métodos e formas de educação e saúde, ou outro com formas diferentes de implantar infraestrutura), com ênfase nessas propostas não contidas em essência específica nos outros, o que os fizesse defensores específicos desses temas.

O Tribunal Superior Eleitoral seria o órgão que atribuiria validade e registro aos partidos e decidiria em conjunto com o Supremo Tribunal Federal (juízes dos dois tribunais em conjunto, por maioria) questões ou dúvidas de quaisquer naturezas sobre os partidos, sem haver, portanto, qualquer recurso dessas decisões.

Todos os partidos atuais seriam dissolvidos, e seriam constituídos esses dois a cinco novos partidos, com previsão para existirem em 120 dias improrrogáveis, após promulgada a nova Constituição, tempo em que o Tribunal Superior Eleitoral examinaria e faria o registro competente, declarando o resultado à nação.

E assim a filiação partidária teria início e os nomes em cada partido poderiam ser anunciados publicamente.

Caso se quisesse criar agremiações partidárias a mais, dentro de uma liberdade de expressão, não seriam considerados partidos como disse (só cinco), mas poderiam ser associações que ou chamariam a atenção para temas novos que os partidos existentes poderiam coletar, ou no futuro poderiam se transformar em partidos, substituindo algum existente, ou os membros se direcionando a algum dos partidos existentes.

Daí em diante, e nas eleições que se seguissem, os novos partidos indicariam seus nomes para candidaturas à Presidência da República, governadores, vices, representantes do povo em nível federal e estadual, enfim, todos os ocupantes de cargos públicos eleitos pelo povo, registrados em cada partido.

Seria criado um Comitê Nacional de Aconselhamento e Apoio do País, escolhido por indicação de entidades constantes de Lei Federal a respeito, formado por homens e mulheres de reconhecida competência em Direito, Economia, Finanças, Política Social, Parcerias Público-Privadas, Normas Internacionais, Auditoria, Magistratura, Magistério, Religiões, Infraestrutura, Comércio Interno e Internacional, Meio Ambiente, Defesa Nacional, Guerra e Segurança e Administração Pública (tendo cinco membros cada área de atuação). Por exemplo, os especialistas em Direito seriam indicados pela Ordem dos Advogados do Brasil. Para a área de Finanças, pessoas indicadas pelo Conselho Federal de Economia e da Fundação Getúlio Vargas, e as entidades da Indústria, Comércio e Bancos indicariam especialistas para a Economia. O Comitê teria por finalidade examinar mensalmente as decisões já tomadas pelo Governo e/ou pelo Parlamento no mês anterior para ratificá-las, comentando-as, ou encaminhar discordâncias bem especificadas e o porquê destas, indicando os caminhos para retificar ou corrigir tais decisões ou passos equivocados. Em sentido positivo, em face da conjuntura nacional, indicar com fundamentação as medidas e atos legislativos que, a seu ver, devessem ser efetivadas.

Deputados ou senadores não poderiam compor este Conselho, tampouco ocupantes de cargos públicos efetivos filiados a partidos políticos (salvo se pedissem afastamento do partido durante o prazo que fossem membros do Comitê). As reuniões seriam mensais, por videoconferência ou meio seguro disponível, e poderiam ser presenciais em Brasília, ou Rio de Janeiro ou São Paulo a cada semestre, considerando sempre o menor custo de locomoção e gastos, e maior quórum possível.

O comitê deve estar formado quando da promulgação da Constituição, contendo inclusive a forma da eleição interna.

A cada semestre, a reunião seria presencial em Brasília, no Rio de Janeiro ou em São Paulo, o que fosse menos custoso e prático por efeito da constituição desse comitê. É desejável que esta contasse com a presença do presidente da República, do primeiro-ministro (se houver), bem como dos presidentes das casas federais de representantes do povo.

Complementando essas ideias de reforma, talvez só uma câmara baste, sem senado e câmara dos deputados. — Só uma câmara de representantes do povo com representação efetiva do Brasil real.

Desta forma, evitam-se competências disputadas, demoras em andamentos de projetos de leis, e não há nada que o senado hoje faça que não possa ser feito por essa câmara dos representantes do povo, mesmo em relações internacionais, que poderiam simplesmente ser exercidas por comissão específica dentro da câmara. Isso sem contar a grande economia que se faria para beneficiar o país.

A propósito, a representatividade do povo deve consistir em um número de representantes proporcional ao número de habitantes de cada estado. Porque o estado existe para gerir os interesses do povo e onde este vive. Hoje não é assim. O estado de São Paulo, por exemplo, deveria ter muito mais representantes do que já tem na câmara dos deputados.

Além disso, penso que grandes cidades deveriam ter subprefeitos eleitos pelo povo dentre os eleitores que efetivamente moram no território dessas subprefeituras. O prefeito seria eleito pelos subprefeitos ou pelo povo, mas suas decisões seriam sempre submetidas à aprovação dos subprefeitos envolvidos. Na verdade, grandes cidades, para mim, deveriam ser divididas em quatro partes, por exemplo, com total autonomia. Haveria regras para o que e como fazer nessa divisão territorial e de coordenação de direitos específicos, atribuíveis nessas situações. A respeito, deveria se estimular a mudança para outras cidades e aperfeiçoar-se a estrutura para tanto.

16.2 — Preâmbulo e artigos 1º a 7º —
redação atual e redação proposta (em itálico)

PREÂMBULO

"Nós, representantes do povo brasileiro, reunidos em Assembleia Nacional Constituinte para instituir um Estado Democrático, destinado a assegurar o exercício dos direitos sociais e individuais, a liberdade, a segurança, o bem-estar, o desenvolvimento, a igualdade e a justiça como valores supremos de uma sociedade fraterna, pluralista e sem preconceitos, fundada na harmonia social e comprometida, na ordem interna e internacional, com a solução pacífica das controvérsias, promulgamos, sob a proteção de Deus, a seguinte *CONSTITUIÇÃO DA REPÚBLICA PARLAMENTARISTA DO BRASIL.*"

(Observação a este preâmbulo da Constituição: lembro que o Estado é laico, mas a Assembleia Nacional Constituinte fez questão de colocar que agiu sob a proteção de Deus.)

TÍTULO I
Dos Princípios Fundamentais

Art. 1º — *A República Parlamentarista do Brasil*, formada pela união indissolúvel dos Estados e Municípios e do Distrito Federal, constitui-se em Estado Democrático de Direito e tem como fundamentos:

(Social porque democrático, mas querendo proporcionar justiça de oportunidades e assistência aos mais carentes.)

I — a soberania;

II — a cidadania;

III — a dignidade da pessoa humana;

IV — os valores sociais do trabalho e da livre iniciativa;

IV — *o estímulo às famílias, bases fundadoras dos direitos humanos e do convívio social saudável, protegendo-as contra agressões e preconceitos que ameacem até sua preservação, integridade e honorabilidade;*

V — o pluralismo político, *mas com a existência de no máximo cinco partidos políticos, vetados partidos que ofendam os direitos humanos e o Estado Democrático de Direito;*

VI — *a função social da empresa e de todas as entidades que assalariam empregados ou os que lhes prestam serviços;*

VII — *a liberdade religiosa, significando a liberdade de exercer todos os cultos e crenças;*

VIII — *a justa distribuição de renda, visando-se superar os desníveis de rendimentos entre seus cidadãos, de tal sorte que haja um salário mínimo compatível, fixado pelo Governo Federal, revisto anualmente, para reajustá-lo ou não conforme a variação monetária, podendo os estados fixarem-no para mais dentro de seus territórios;*

IX — *Tributação especial desigual, pelo Imposto sobre a Renda, enunciada nos artigos sobre o Sistema Tributário Nacional, nesta Constituição;*

(Objetivo: taxar mais rendimentos muito elevados e riquezas.)

§ 5º — Todo o poder emana do povo, que o exerce por meio de representantes eleitos direta ou indiretamente, nos termos desta Constituição.

TÍTULO II
Dos Direitos e Garantias Fundamentais
CAPÍTULO I
DOS DIREITOS E DEVERES INDIVIDUAIS E COLETIVOS

Art. 2º — São Poderes da União, independentes e harmônicos entre si, o Legislativo, o Executivo e o Judiciário. *Para tal harmonia e existência eficaz de cada um, observar-se-ão as seguintes diretrizes obrigatórias:*

I — o Legislativo eleito escolherá os seus servidores públicos livremente, dentre os cidadãos que considerar aptos para tal função, proibida a exigência de filiação partidária a um determinado partido político, como condição para exercer tais funções;

II — o Executivo nomeará ministros dentre os cidadãos mais competentes, a seu juízo, sem qualquer interferência do Legislativo, ou seja, independentemente de sua filiação ou não partidária, abolindo-se o denominado loteamento político de cargos, valendo o mesmo para os funcionários e servidores públicos que vierem a integrá-lo;

III — o Judiciário também deverá aplicar tais critérios para a escolha de seus funcionários e primordialmente escolherá, independentemente de consulta ao Poder Executivo, os membros do Supremo Tribunal Federal, sendo eleitores os membros deste tribunal, e todos os magistrados dos tribunais regionais federais de todo o país, desde que exerçam a magistratura há mais de quinze anos, tudo sob o comando do Supremo Tribunal Federal;

Art. 3º — Constituem objetivos fundamentais da República Parlamentarista do Brasil:

I — construir uma sociedade livre, justa e solidária;

II — garantir o desenvolvimento nacional;

III — diminuir ao máximo a pobreza e a marginalização e reduzir as desigualdades sociais e regionais;

IV — promover o bem de todos, sem preconceitos de origem, raça, sexo, cor, idade e quaisquer outras formas de discriminação.

V — impedir a corrupção, a degeneração de valores morais, da família, e os que agridam e tentem impedir ou impeçam o normal funcionamento da escola fundamental e de nível superior, com o emprego da força, ou com ideias contrárias ao ensino dos princípios fundamentais do estado democrático de direito, bem como impedir os causadores de obstáculo para a legítima preservação da cidadania brasileira;

VI — promover com ênfase os programas estaduais e municipais de educação básica, saúde, higiene, moral, ética e cidadania, valores da família, do direito, justiça social e da ordem, utilizando-se sempre que possível orientadores pedagógicos com mais de 25 anos de idade, na finalidade de se obter progresso e desenvolvimento sustentável equilibrado do país.

Art. 4º — A República Parlamentarista do Brasil rege-se nas suas relações internacionais pelos seguintes princípios:

I — independência nacional;

II — prevalência dos direitos humanos;

III — autodeterminação dos povos;

IV — não intervenção;

V — igualdade entre os Estados;

VI — defesa da paz;

VII — solução pacífica dos conflitos;

VIII — repúdio ao terrorismo e ao racismo;

IX — cooperação entre os povos para o progresso da humanidade;

X — *concessão de asilo político, desde que o asilado não tenha praticado crimes de extermínio em massa, crimes contra a vida, crimes de corrupção, ou hediondos, fora do território nacional.*

Parágrafo único. A República do Brasil buscará a integração econômica, política, social e cultural dos povos da América Latina, *visando o aperfeiçoamento da comunidade latino-americana de nações, desde que de governo democrático.*

TÍTULO II

Dos Direitos e Garantias Fundamentais

CAPÍTULO I

DOS DIREITOS E DEVERES INDIVIDUAIS E COLETIVOS

Art. 5º — Todos são iguais perante a lei, sem distinção de qualquer natureza, garantindo-se aos brasileiros e aos estrangeiros residentes no país a inviolabilidade do direito à vida, à liberdade, à igualdade, à segurança e à propriedade, nos termos seguintes:

I — homens e mulheres são iguais em direitos e obrigações, nos termos desta Constituição;

II — ninguém será obrigado a fazer ou deixar de fazer alguma coisa senão em virtude de lei;

III — ninguém será submetido a tortura nem a tratamento desumano ou degradante;

IV — é livre a manifestação do pensamento, sendo vedado o anonimato, *desde que respeitados os objetivos e valores dos artigos 1º a 4º*;

V — é assegurado o direito de resposta, proporcional ao agravo, além da indenização por dano material, moral ou à imagem;

VI — é inviolável a liberdade de consciência e de crença, sendo assegurado o livre exercício dos cultos religiosos e garantida, na forma da lei, a proteção aos locais de culto e a suas liturgias;

VII — é assegurada, nos termos da lei, a prestação de assistência religiosa nas entidades civis e militares de internação coletiva;

VIII — ninguém será privado de direitos por motivo de crença religiosa ou de convicção filosófica ou política, salvo se as invocar para eximir-se de obrigação legal a todos imposta e se recusar a cumprir prestação alternativa, fixada em lei;

IX — é livre a expressão da atividade intelectual, artística, científica e de comunicação, independentemente de censura ou licença, desde que respeitados os objetivos e valores dos artigos 1º a 4º;

X — são invioláveis a intimidade, a vida privada, a honra e a imagem das pessoas, assegurado o direito a indenização pelo dano material ou moral decorrente de sua violação;

XI — a casa é asilo inviolável do indivíduo, ninguém nela podendo penetrar sem consentimento do morador, salvo em caso de flagrante delito ou desastre, ou para prestar socorro, ou, durante o dia, por determinação judicial;

XII — é inviolável o sigilo da correspondência e das comunicações telegráficas, de dados e das comunicações telefônicas e eletrônicas, salvo, no último caso, por ordem judicial, nas hipóteses e na forma que a lei estabelecer para fins de investigação criminal ou instrução processual penal;

XIII — é livre o exercício de qualquer trabalho, ofício ou profissão, atendidas as qualificações profissionais que a lei estabelecer;

XIV — é assegurado a todos o acesso à informação e resguardado o sigilo da fonte, quando necessário ao exercício profissional;

XV — é livre a locomoção no território nacional em tempo de paz, podendo qualquer pessoa, nos termos da lei, nele entrar, permanecer ou dele sair com seus bens;

XVI — todos podem se reunir pacificamente, sem armas, em locais abertos ao público, independentemente de autorização, desde que não frustrem outra reunião anteriormente convocada para o mesmo local, sendo apenas exigido prévio aviso à autoridade competente;

XVII — é plena a liberdade de associação para fins lícitos, vedada a de caráter paramilitar;

XVIII — a criação de associações e, na forma da lei, a de cooperativas independem de autorização, sendo vedada a interferência estatal em seu funcionamento;

XIX — as associações só poderão ser compulsoriamente dissolvidas ou ter suas atividades suspensas por decisão judicial, exigindo-se, no primeiro caso, o trânsito em julgado;

XX — ninguém poderá ser compelido a associar-se ou a permanecer associado;

XXI — as entidades associativas, quando expressamente autorizadas, têm legitimidade para representar seus filiados judicial ou extrajudicialmente;

XXII — é garantido o direito de propriedade;

XXIII — a propriedade atenderá a sua função social;

XXIV — *É permitida a desapropriação por necessidade* ou utilidade pública, ou por interesse social, mediante justa e prévia indenização em dinheiro, ressalvados os casos previstos nesta Constituição. *É permitida a desapropriação também quando houver fundamentados indícios, em juízo competente, de interposta pessoa como proprietário para acobertar ou esconder o real proprietário, com intenção de sonegação fiscal ou uso e gozo sem figurar como responsável ou sujeito às obrigações, ônus e ocultação de sua condição de real proprietário, devendo destinar-se tal propriedade à utilização pública;*

XXV — no caso de iminente perigo público, a autoridade competente poderá usar de propriedade particular, assegurada ao proprietário indenização ulterior, se houver dano;

XXVI — a pequena propriedade rural, *desde que trabalhada por uma só família*, não será objeto de penhora para pagamento de débitos decorrentes de sua atividade produtiva;

XXVII — aos autores pertence o direito exclusivo de utilização, publicação ou reprodução de suas obras, transmissível aos herdeiros pelo tempo que a lei fixar;

XXVIII — são assegurados, nos termos da lei:

a) a proteção às participações individuais em obras coletivas e à reprodução da imagem e voz humanas, inclusive nas atividades desportivas;

b) o direito de fiscalização do aproveitamento econômico das obras que criarem ou de que participarem aos criadores, aos intérpretes e às respectivas representações sindicais e associativas;

XXIX — a lei assegurará aos autores de inventos industriais privilégio temporário para sua utilização, bem como proteção às criações industriais, à propriedade das marcas, aos nomes de empresas e a outros signos distintivos, tendo em vista o interesse social e o desenvolvimento tecnológico e econômico do país;

XXX — é garantido o direito de herança;

XXXI — a sucessão de bens de estrangeiros situados no país será regulada pela lei brasileira em benefício do cônjuge ou dos filhos brasileiros, sempre que não lhes seja mais favorável a lei pessoal do *"de cujus"*;

XXXII — *o Estado promoverá a defesa do consumidor;*

XXXIII — todos têm direito a receber dos órgãos públicos informações de seu interesse particular, ou de interesse coletivo ou geral, que *serão prestadas tão logo possível, sob pena de responsabilidade, ressalvadas aquelas cujo sigilo seja* imprescindível à segurança da sociedade e do Estado;

XXXIV — são a todos assegurados, independentemente do pagamento de taxas;

a) o direito de petição aos Poderes Públicos em defesa de direitos ou contra ilegalidade ou abuso de poder;

b) a obtenção de certidões em repartições públicas, para defesa de direitos e esclarecimento de situações de interesse pessoal;

XXXV — a lei não excluirá da apreciação do Poder Judiciário lesão ou ameaça a direito, *salvo quando sendo apreciado ou a ser apreciado pela Justiça Militar, ou entregue à arbitragem, conforme explicitado no inciso LXXVII-A e itens seguintes e no § 2º desse artigo referido;*

XXXVI — a lei não prejudicará o direito adquirido, o ato jurídico perfeito e a coisa julgada;

XXXVII — não haverá juízo ou tribunal de exceção. *Será, porém, do Tribunal de Justiça Militar o julgamento de crimes hediondos e envolvendo corrupção, inclusive a fixação da pena, que deverá ser cumprida integralmente em estabelecimento militar, ou indicado pela Justiça Militar;*

XXXVIII — *é reconhecida a instituição do júri, que será composto por 11 jurados, assegurando-se:*

a) a plenitude de defesa;

b) o sigilo das votações;

c) a soberania dos veredictos;

d) a competência para o julgamento dos crimes dolosos contra a vida;

XXXIX — não há crime sem lei anterior que o defina, nem pena sem prévia cominação legal;

XL — a lei penal não retroagirá, salvo para beneficiar o réu, com exceção *dos crimes de corrupção e dos crimes hediondos, mormente os homicídios dolosos que provocarem forte clamor social declarado por autoridade judiciária competente, nos quais retroagirá, se o crime tiver sido cometido até o ano seguinte ao da lei e ainda não tiver havido julgamento definitivo do réu;*

XLI — a lei punirá qualquer discriminação atentatória dos direitos e liberdades fundamentais;

XLII — a prática do racismo *declarada por juiz competente* constitui crime inafiançável *e prescritível em 10 anos*, sujeito à pena de *reclusão;*

XLIII — são crimes inafiançáveis e insuscetíveis de *graça, anistia, ou diminuição da pena, ou quaisquer outros benefícios,* a prática de tortura, o tráfico ilícito de entorpecentes e drogas afins, o terrorismo e os crimes hediondos, por eles respondendo os mandantes, os executores e os que, podendo evitá-los, se omitirem;

XLVIII-A — *todas as penas de detenção ou reclusão serão cumpridas integralmente, não havendo sua redução, nem indulto a qualquer título, nem direito a nenhuma saída de estabelecimentos prisionais, salvo para intervenção cirúrgica ou tratamento cirúrgico ou de emergência, para preservar a vida do recluso, retornando logo após recuperação do ato ou tratamento cirúrgico, sendo permitidas as visitas a presidiários, devendo, porém, ser punidos com penas de 10 anos de reclusão sem direito a fiança ou redução dessa pena os que entregarem coisas ou objetos proibidos de serem portados aos presos, para facilitarem sua fuga ou possibilitarem comunicação com os que estão fora do presídio;*

XLVIII-B — *os presídios deverão ter capacidade para abrigar e poder recuperar os presidiários, respondendo seus diretores e as autoridades do Estado encarregadas desta capacitação e possibilidade de recuperação, após dois anos de notificados formalmente, através de juiz competente, por crime de deterioração de instituição penitenciária, com pena de dois anos de reclusão, inafiançável e sem direito à suspensão e redução, uma vez sentenciada em 2ª Instância Judicial, inexistindo neste caso 3ª Instância, cabendo a iniciativa da propositura dessa ação ao Ministério Público Estadual;*

XLVIII-C — haverá exame prévio quanto a esta ação por parte do Ministério Público, com as autoridades envolvidas, as quais apresentarão justificativas por omissões ou falhas ao Ministério Público, que deixará de mover ações se entender justificada a falha, com promessa de implementação de medidas pertinentes para minorar males justificados e após dois anos reexame das implementações, para verificar seu cumprimento ou não, novamente aplicando-se a pena dos dois anos se não constatado o cumprimento;

XLIV — constitui crime inafiançável e com prescrição de 50 anos, desde o dia em que cometida por inteiro, a ação de grupos armados, civis ou militares contra a ordem constitucional e o Estado Democrático;

XLIV-A — Os réus inimputáveis, abrangendo portanto primordialmente os portadores de insanidade mental atestada por laudo médico firmado por três profissionais especialistas, irão obrigatoriamente a estabelecimento hospitalar ou clínica em regime de reclusão e poderão sair de volta ao convívio social após comprovada recuperação também firmada por três especialistas e aceita por juiz de Direito competente consoante a jurisdição processual.

XLV — nenhuma pena passará da pessoa do condenado, podendo a obrigação de reparar o dano e a decretação do perdimento de bens ser, nos termos da lei, estendidas aos sucessores e contra eles executadas, até o limite do valor do patrimônio transferido;

XLVI — a lei regulará a individualização da pena e adotará, entre outras, as seguintes:

a) privação ou restrição da liberdade;

b) perda de bens;

c) multa;

d) prestação social alternativa;

e) suspensão ou interdição de direitos;

XLVII — não haverá penas:

a) de morte, salvo em caso de guerra declarada, nos termos do art. 84, XIX;

b) de caráter perpétuo, *podendo, porém, haver pena máxima de 50 anos de cumprimento integral, sem direito a qualquer redução, em presídio de segurança máxima;*

b.1 — após 35 anos de cumprimento, a pena superior a esta duração poderá ser revista por iniciativa do tribunal que a decretou, se se chegar à conclusão, por exame minucioso e detalhamento médico psiquiátrico, de que houve recuperação inequívoca do recluso;

c) de trabalhos forçados;

d) de banimento;

e) cruéis;

XLVIII — a pena será cumprida em estabelecimentos distintos, de acordo com a natureza do delito, a idade e o sexo do apenado;

XLIX — é assegurado aos presos o respeito à integridade física e moral;

L — às presidiárias serão asseguradas condições para que possam permanecer com seus filhos durante o período de amamentação;

LI — nenhum brasileiro será extraditado, salvo ou naturalizado, em caso de crime comum, praticado antes da naturalização, *ou se comprovado envolvimento em crimes contra a humanidade, crimes hediondos ou corrupção*, tráfico ilícito de entorpecentes e drogas afins, na forma da lei;

LII — não será concedida extradição de estrangeiro por crime político ou de opinião;

LIII — ninguém será processado nem sentenciado senão pela autoridade competente;

LIV — ninguém será privado da liberdade ou de seus bens sem o devido processo legal;

LV — aos litigantes, em processo judicial ou administrativo, e aos acusados em geral são assegurados o contraditório e ampla defesa, com os meios e recursos a ela inerentes;

LVI — são inadmissíveis, no processo, as provas obtidas por meios ilícitos. *Poderão, porém, ser aceitas pelo julgador provas por meios eletrônicos ou mídia, quando, a seu juízo e convencimento, forem válidas e comprobatórias para o correto julgamento do processo;*

LVII — ninguém será considerado *culpado até decisão condenatória desfavorável em 2ª Instância, desde que colegiada. Não poderá, porém, concorrer a cargos públicos ou eletivos quem tiver uma sentença condenatória em uma Instância Judicial ou Militar;*

LVIII — o civilmente identificado não será submetido a identificação criminal, *salvo se comprovadamente já cometeu crime sujeito à reclusão;*

LIX — será admitida ação privada nos crimes de ação pública, se esta não for intentada no prazo legal;

LX — a lei só poderá restringir a publicidade dos atos processuais quando a defesa da intimidade ou o interesse social o exigirem;

LXI — ninguém será preso senão em flagrante delito ou por ordem escrita e fundamentada de autoridade judiciária competente, *salvo nos casos de crimes hediondos,* transgressão militar ou crime propriamente militar, *constantes desta Constituição* ou definidos em lei;

LXII — a prisão de qualquer pessoa e o local onde se encontre serão comunicados imediatamente ao juiz competente e à família do preso, ou à pessoa por ele indicada;

LXIII — o preso será informado de seus direitos, entre os quais o de permanecer calado, sendo-lhe assegurada a assistência da família e de advogado. *Se, porém, o preso se recusar a falar diante de um delegado de polícia, na presença de seu advogado, tendo cometido crime hediondo ou de corrupção, seu silêncio poderá ser levado em conta em seu desfavor, quando das fases seguintes do inquérito e depois na fase judicial, se não explicar convincentemente por que se calou. O delegado de polícia poderá interrogar o prisioneiro somente após cinco dias decorridos de sua prisão, ou, quando impossibilitado fisicamente, cinco dias após alta médica que declare capaz de ser indagado, para permitir que tenha assistência de seu advogado, ou de qualquer advogado, que deve ser indicado obrigatoriamente pela Ordem dos Advogados do Brasil quando o réu não o tenha;*

LXIV — o preso tem direito à identificação dos responsáveis por sua prisão ou por seu interrogatório policial;

LXV — a prisão ilegal será imediatamente relaxada pela autoridade judiciária;

LXVI — ninguém será levado à prisão ou nela mantido, quando a lei admitir a liberdade provisória, com ou sem fiança;

LXVII — não haverá prisão civil por dívida, salvo a do responsável pelo inadimplemento voluntário e inescusável de obrigação alimentícia e a do depositário infiel;

LXVIII — conceder-se-á *"habeas corpus" somente em 1ª Instância ou 2ª Instância*, sempre que alguém sofrer ou se achar ameaçado de sofrer violência ou coação em sua liberdade de locomoção, por ilegalidade ou abuso de poder. *Os "habeas corpus" portanto serão sempre apresentados ao juiz competente de 1ª Instância, cabendo recurso de decisão denegatória somente à 2ª Instância, ou impetrado diretamente em 2ª Instância, se o réu lá se encontrar. Não cabe apresentação ou apreciação de "habeas corpus" no Superior Tribunal de Justiça ou Supremo Tribunal Federal;*

LXIX — conceder-se-á mandado de segurança para proteger direito líquido e certo, não amparado por *"habeas corpus"* ou *"habeas data"*, quando o responsável pela ilegalidade ou abuso de poder for autoridade pública ou agente de pessoa jurídica no exercício de atribuições do Poder Público;

LXX — o mandado de segurança coletivo pode ser impetrado por:

a) partido político com representação no Congresso Nacional;

b) organização sindical, entidade de classe ou associação legalmente constituída e em funcionamento há pelo menos um ano, em defesa dos interesses de seus membros ou associados;

LXXI — conceder-se-á *"habeas data"*:

a) para assegurar o conhecimento de informações relativas à pessoa do impetrante, constantes de registros ou bancos de dados de entidades governamentais ou de caráter público;

b) para a retificação de dados, quando não se prefira fazê-lo por processo sigiloso, judicial ou administrativo;

LXXII — qualquer cidadão é parte legítima para propor ação popular que vise a anular ato lesivo ao patrimônio público ou de entidade de que o Estado participe, à moralidade administrativa, ao meio ambiente e ao patrimônio histórico e cultural, ficando o autor, salvo comprovada má-fé, isento de custas judiciais e do ônus da sucumbência;

LXXIII — o Estado prestará assistência jurídica integral e gratuita aos que comprovarem insuficiência de recursos;

LXXIV — o Estado indenizará o condenado por erro judiciário, assim como o que ficar preso além do tempo fixado na sentença;

LXXV — são gratuitos para os reconhecidamente pobres, na forma da lei:

a) o registro civil de nascimento;

b) a certidão de óbito;

LXXVI — são gratuitas as ações de "*habeas corpus*" e "*habeas data*", e, na forma da lei, os atos necessários ao exercício da cidadania.

LXXVII — a todos, no âmbito judicial e administrativo, são assegurados a razoável duração do processo e a celeridade processual;

LXXVII-A — o processo não poderá ultrapassar três anos corridos, desde a protocolização da petição inicial, ou data de instauração judicial pelo órgão público autor;

LXXVII-B — para tanto, haverá decisões de juízes singulares, tentando-se com empenho a conciliação. Em caso de discordância de uma ou de várias partes, haverá recursos a tribunais de justiça dos estados e decisão por acórdão destes, após sustentações e debates;

LXXVII-C — não caberá nenhum recurso de agravo, embargos, ou outro qualquer similar, de outro nome, que não os próprios recursos ordinários, de decisões proferidas, entendidos como apelações. Todos os recursos tais como nas execuções sempre serão nomeados apelações. Durante as audiências de instrução em 1ª ou 2ª Instância, serão apresentados oralmente razões de defesa das partes, podendo-se aceitar novos documentos apenas para instruir a decisão do juiz ou do tribunal.

LXXVII-D — se e quando houver divergência com decisões de outros tribunais de justiça estaduais, poderá haver recurso para um Tribunal Superior de Justiça. Entretanto, se não for confirmada a divergência, a parte que recorrer e sucumbir deverá pagar mais 20% sobre o valor da causa ou valor arbitrado pelo tribunal da causa, destinando-se esse percentual adicional de 20% aos cofres públicos do Tribunal de Justiça do Estado ou ao Juizado Federal do Estado por onde tramita a causa. Também nessa instância não caberão agravos ou embargos, como previsto na letra C acima.

LXXVII-E — suscitada inconstitucionalidade da decisão de Tribunal de Justiça Estadual ou Federal, incluindo-se o Superior Tribunal de Justiça, se for aceita por qualquer destes tribunais, o processo irá ao Supremo Tribunal Federal, para decidir definitivamente. O Supremo Tribunal Federal também terá poderes para avocar processos da Justiça Estadual diretamente, mesmo havendo somente recursos contra decisões de juiz singular, de tribunais de justiça e de tribunais superiores, desde que entenda ser necessário julgá-

-los por sua repercussão geral, não sendo possíveis embargos, agravos ou quaisquer recursos, devendo as partes sempre concentrar seus esforços nos recursos de apelações contra decisões prolatadas e provas pertinentes, reiterando-se que nunca cabe qualquer recurso contra decisões do Supremo Tribunal Federal.

LXXVII-F — a parte que mover ação contra outrem em que se identifique de forma inequívoca a mera tentativa de protelação de obrigação de fazer ou não fazer, de adiar execução, de impedir o cumprimento de decisão judicial, visar fraudar a execução, usar documentos falsos ou provas que sabia serem falsas, na ocasião do julgamento definitivo deverá pagar o dobro do valor envolvido na causa, sendo 20% entregue ao tribunal que encerrar o julgamento e 80% à ou às partes contrárias.

§ 1º — Não havendo decisão definitiva transitada em julgado em três anos na forma expressa no caput, o Estado devolverá as custas pagas pelas partes atualizadas monetariamente.

§ 2º — Nesta hipótese, o litígio poderá ser transferido para cortes arbitrais da Ordem dos Advogados do Brasil, que deverão ter em cada estado um colégio de 11 advogados com mais de 15 anos de exercício profissional, sempre com idade máxima limite igual à que for permitida aos ministros do Supremo Tribunal Federal, aos quais será dada competência para dirimir a questão, se as partes concordarem por escrito, tendo no máximo um ano para proclamar decisão, a qual será irrecorrível perante qualquer tribunal, mesmo perante o Supremo Tribunal Federal, e valerá e será executada, devendo agir as partes conforme decidido, podendo ser cumprida com o auxílio de força policial ou força do Exército, se necessário.

§ 3º — Não haverá ação rescisória de julgados.

§ 4º — As normas definidoras dos direitos e garantias fundamentais têm aplicação imediata.

§ 5º — Os direitos e garantias expressos nesta Constituição não excluem outros decorrentes do regime e dos princípios por ela adotados, ou dos tratados internacionais em que a República Federativa do Brasil seja parte.

§6º — Os tratados e convenções internacionais sobre direitos humanos que forem aprovados, pelo *Congresso Nacional*, em dois turnos, por três quintos dos votos dos respectivos membros, serão equivalentes às emendas constitucionais.

§ 7º — O Brasil se submete à jurisdição de Tribunal Penal Internacional a cuja criação tenha manifestado adesão, excluindo-se porém de decisões que sejam frontalmente contrárias à Constituição Federal;

CAPÍTULO II

DOS DIREITOS SOCIAIS

Art. 6º — São direitos sociais a educação, a saúde, a alimentação, o trabalho, a moradia, o lazer, a segurança, a previdência social, a proteção à maternidade e à infância, a assistência aos desamparados, na forma desta Constituição.

Art. 7º — São direitos dos trabalhadores urbanos e rurais, além de outros que visem à melhoria de sua condição social:

I — relação de emprego protegida contra despedida arbitrária ou sem justa causa, nos termos de lei complementar, que preverá indenização compensatória, dentre outros direitos.

II — seguro-desemprego, em caso de desemprego involuntário;

III — fundo de garantia do tempo de serviço;

IV — salário mínimo, fixado em lei, nacionalmente unificado, capaz de atender a suas necessidades vitais básicas e às de sua família com moradia, alimentação, educação, saúde, lazer, vestuário, higiene, transporte e previdência social, com reajustes periódicos que lhe preservem o poder aquisitivo, sendo vedada sua vinculação para qualquer fim;

IV a — *o salário mínimo é fixado em R$1.500,00 — base 2016 —, sendo anualmente reajustado com a aplicação dos parâmetros do inciso IV;*

V — piso salarial proporcional à extensão e à complexidade do trabalho;

VI — irredutibilidade do salário, salvo o disposto em convenção ou acordo coletivo, *ou deliberação conjunta de todos os empregados de uma empresa, atendendo a pedido de seu empregador comum;*

VII — garantia de salário, nunca inferior ao mínimo, para os que percebem remuneração variável;

VIII — décimo terceiro salário, com base na remuneração integral ou no valor da aposentadoria;

IX — remuneração do trabalho noturno superior à do diurno;

X — proteção do salário na forma da lei, constituindo crime sua retenção dolosa;

XI — participação nos lucros, ou resultados, desvinculada da remuneração, e, excepcionalmente, participação na gestão da empresa, conforme definido em lei;

XII — salário-família pago em razão do dependente do trabalhador que estiver desempregado ou ganhar um salário-mínimo, nos termos da lei;

XIII — duração do trabalho normal não superior a oito horas diárias e quarenta e quatro semanais, facultada a compensação de horários e a redução da jornada, mediante acordo ou convenção coletiva de trabalho;

XIV — jornada de seis horas para o trabalho realizado em turnos ininterruptos de revezamento, salvo negociação coletiva;

XV — repouso semanal remunerado, preferencialmente aos domingos;

XVI — remuneração do serviço extraordinário superior, no mínimo, em cinquenta por cento à do normal;

XVII — gozo de férias anuais *remuneradas e com um terço* a mais do que o salário normal;

XVIII — licença à gestante, sem prejuízo do emprego e do salário, com a duração de *30 dias antes do parto e 180 dias após o parto. Se o parto ocorrer antes de 36 semanas, licença de 210 dias após tal parto, ou 180 dias após alta hospitalar do nascituro, quando ficar internado após o nascimento. A gestante ou mãe poderá porém trabalhar abdicando dos períodos aqui indicados, se negociar com o empregador e firmarem acordo a respeito, registrado em Carteira de Trabalho e tabelião de notas;*

XIX — licença-paternidade, nos termos fixados em lei;

XX — proteção do mercado de trabalho da mulher, mediante incentivos específicos, nos termos da lei;

XXI — aviso prévio proporcional ao tempo de serviço, sendo no mínimo de trinta dias, nos *termos desta Constituição* e da lei;

XXII — redução dos riscos inerentes ao trabalho, por meio de normas de saúde, higiene e segurança;

XXIII — adicional de remuneração para as atividades penosas, insalubres ou perigosas, na forma da lei;

XXIV — aposentadoria, *com regras fixadas nesta Constituição e pelo Governo, sendo por tempo de serviço somente após completados 65 anos de idade e 35 anos de contribuição, as demais provenientes do evento morte ou incapacitantes, definidas em lei e por idade, compulsoriamente aos 75 anos, podendo ser revistas estas idades, a cada cinco anos, por lei complementar;*

XXV — assistência gratuita aos filhos e dependentes desde o nascimento até 5 (cinco) anos de idade em creches e pré-escolas;

XXVI — reconhecimento das convenções e acordos coletivos de trabalho;

XXVII — seguro contra acidentes de trabalho, a cargo do empregador, sem excluir a indenização a que este está obrigado, quando incorrer em dolo ou culpa;

XXVIII — ação, quanto aos créditos resultantes das relações de trabalho, com prazo prescricional de cinco anos para os trabalhadores urbanos e rurais, até o limite de dois anos após a extinção do contrato de trabalho

XXIX — proibição de diferença de salários, de exercício de funções e de critério de admissão por motivo de sexo, idade, cor ou estado civil;

XXX — proibição de qualquer discriminação no tocante a salário e critérios de admissão do trabalhador portador de deficiência;

XXXI — proibição de distinção entre trabalho manual, técnico e intelectual ou entre os profissionais respectivos;

XXXII — proibição de trabalho noturno, perigoso ou insalubre a menores de dezoito e de qualquer trabalho a menores de dezesseis anos, salvo na condição de aprendiz, a partir de quatorze *anos e sendo proibido este tipo de trabalho, também, para mulheres até 180 dias após o parto;*

XXXIIII — igualdade de direitos entre o trabalhador com vínculo empregatício permanente e o trabalhador avulso.

Parágrafo único. São assegurados à categoria dos trabalhadores domésticos os direitos previstos nos incisos IV, VI, VII, VIII, X, XIII, XV, XVI, XVII, XVIII, XIX, XXI, XXII, XXIV, XXVI, XXX, XXXI e XXXIII e, atendidas as condições estabelecidas em lei e observada a simplificação do cumprimento das obrigações tributárias, principais e acessórias, decorrentes da relação de trabalho e suas peculiaridades, os previstos nos incisos I, II, III, IX, XII, XXV e XXVIII, bem como a sua integração à previdência social. (Redação dada pela Emenda Constitucional nº 72, de 2013.)

16.3 — Encerramento

Desejo ter colaborado com o país, com os que gostarem das ideias, ou mesmo que divergirem, na certeza de que procurei propor essas mudanças constitucionais e ideias ousadas como colaboração para a nova Constituição brasileira, que terá de ser feita, como já afirmei, ainda que aos poucos e timidamente, via emendas constitucionais.

Aos que assim entenderem e perceberem, desejo bater palmas em nome de nosso amado país.

Lógico que podem achar rigores e estranhezas, mas é para acordarmos e incitarmo-nos a pensar e agir de forma honesta, digna, responsável e a favor da sociedade que esteja no território do Brasil.

Palmas para os patriotas de verdade, para os que se despojam pelo bem do país (às vezes parecem tão poucos!), para os que se arrependerem do mal que tenham feito e retornarem às nossas fileiras, para os que reformarem a nação a fim de que seja o gigante realmente desperto e grandioso com que sempre sonhamos, poderoso em ideais nobres, valores morais e éticos notáveis e sociedade mais fraterna e justa para todos, onde a lealdade, o bem viver e a dignidade humana sejam sentidos e experimentados por todos que aqui escolherem morar, brasileiros ou não.

Se não mudarmos nossa mentalidade egoísta e acomodada de esperar sem nada fazer, e achar que os outros e o país é que devem resolver, principalmente no que se refere às políticas sociais, se não obrigarmos a mudança política, a mudança desburocratizante de nosso emperrado país, se não formos verdadeiros patriotas ensinando na família e nos estabelecimentos escolares os bons valores, a ética, a moral e a sadia prática de bons costumes, não iremos a lugar nenhum.

Mas se fizermos a nossa revolução verdadeira, de valores, de prudente otimismo, de ações concretas na direção certa, então ninguém segurará o Brasil até que finalmente tenha acesso à sigla: Brasil, o país do futuro.

ÍNDICE

Símbolos
3ª turma do Superior Tribunal de Justiça, 124

A
aborto, 7
Aborto provocado pela gestante, 9
Aborto provocado por terceiro, 10
ação judicial, 47
ação judicial cível, 45
acidente, 54
acidentes com ciclistas, 91
acidentes de trânsito, 93
ações judiciais adequadas, 73
A coisa julgada, 130
Acordo Coletivo de Trabalho, 128
Administração Pública Federal, 119
Adoção, 19
adotar validamente, 19
Advocacia-Geral da União, 119
advogado, 123
aflição psicológica, 66
África, 24, 140
agremiações partidárias, 165
agronegócio, 29
água, 145
alcance constitucional, 9
alta hospitalar, 55
Ambev, 124
ameaça pessoal direta, 8
anonimato, 45
aposentadoria por idade, 148
Argentina, 73
arrolamento, 39
arte plástica, 103
Artigo 5º, 7
Artigo 65 da Lei nº 9.605, 78
Artigo 98 da Constituição, 88
artigo 220 da Constituição, 61
artigo 966 do Código de Processo Civil, 134
artigos da CLT, 77
Ásia, 24

asilo inviolável, 71
Assembleia Nacional Constituinte, 163
atividades religiosas, 137
ato jurídico, 127
Ato jurídico perfeito, 129
atos criminosos, 76
auditora da Receita Federal, 26
Auschwitz-Birkelau, 140
Avenida Rio Branco, 100

B
Barack Obama, 164
Bíblia, 13
BO, 76
boa política, 43
boa vontade política, 143
Bolívia, 74
Botafogo Praia Shopping, 84
Brasília, 66, 158
bullying, 23
busca de seus direitos, 110
Buscar direitos, 17
Buscar seus direitos, 127

C
Cabo Del Rosal-Vives António, 7
Caixa Econômica Federal, 155
call centers, 85
calúnia, 31
Câmara de Conciliação e Arbitragem da Administração Federal, 119
Câmara de Vereadores, 26
Canadá, 144
Carta Magna, 71, 135
Carteira Profissional, 153
cartório cível, 129
cartório de notas, 8
Cartório de Títulos e Documentos, 56
Cartório do Registro Civil, 56
Cartórios do Fórum, 20
Casais sem registro legal, 19
celeridade da tramitação, 116
Celso de Mello, 31
Celso Ribeiro Bastos, 49

Centro Acadêmico XI de Agosto, 51
Centro Brasileiro de Mediação, 118
China, 144
ciclovia, 91
Cinelândia, 100
cláusula arbitral, 125
CNH, 95
CNPJ, 160
Código Brasileiro de Trânsito, 89
Código Civi, 19
Código de Defesa do Consumidor, 84
Código de Processo Civil, 39, 121
Código Nacional de Trânsito, 90
Código Penal brasileiro, 60
Cogito ergo sum, 51
Colômbia, 74
combate à corrupção, 26
Comentários iniciais, 143
commodities, 18
concessão de foro privilegiado, 122
conciliação, 118
condição sexual., 29
Confederação Geral dos Trabalhadores (CGT), 77
cônjuge sobrevivente, 39
Conselho da Justiça Federal, 24
conselho final, 97
Conselho Regional de Medicina, 56
conselhos penitenciários, 137
Consolidação das Leis do Trabalho, 77
Consolidação das Leis do Trabalho (CLT), 153
Constituição, 7, 32
Constituição atual, 163
Constituição Federal, 22, 129
contabilidade artificial, 160
Controladoria Geral da União, 160

Convenção de Berna, 99
Convenção de Roma, 99
Copa do Mundo, 41
Coreia do Sul, 144
Corrupção Ativa, 133
Corrupção Passiva, 133
corte de justiça, 130
CPF, 160
CPIs do Congresso, 106
crime contra sua honra, 62
crimes hediondos, 135
crimes puníveis com prisão, 95
CUT (Central Única dos Trabalhadores), 77

D

dano material, 48, 63
dano moral, 64
Danos ao patrimônio público, 78
danos materiais, 47
decisão específica, 16
decisão unânime, 125
decisões do Supremo Tribunal Federal, 15
Declaração do Imposto de Renda anual, 96
Declaração Universal dos Direitos do Homem, 99
Defensoria Pública, 20
defesa da propriedade, 33
demarcação de terras, 29
democrática, 32
democrática civilizada, 32
Denominação de Origem,
denúncia anônima, 46
deputados, 158
descriminalização do aborto, 9
descumprimento de direito adquirido, 128
desenvolvimento intelectual, 144
desvalorização do trabalho, 16
dever de produzir, 145
dever do Estado, 144
Dia dos Namorados, 65
Diário da Justiça da União, 133
Diário Oficial da União, 132
DIEESE (Departamento Intersindical de Estatística e Estudos Socioeconômicos), 158
difamação, 31

difamação formal, 47
dignidade, 136
Dinamarca, 91
direção perigosa, 93
Direito à alimentação, 145
Direito adquirido, 127
Direito à educação, 144
direito à heranç, 37
Direito ao lazer, 146
direito ao suicídio, 11
Direito ao trabalho, 145
direito a paz, 135
Direito à Previdência Social, 146
direito à saúde, 53
direito a ser socorrido, 145
direito à vida, 7, 9
Direito Comercial, 17
direito constitucional, 49
direito de contratar certo, 95
direito de defesa,
direito de estar bem,
direito de propriedade, 29
Direito de recorrer à Justiça, 115
direito de resposta,
direito de reunião, 75
direito de ser livre, 31
Direito do Consumidor, 87
Direito dos desamparados, 149
direito fundamental, 32
direitos a si pertinentes, 22
Direitos autorais, 99
Direitos conjugais, 17
direitos constitucionais, 30
Direitos de Propriedade Intelectual, 99
direitos do consumidor, 83
Direitos importantes, 54
direitos trabalhistas, 158
Direitos Trabalhistas, 153
direitos válidos, 30
discriminação, 16
Disparo de arma de fogo, 80
dispositivos direcionados somente às mulheres, 22
disseminação dos direitos, 26
Dissídio Coletivo de Trabalho, 82
ditadura, 163
DPVAT, 93
dr. Maresias, 26

E

ECAD, 45, 100
economia do país, 146
Editora Musical Amigos Ltda., 112
educação familiar sadia, 136
Eletropaulo, 86
empresa, 16
empresas controladoras, 25
Empréstimos bancários, 96
Empréstimos financeiros, 95
Encerramento de Fiscalização, 27
Escritório Central de Arrecadação e Distribuição, 106
Espanha, 7
estado civil, 19, 130
Estado de Direito, 115
Estado Islâmico, 25
Estado nazista, 141
Estados Unidos, 144, 164
Estatuto da Criança e do Adolescente, 19
estrangeiros, 73
estrutura do Poder Judiciário tradicional, 121

F

Faculdade de Direito da USP, 7
Faculdade de Direito do Largo de São Francisco, 51
falsa informação, 31
falsa informação sobre terceiros, 31
falsificação, 139
falsos advogados, 124
fatalidade, 54
fatores físicos, 48
férias anuais, 153
FGTS (Fundo de Garantia por Tempo de Serviço), 72
FIFA, 41
financiar seu imóvel, 73
Flamengo, 41
fogos de artifício, 80
formação de sua cultura, 144
Foro Judicial, 119
função social, 33
Fundação Odebrecht, 111
Fundo de garantia por tempo de serviço (FGTS), 157
Fundos de Pensão privados, 147

ÍNDICE

G
garantia judicial e impeditiva, 62
garantias individuais, 32
gênero, 29
Gestapo, 141
Getúlio Vargas, 77
Goffredo da Silva Telles, 51
Google, 86
Governo, 71
gravidez, 9
grupos de apoio para adoção, 20

H
habeas corpus, 28, 122
herança, 37
herdeiros, 40
herdeiros de diversas espécies, 40
holdings de fachada, 25
holocausto, 140
homicídio, 138
homoafetivos, 17
honestidade, 136
honra, 60

I
Identificação geográfica,
igualdade na lei, 15
Ilmar Galvão, 16
impossibilidade de anistia, 135
imprensa, 56
inciso do Artigo 5º, 24
indenização,
Indenização, 85
Indenização por dano material, 63
indicação de mudanças, 163
inexistência de fraude, 129
Informação, 84
infraconstitucional, 9
Inglaterra, 60
injúria, 31, 61
INPI, 45
INPI (Instituto Nacional da Propriedade Industrial), 100
INSS, 123
instituição financeira, 97
Instituto Nacional do Cinema, 105
integridade física, 128
intimidade, 60
Inventário, 39
inventário judicial, 40

inversão do ônus da prova, 83
inviolabilidade do direito à vida, 7
IPTU, 40
IPVA, 94
Iraque, 25
islamismo radical, 25

J
Japão, 144
jornada diária, 153
José Afonso da Silva, 7
Juizado Especial Cível, 88
Juizados especiais cíveis, 88
Jurisprudência, 15, 124
Jurisprudência ilustrativa, 15

K
Kate Middleton, 69

L
Lamberto Scipioni, 111
Lavagem De Dinheiro, 133
legislação ordinária, 157
lei básica brasileira, 120
Lei do Consumidor, 83
lei do mais forte, 24
lei específica, 31
lei federal, 158
Lei independe de registro, 105
Lei nº 8.036, 157
Lei nº 8.072, 138
lei vigente, 25
Leon Tolstoi, 11
lesão corporal dolosa, 139
LGBTTT, 23
Líbano, 140
liberdade de consciência, 43
Liberdade de consciência, 48
Liberdade de escolha de produtos, 84
liberdade de exercício de crenças, 49
Liberdade de expressã,
liberdade pacífica, 135
Limitações aos direitos autorais, 108
livre-arbítrio, 59
Livro de Reis, 13
locomoção, 89

M
manifestação do pensamento, 50
manifestações espontâneas, 44
Manifestações políticas, 44

Marcas e patentes, 110
maternidade, 7
mediação, 118
médico de plantão, 57
Medidas judiciais, 36
meio ambiente, 164
mensalão, 132
Mercosul, 73
Milagres, 37
Minas Gerais, 66
Ministério da Educação, 100
Ministério da Previdência e Assistência Social, 146
Ministério da Saúde, 74
Ministério do Trabalho, 73
Ministério Público, 20
motocicleta, 92
Movimento dos Trabalhadores Rurais Sem Terra, 35
Movimento dos Trabalhadores Sem-Teto, 36
movimentos de igreja, 50
multas de trânsito, 94

N
necessidade espiritual, 49
negociação imediata, 9
negócio, 16
Normas de Medicina,
normas trabalhistas, 154

O
obras coletivas, 104
obras literárias, 108
ofensa, 31
operação Bicos de Beija-Flor, 74
órfãos, 149
organização dos Sindicatos, 16
órgão de arbitragem, 119
órgão governamental, 119
órgãos conciliatórios, 124
órgãos públicos, 86
óvulo, 9

P
Palestina, 140
Palmeiras, 41
Paraguai, 73
Parcerias Público-Privadas, 165
parlamentarismo, 164
partidos mantidos com dinheiro público, 164
partilha, 39
partilha dos bens, 39

Peculato, 133
Pelé, 41
pensamento do povo, 144
pensão alimentícia, 145
perda da CNH, 94
perda material, 65
permanência definitiva, 73
Peru, 74
pessoa humana, 59
petição para adoção, 21
plágio, 107
Plágio musical, 107
planos de previdência abertos, 148
pneumologista, 58
Poder Judiciário, 19, 118
Poder Público, 15, 35, 50
políticos eleitos honestidade, 30
pontos de atrito, 118
prerrogativas individuais, 32
presidencialismo, 164
Previdência Social, 146
Previsão legal internacional, 78
primeira ideia, 29
princesa Diana, 60
prisão, 31
privação de liberdade, 31
procedimento policia, 46
processo judicial, 21, 118
processos eletrônicos, 118
processos judiciais, 118
Procon, 86
Produto Interno Bruto (PIB), programas estaduais, 168
pronto-socorro, 58
propaganda enganosa, 98
propriedade urbana, 36
proteção à infância, 11
proteção à maternidade, 11
Proteção contratual, 85
Proteção específica, 103
proteção legal, 104
proteção policial, 8
publicidade enganosa, 84

Q
qualidade em educação, 144
questão do aborto, 9

R
Receita Federal, 26
receita tributável, 96
Recorrer à Justiça, 115
Recorrer contra multas de trânsito, 94
Recurso Especial, 66
Recurso Especial de nº 1.602.696 STJ, 125
redes de TV, 61
Regime Próprio de Previdência Social, 147
Registro de obra, 104
registro público em juntas comerciais, 105
relação conjugal, 69
relações jurídicas, 129
René Descartes, 51
renegociar a dívida, 97
renúncia à vida, 7
Resistência contra ato legal, 80
Resolução 20/2003, 24
ressonâncias magnéticas, 55
Revolução Industrial, 77
RH (Recursos Humanos), 17
Rio de Janeiro, 84
Roberto Carlos, 111
Rússia, 144
Ruy Barbosa, 125

S
Salário mínimo, 158
sanções civis, 109
Santos, 41
São Paulo, 57
Sears Tower, 84
seguro-desemprego, 154
seguro facultativo, 94
sem-terra, 35
senadores, 158
sertão, 29
serviço da segurança jurídica, 127
Serviço de Atendimento Móvel de Urgência, 56
Serviços de Atendimento ao Consumidor, 85
servidores públicos, 158
Shopping Paulista, 84
sindicato, 82
Sindicato dos Metalúrgicos, 82
Síria, 25, 140
Sistema Financeiro de Habitação (SFH), 72
sistema previdenciário, 147
Sistema Único de Saúde, 55
soltura de balões, 80
solução pacífica, 35
Suécia, 91
suicídio, 7
Supremo Tribunal Federal, 9

T
tabelião, 8
tempo concedido, 44
tempo de serviço, 157
teor decidido, 130
terrorismo, 135
testamento, 38
tipificação legal, 12
título de obra, 103
trabalho da mulher, 16
trabalho escravo, 30
trabalhos insalubres, 128
tráfico ilícito, 135
Trânsito, 89
transporte seguro de commodities, 36
Tribunal de Justiça de São Paulo, 111
Tribunal de origem, 66
Tribunal Superior Eleitoral, 164

U
Ulysses Guimarães, 163
união familiar, 18
Universidade de Valência, 7
Universidade Federal do Rio de Janeiro, 105
Uruguai, 73
uso de drogas, 137
Usucapião, 34
Usucapião especial, 34
Usucapião extraordinário, 34
Usucapião ordinário, 34
UTI, 57

V
valor in totum, 7
Venezuela, 74
visto de entrada, 73
viúvas, 149

Z
Zico, 41